Annual Report on the Public
Opinion about Chinese Children
(2020)

中国儿童舆情报告
2020

喻国明　苑立新／主编

人民日报出版社
北京

图书在版编目（CIP）数据

中国儿童舆情报告 . 2020 / 喻国明，苑立新主编
. -- 北京：人民日报出版社，2020.10
    ISBN 978 - 7 - 5115 - 6514 - 3
    Ⅰ . ①中… Ⅱ . ①喻… ②苑… Ⅲ . ①儿童—生活状
况—调查报告—中国— 2020 Ⅳ . ① D432.7
    中国版本图书馆 CIP 数据核字（2020）第 155331 号

书　　　名：中国儿童舆情报告（2020）
　　　　　　ZHONGGUO ERTONG YUQING BAOGAO(2020)
主　　　编：喻国明　苑立新

出 版 人：刘华新
责任编辑：林　薇　梁雪云
封面设计：春天书装

出版发行：人民日报 出版社
社　　址：北京金台西路 2 号
邮政编码：100733
发行热线：（010）65369509 65369527 65369846 65363528
邮购热线：（010）65369530 65363527
编辑热线：（010）65369526
网　　址：www.peopledailypress.com
经　　销：新华书店
印　　刷：三河市华东印刷有限公司
法律顾问：北京科宇律师事务所 010-83622312

开　　本：710mm×1000mm　1/16
字　　数：303 千字
印　　张：18.5
版　　次：2020 年 10 月第 1 版
印　　次：2020 年 10 月第 1 次印刷

书　　号：ISBN 978 - 7 - 5115 - 6514 - 3
定　　价：75.00 元

目　录
CONTENTS

I 总报告

多元表达　深层聚焦

——基于 2019 年中国儿童舆情大数据的分析报告

一、引言

1994 年，互联网才进入中国人的视野，到 2020 年，我国网民规模达 9.04 亿，较 2018 年年底新增 7508 万，互联网普及率为 64.5%；手机网民规模达 8.97 亿，较 2018 年年底新增 7992 万，网民使用手机上网比例达 99.3%；网民人均每周上网时长为 30.8 小时，按天计算的平均时长超过 4 小时；在和舆情密切相关的网络应用中，网络新闻用户占网民整体的 80.9%，微信朋友圈用户占 85.1%，微博用户占 42.5%。[①] 短短 20 多年的发展，中国已经进入了网络舆论空前活跃的"大众麦克风时代"。

在这个喧嚣的互联网时代中，儿童这个群体值得特别关注，因为他们是祖国的希望、民族的未来。儿童不仅是具有独特价值与潜能的个体，需要他人的尊重与理解，同时也具有脆弱性，需要成人的保护。党的十八大以来，习近平总书记亲切关怀少年儿童健康成长，曾在多个场合表达对少年儿童的关怀和期望。广大儿童的健康成长事关千千万万家庭的幸福，与儿童有关的话题也始终是社会和媒体广泛关注的热点和焦点。

儿童舆情是整个社会舆情的重要组成部分。做好儿童舆情的监测、研判

---

① 数据来源于《第 45 次中国互联网络发展状况统计报告》。

和应对，已成为新形势下维护儿童权益的重要职责所在。近年来，党中央高度重视舆情治理相关问题。《中共中央关于制定国民经济和社会发展第十三个五年规划的建议》中指出，要"牢牢把握正确舆论导向，健全社会舆情引导机制，传播正能量"。《国务院办公厅关于在政务公开工作中进一步做好政务舆情回应的通知》等一系列相关政策也陆续出台。为努力提升儿童热点舆情引导处置工作的科学性、专业性、规范性，全国妇联也先后印发了《关于加强妇女儿童舆情监测、研判和应对工作的意见》《全国妇联妇女儿童舆情引导处置工作办法》。开展儿童舆情研究，可以及时掌握儿童舆情动态，探索儿童舆情产生和变化的规律，获得各项法律法规、政策措施等实施效果的信息反馈，为政府更好地决策提供参考依据。

近年来，儿童舆情事件频发，尤其一些负面事件引发了大量的舆论关注，但是目前我国关于儿童舆情的研究还是非常少的。因此，本研究做了一次新的尝试。报告以2019年度儿童舆情事件大数据为基础，对儿童舆情事件的特征与传播规律进行了深入研究，全面梳理了2019年中国儿童舆情状况，盘点了年度重点事件和观点，分领域、分专题、分地区、全方位、多维度解析儿童舆情概况和舆情发生、发展特点，回溯了重点舆情事件，呈现了多种观点和情绪，对未来儿童舆情发生趋势进行展望，并提出相应的对策与建议。

二、研究设计

（一）概念界定

1. 舆情

舆情是"舆论情况"的简称，是指在一定的社会空间内，围绕中介性社会事件的发生、发展和变化，作为主体的民众对作为客体的社会管理者、企业、个人及其他各类组织及其政治、社会、道德等方面的取向产生和持有的社会态度，是较多群众关于社会中各种现象、问题所表达的信念、态度、意见和情绪等表现的总和[1]。

一般来说，舆情的主体是参与舆情讨论的个人，舆情的客体是舆情关注的事件、现象和问题，舆情的本体是舆情中主体表达的观点、意见和看法[2]。

---

[1] 王来华. 舆情研究概论 [M]. 天津：社会科学院出版社，2003：32.
[2] 喻国明，李彪. 中国社会舆情年度报告（2017）[M]. 北京：人民日报出版社，2017：24-25.

2. 儿童舆情

本书中所说的儿童舆情，是对舆情的客体进行限定，说明舆情关注的是涉及儿童或和儿童相关的事件、现象和问题，而不是指参与舆情讨论的人群是儿童，不是对舆情的主体进行限定。

报告中儿童的界定，参考《儿童权利公约》中对儿童的定义，是指18岁以下的任何人。儿童发展涉及卫生、营养、健康、教育、福利、法律、社会环境等多方面，儿童舆情涉及的范围也非常广泛，为了分析和总结儿童舆情呈现的规律，考虑到和国家儿童相关政策口径保持一致，报告参考了《中国儿童发展纲要（2011—2020年）》（以下简称《纲要》），将儿童舆情细划分为"儿童与健康""儿童与教育""儿童与福利""儿童与社会环境""儿童与法律保护"五个领域。

需要指出的是，虽然儿童舆情的五个不同领域可以依照《纲要》来区分内容的边界，但是由于舆情事件的复杂性、计算机检索和归类能力不尽完善，可能会存在个别不准确的现象，一些舆情事件会具有多个领域的特征，这种情况并不会对基本结论造成影响。

（二）数据来源

本研究依托TRS网察搜索系统，采集来自新闻媒体（新闻网站、平面媒体电子报、手机客户端），以及社交媒体（微博、微信公众号、论坛、博客）在内的众多网络信息载体的数据。检索时间范围为2019年1月1日—2019年12月31日。通过标题与正文出现的关键词进行检索，并全网排重得出初步数据，再经由人工排重聚类，并且通过关键词的方式对重点媒体进行关键词筛查采集，保障数据来源的全面性。

（三）评价体系构建

开展儿童舆情研究，首要的工作是建立儿童舆情热度的评价体系。目前对于舆情事件的热度探讨较多，但是缺乏有效的舆情热度评价体系。评价指标体系的建立，是将抽象的研究对象按照其本质属性和特征的某一方面的标志分解成可操作化的元素，并赋予相应权重的过程。

舆情事件热度的评价体系，一方面需要考虑主流新闻媒体的报道热度，另一方面由于"传者去中心化"以及"大众生活的社交媒体化"，也需要考虑网络关注热度与发帖热度，比如微博、微信、论坛中信息的传播特征。在舆情研究中，舆情事件热度可以基于文本关键词温度、时间跨度长短来评测。

在以往研究经验的基础上，结合儿童舆情的特点，本研究构建了我国儿童舆情事件的社会热度评价体系（见表1-1-1），具体方法详见附录。

表 1-1-1 我国儿童舆情事件的社会热度评价体系

指标	操作化	赋权
报道热度	新闻报道量	30
关注热度	网络搜索量	30
发帖热度	社交媒体发帖量	30
时间热度	事件在网络场域持续天数	10

三、基于大数据的 2019 年我国儿童舆情总体状况

基于全网采集的儿童舆情大数据，利用舆情事件热度评价体系，下面将从年度事件排行榜、领域分布、媒体来源分布、月度分布、人物类高频词、机构类高频词、地域类高频词、年度观点回顾、年度政策回顾等方面分析 2019 年度我国儿童舆情状况，进而系统了解和把握儿童舆情的全貌和基本特征。

（一）2019 年度事件排行榜

回顾 2019 全年的儿童舆情事件，按照热度进行排序，得到的儿童舆情热点事件排行榜，对于把握民众关切、了解事件类型、感知网民情绪等具有基础性的重要意义，也是第一手的鲜活直观资料。

表 1-1-2 即是计算得到的 2019 年全领域的儿童舆情热点事件排行榜。这个总排行榜以及后文中各领域、各月度的相关排行榜均由舆情信息量标准化之后计算所得，权重参照社会热度评价体系。

表 1-1-2 2019 年儿童舆情热点事件排行榜

序号	事件	热度
1	国家流感中心：2019 年年初流感暴发，多为幼儿及学龄儿童	100.00
2	新城控股原董事长猥亵女童案	61.05
3	台湾地区 7 天发生 3 起虐童案	58.24
4	电影《少年的你》上映，聚焦校园欺凌	57.59
5	山东青岛红黄蓝幼儿园外教猥亵儿童案一审宣判：有期徒刑五年，驱逐出境	55.32
6	央视揭露多起网络性侵儿童案	54.96

序号	事件	热度
7	《学校食品安全与营养健康管理规定》：中小学、幼儿园相关负责人将与学生共同用餐	54.95
8	交通运输部：儿童优惠乘车将不再看身高，6岁以下儿童可免费乘车	53.38
9	腾讯测试"儿童锁模式"：13周岁以下想玩游戏须家长先"开锁"	52.96
10	辽宁大连10岁女孩被13岁男孩杀害	52.77
11	广东警方回应拐卖儿童"梅姨身份"：暂未查实	51.09
12	河南禹州7岁女孩眼睛被强塞几十张纸片	50.99
13	山东"活埋男婴"被弃荒山，已由泰安儿童福利院代监护	50.72
14	教育部："私立幼儿园将退出历史舞台"是政策误读	50.67
15	江苏金湖145名儿童接种过期疫苗，33人被问责	50.56
16	国家医保药品目录将调整：拟优先调入抗癌药、罕见病药、儿童用药	50.29
17	全国妇联权益部有关负责人就湖南祁东多人性侵未成年女孩恶劣案件表示：如此道德沦丧的恶行必须依法严惩	50.25
18	教育部出台中小学教师减负政策	48.99
19	福建漳州一儿童舞蹈海选舞台坍塌，致1儿童死亡	44.28
20	贵州公安机关：毕节、凯里未成年儿童被性侵系伪造	41.30

总体上看，儿童舆情多元化特征明显。前20大热点事件中，儿童发展相关的五个领域均有涉及。其中，涉及"儿童与健康"领域的有"流感""食品安全""过期疫苗""儿童用药"等事件，尤其是高居排行榜榜首的"国家流感中心：2019年年初流感暴发多为幼儿及学龄儿童"事件，受到民众最广泛的关注；涉及"儿童与教育"领域的有"私立幼儿园""中小学教师减负"等热度事件；涉及"儿童与福利"领域的有"儿童优惠乘车""福利院收留弃婴"等热度事件；涉及"儿童与社会环境"领域的有"腾讯游戏儿童锁""舞台坍塌"等热度事件；涉及"儿童与法律保护"领域的有"台湾地区虐童案""外教猥亵女童""网络性侵儿童""女孩被男孩杀害案"等热度事件。

另一方面，儿童舆情在深层次上大都聚焦于儿童权益受到侵害。虽然前20大热点事件涉及儿童的方方面面，但是追根究底，这些舆情事件的背后，集中反映的是民众对于儿童健康成长和全面发展的焦虑、担心甚至是愤怒。20大事件中有10个都涉及猥亵、虐待、欺凌、性侵、拐卖、杀害、意外伤亡等儿童受侵害事件，在剩下的事件中，如流感暴发、疫苗过期、食品安全、儿童药品等事件，也都跟儿童的生命安全和健康息息相关。就连看起来与侵害儿童权益关系不大的"腾讯游戏儿童锁""中小学教师减负"等事件，也一样会给儿童的学习生活带来巨大的影响。当然也不能否认，舆情尤其是网络舆情在传播过程中，那些具有负面情绪或负面影响的事件具有一些天然优势，更容易引发网民关注。

（二）领域分布

2019年全网采集的儿童舆情信息量超过1270万条。按照儿童舆情五个领域进行划分，事件呈现最多的是"儿童与法律保护"领域，舆情信息数量为5106698条，占比为40.20%；第二位是"儿童与福利"领域，舆情信息数量为4728955条，占比为37.23%；第三位是"儿童与教育"领域，舆情信息数量为2178653条，占比为17.15%；"儿童与社会环境"领域位列第四，舆情信息数量为413576条，占比为3.26%；"儿童与健康"领域事件数量最少，舆情信息数量为274000条，占比2.16%。

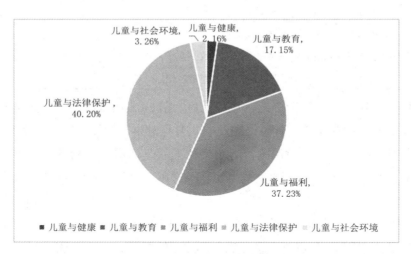

图1-1-1　不同领域儿童舆情事件数量的百分比占比图

根据儿童舆情事件的热度与信息数量来看，可以将这五个领域划分为三个序列。"儿童与法律保护"领域以及"儿童与福利"领域占据了儿童舆情的绝大多数，舆情热度与信息数量最高，属于第一序列；"儿童与教育"领域的舆情热度与信息量处于中位，属于第二序列；"儿童与社会环境"和"儿童与健康"领域的舆情热度与信息量是最低的，在整个儿童舆情中占比极少，属于第三序列。

（三）媒体来源分布

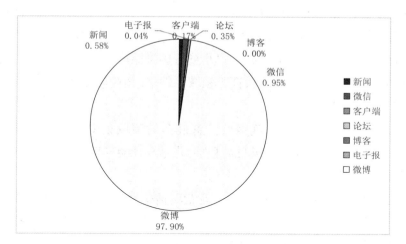

图 1-1-2　儿童舆情全领域媒体来源图

根据全年儿童舆情信息在各媒体平台的分布，我们可以看到，微博稳居信息来源第一位，占比97.90%，处于绝对垄断地位；第二位是微信，占比0.95%；新闻列第三位，占比0.58%。由此可见，微博作为最主要的"民间舆论场"，汇聚了大量儿童舆情信息，是获取和了解儿童舆情的重要窗口。

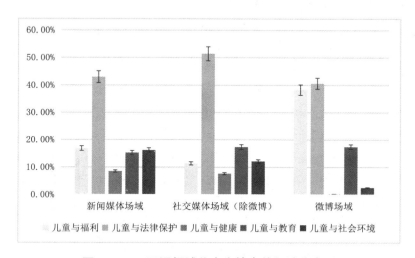

图 1-1-3　不同领域儿童舆情事件场域分布图

根据儿童舆情信息在各媒体平台的分布，本书将新闻网站、平面媒体、电子报、手机客户端数据合并为"新闻媒体场域"，将微博、微信公众号、论坛、博客数据合并为"社交媒体场域"（由于微博数据体量过大，故在统计中单独列出），比较儿童舆情各领域事件在两类主要传播场域的传播和发酵数量。

图1-1-3显示，在各领域儿童舆情事件场域分布中，"儿童与法律保护"领域事件占比最高，"儿童与教育"领域事件占比最低。

在微博场域中，占比最高的是"儿童与法律保护"领域和"儿童与福利"领域的事件，其次为"儿童与教育"领域事件，"儿童与社会环境"和"儿童与健康"领域事件较少。

在新闻媒体场域中，儿童舆情信息最多的领域集中于"儿童与法律保护"，超过40%，其次为"儿童与福利""儿童与社会环境""儿童与教育"和"儿童与健康"领域。

在社交媒体场域（除微博）中，儿童舆情信息最多的领域集中于"儿童与法律保护"领域，超过50%，其次为"儿童与教育""儿童与社会环境""儿童与福利"和"儿童与健康"领域。

（四）月度分布

图1-1-4显示，总体上看，全年月度儿童舆情数量分布有波动，上半年度数量分布较平稳，下半年度数量分布波动较大。舆情事件数量呈现两个高峰值，分别为7月和11月，舆情事件数量均超1400000条。9月、10月舆情事件处于相对低位运行的状态，低于800000条。

7月是全年儿童舆情的爆发期，各类媒体报道的数量较其他月份呈现峰值，舆情热度仅次于11月。11月的数据呈现2019年的第二个峰值，舆情热度达到全年最高点。

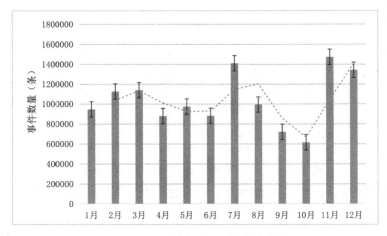

图1-1-4　月度儿童舆情事件数量

分领域来看，儿童舆情在不同领域呈现不一样的月度分布特征。图1-1-5显示，"儿童与健康"领域总体的月度舆情运行较为平稳，有小幅波动，舆情事件月度最高点出现在2月，舆情事件的最低位则集中于秋季。

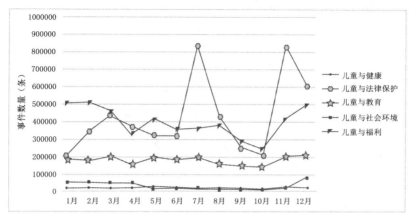

图1-1-5　分领域月度儿童舆情事件数量

"儿童与教育"领域舆情事件数量月度分布趋势整体较为平稳，波动不大，最高位出现在12月，舆情事件数量月度最低点主要集中在3月和10月。

"儿童与福利"领域舆情信息月度分布波动相对比较大，1月、2月、12月儿童与福利领域舆情信息较多，舆情事件月度最低点在10月。

"儿童与社会环境"领域舆情信息主要集中在第一季度与年末，年度舆情最高点在12月；其次，前四个月舆情信息较多，是该领域舆情信息的高发期。

"儿童与法律保护"领域舆情信息月度分布波动最大，呈不断起伏状态，且前6个月起伏波动较小，后6个月起伏波动较大。和全领域儿童舆情的月度分布特征类似，7月和11月舆情信息数量最高。

（五）人物类高频词

图1-1-6显示，2019年度儿童舆情人物类高频词中的主体较为多元。第一类主要是比较明显的与儿童各领域相关的政府职能部门人员，如教育部部长陈宝生、全国人大常委会社会委社会事务室副主任刘新华、最高人民检察院第九检察厅厅长史卫忠、国家卫生健康委员会疾病控制局副局长张勇，民政部社会事务司副司长倪春霞等。

第二类高频人物主要是热点舆情事件中涉及的相关人物，如儿童受侵害类事件中的当事人新城原董事长王振华、上海杀童案凶手黄一川等。

　　第三类高频人物主要是儿童各相关领域的专家学者，比如，中国政法大学法学院副教授苑宁宁、"女童保护"项目发起人孙雪梅、律师陈天鹏、眼科专家瞿佳、王宁利、现代教育家陈鹤琴等。

　　第四类出现频次比较高的是报道儿童相关事件的媒体人，如《法制日报》记者赵红旗、《北京晚报》记者殷呈悦等。

图 1-1-6　2019 年度人物关键词

（六）机构类高频词

　　图 1-1-7 显示，2019 年度儿童舆情机构类高频词以与儿童相关的政府职能部门为主。教育部为各机构类高频词之首，涉及教育的还有"教育局""中小学""幼儿园"等。其他高频机构还有中共中央、国务院、妇联、民政部、卫健委、最高人民检察院、最高人民法院等各级各类政府部门。

　　教育部门不仅在"儿童与教育"领域方面承担着主要职责，还在"儿童与健康"领域、"儿童与福利"领域、"儿童与社会环境"领域也担任着重要角色，是和儿童关系最为密切的政府部门。2019 年，教育部门在"儿童与教育"领域的热点舆情主要有出台中小学教师减负政策、公办园或普惠性民办园、提高中小学教师入职门槛、切实保障教师待遇等；在"儿童与健康"领域的热点舆情主要有发布儿童青少年近视防控试点名单、开展"师生健康中国健康"主题健康教育活动等；在"儿童与福利"领域的热点舆情主要是到 2020 年年底基本普及残疾儿童少年 15 年基础教育；在"儿童与社会环境"领域的热点舆情主要是组织编写《家庭教育指导手册》。

图 1-1-7　2019 年度机构关键词

（七）地域类高频词

图 1-1-8 显示，2019 年度儿童舆情地域类高频词以我国一二线城市、人口大省和东南沿海教育和经济资源较为发达的地区为主。儿童舆情事件地域分布活跃性排名前十的省市分别是北京市、山东省、上海市、广东省、深圳市、四川省、河南省、浙江省、大连市、江苏省。

这些地区作为儿童舆情各领域相关事件、案例、政策、观点发生地，一方面可能是由于人口基数大、社会管理水平有待提高等原因造成涉及儿童的舆情事件经常发生，另一方面跟该地区的互联网普及率、媒体信息渠道通畅也有很大关系。

图 1-1-8　2019 年度地域关键词

（八）年度观点回顾

表1-1-3显示，2019年度观点在儿童舆情的五个领域都有涉及，用眼健康、心理健康、弱势儿童权益保护、暴力侵害等话题为关注焦点。

年度观点主要集中在以下方面：一是有关儿童健康，包括儿童身体健康和心理健康，例如关爱儿童近视防控、学龄儿童超重、孤独症、心理健康教育等。二是关注弱势儿童群体，例如关爱自闭症儿童、残疾儿童、留守儿童等。三是公众人物公益行为，例如李娜公益活动关注孩子享受体育，陈赫助力公益关注困境儿童等。四是外部监督儿童安全，例如控制校园食品中毒发生率，建立儿童托管机构黑名单制度等。

从时间上看，2019年度观点出现的时间主要集中在3月，正处于全国两会召开期间，各代表委员针对提案诉求积极表达观点。观点的发声渠道主要通过新闻媒体，保证真实和权威性，利于发挥舆论引导功能。

表1-1-3　2019年儿童舆情年度观点排行榜

序号	事件
1	全国政协委员王宁利：近视眼防控要关注青少年也要关注学龄前儿童
2	王源联合国大会中文发言：呼吁人们保护儿童应享有的权利
3	全国政协委员何伟：建立眼健康发育档案，完善儿童青少年近视防控
4	全国政协委员翟美卿：加快推进农村儿童心理健康服务体系建设
5	俞敏洪：保障残障儿童教育权利消除阅读差距
6	什么才是对被虐待儿童最好的保护？家事法专家张鸿巍：将儿童带离原生家庭需慎重
7	中国儿童缺乏冷静？孙彩平：避免未成年人走极端要重视心理教育
8	李娜谈再度携手儿童乐益会：盼让更多孩子享受体育
9	著名儿童文学作家伍美珍走进经开区瑞锦小学讲授阅读经验
10	联合国儿童基金会亲善大使大卫·贝克汉姆探访上海幼儿园的孩子们
11	陈赫打造"善举小屋"助力公益关注困境儿童成长空间
12	全国人大代表毕宏生：系统全面防控儿童青少年近视
13	全国人大代表王欣会：让自闭症儿童融入社会生活
14	黄冈一小学生胡振园：写信谢脱贫政策
15	全国政协委员邰丽华：残疾儿童同样渴望接受高质量教育
16	雷后兴委员：开展留守儿童心理健康普查，村级建活动中心
17	江苏省政协委员孙子林：为Ⅰ型糖尿病儿童提供基本医保

序号	事件
18	市场监管总局局长张茅：校园食物中毒发生率要在万分之二内
19	全国人大代表胡春霞：建议建立儿童托管机构黑名单制度

（九）年度政策回顾

表1-1-4显示，2019年度政策法规排行榜，热点依然覆盖到儿童舆情的五个领域，但整体来看，以健康、教育领域为最多。其中，近视、心理健康、学前教育、义务教育等主题是关注焦点，主要集中在以下方面：一是儿童健康，例如近视防控、青少年控烟、婴幼儿配方乳粉等。二是儿童保护，例如未成年人保护法、"护苗"专项行动、留守儿童合法权益保护、校园欺凌等。三是儿童教育，例如婴幼儿照护、义务教育、教育惩戒、办园质量评估等。四是儿童福利，例如事实无人抚养儿童保障、困境儿童、福利机构管理等。

2019年度政策法规发布主要集中在2月，其余月份发布数量均衡。微博在政策法规发布后作为主要的信息传播途径，促使舆情升温。

表 1-1-4　2019 年儿童舆情年度政策法规排行榜

序号	事件
1	国务院印发《关于促进3岁以下婴幼儿照护服务发展的指导意见》
2	教育部《关于减轻中小学教师负担进一步营造教育教学良好环境的若干意见》
3	《中华人民共和国未成年人保护法》7年来首次迎来"大修"引热议
4	国家卫健委发布《儿童青少年近视防控适宜技术指南》
5	教育部发布《幼儿园责任督学挂牌督导办法》
6	全国"扫黄打非"办公室2019年"护苗"专项行动
7	网信办《儿童个人信息网络保护规定》正式实施：提供全生命周期保护
8	国家卫建委等12部门：《健康中国行动——儿童青少年心理健康行动方案（2019—2022年）》
9	《儿童权利公约》颁布30周年
10	教育部《禁止妨碍义务教育实施的若干规定》：坚决纠正妨碍适龄儿童少年接受义务教育行为
11	国家发改委等七部门发布《国产婴幼儿配方乳粉提升行动方案》
12	最高检《2018—2022年检察改革工作规划》：全国性侵害未成年人犯罪信息库将建立

续表

序号	事件
13	明确 3 类惩戒！教育部就《中小学教师实施教育惩戒规则》征求意见
14	国家卫健委等八部门《关于进一步加强青少年控烟工作的通知》：最大限度地降低影视明星吸烟镜头对青少年的影响
15	《北京市幼儿园办园质量督导评估办法（试行）》发布
16	教育部等八部门贯彻落实《综合防控儿童青少年近视实施方案》
17	让孩子告别"小眼镜"！北京出台儿童青少年近视防控十条措施
18	《福建省综合防控儿童青少年近视行动方案》出台
19	2020 年起我国首次将事实无人抚养儿童纳入国家保障范围《关于进一步加强事实无人抚养儿童保障工作的意见》
20	四川省教育厅《关于做好中小学生课后服务工作的实施意见》政策解读

四、2019 年我国儿童舆情分领域状况

（一）儿童与健康：聚焦政策防控，民众理性关注

2019 年"儿童与健康"领域舆情事件主要聚焦突发事件、儿童视力与心理健康问题。此外，还涉及儿童食品和用品安全、儿童医药保障体系完善、儿童营养健康、儿童伤害的预防和控制、口腔卫生以及睡眠质量等话题。

从舆情呈现特征来看，该领域整体舆情烈度较低，但也存在舆情指数远高于其他事件的热点事件，即"2019 年年初的 H1N1 流感暴发"事件。媒体来源上看，不同于其他领域的微博垄断情况，微信成为本领域第一大信息源；且本领域舆情话语表达理性客观，情感较为中立；事件多为防控政策的出台、问题的正面积极应对。

具体来看，在本领域热点舆情事件排行中出现次数最多的是儿童近视相关话题。通过对"小眼镜"问题相关舆情的分析发现，儿童近视问题凝聚家庭和社会关切，科普账号和商业机构账号发出的舆情量级高，各省市注重落实防控措施宣传。从舆情呈现来看，首先，2019 年儿童近视问题相关舆情事件的产生具有明显的周期性特征，舆情峰值往往出现在寒暑假结束之后的"开学季"；其次，主流媒体聚焦儿童近视防控措施与落实情况，报道数量少但质量较高，深度报道、评论、观点性文章发布多以主流媒体信息为主；自媒体则关注儿童近视的具体案例、家长对于儿童近视预防办法的现身说法，以及

社会上家长、老师们的现实需求表达。

（二）儿童与教育：关涉主体集中，话语表达多样

2019年"儿童与教育"领域舆情范围比较广，涉及教育事业的方方面面，也几乎覆盖各个年龄段的儿童。该领域热点舆情事件主要聚焦学前教育相关的普惠性办园、学位、教师编制等问题，义务教育阶段的入学、减负、课后服务问题，以及高质量中小学教师队伍建设等话题。

从舆情呈现特征来看，该领域舆情整体烈度适中，关涉机构集中，以教育系统为主；关涉人物具有领域特征与独特性，包含古今中外教育家、心理学家；热点舆情话语表达方式多样化，除行政管理部门的权威话语外，还有许多媒体表达；舆情信息地域分布多为教育发达地区。

根据党和国家关注及民众关切，报告选取了"立德树人"和"学前儿童入园"两类主题的舆情进行分析。立德树人作为教育的根本任务，对其相关新闻报道舆情进行分析发现，舆情热点主要聚焦国家相关政策，报道情感以正面积极为主，报道对象具有多元性，且呈现周期性特征。教育类、党政类媒体是"立德树人"报道的主要来源；中央级媒体以政策导向类报道为主，地方媒体以具体事件报道为主；政策类报道呈现中央级媒体率先发布，地方媒体转载报道的特征。

在二孩政策影响下，学前儿童入园问题不仅是"儿童与教育"领域的舆情热点，更成为家庭甚至整个社会关注的焦点之一。研究发现，"学前儿童入园"相关舆情信息主要呈现以下特征：舆情信息主要来自以微博、微信为代表的社交媒体平台，网民讨论内容广泛，涉及学位短缺、师资缺口、普惠性民办园、人口及生育、费用及配套基础设施等多个话题，表达虽有流露出紧张、焦虑、担忧等负向情绪，但整体情绪分布相对均衡。目前，学龄前儿童数量激增与公办幼儿园数量稀缺、民办幼儿园收费较高之间的诸多矛盾导致出现"入园难、入园贵"的现象，普惠性民办园、社会机构力量办园等措施能够有效缓解入园难问题。同时，发展幼师队伍，补充师资缺口，能有效解决现有的幼儿教育难题。如何回应民众的需求并做好相关舆情的应对与引导既离不开政府主导，也离不开社会力量的参与，这样才能真正实现幼有所育、幼有所教。

（三）儿童与福利：兼顾普惠与弱势群体，多部门联动参与

2019年儿童与福利领域舆情主要聚焦三方面：一是普惠性儿童福利政策

的出台与推广；二是弱势儿童保障工作，涉及提高保障标准、精准保障、事实无人抚养儿童保障工作落实等内容；三是儿童的基本公共服务相关内容，比如，医疗保障问题，涉及相关疾病医疗费用报销、残疾儿童康复、学校医疗卫生保障设施等内容。

从舆情呈现特征来看，本领域舆情整体烈度较高，存在舆情指数远高于其他事件的热点事件，即该领域热点事件排行榜中的前两名事件"儿童优惠票标准"与"山东'活埋男婴'被弃荒山，已由泰安儿童福利院代监护"事件；舆情热点兼顾普惠性福利与选择性福利事件；政策受关注多，关涉弱势儿童群体的地方性政策成舆情重点；关涉主体以行政管理部门为主，民政、教育、妇联、公检法等多部门联动参与。

具体来看，普惠性儿童福利政策话题下以"儿童乘车优惠票"相关内容的事件出现频次最高，也是该领域热点排行第一的事件。该话题的讨论由来已久，就2019年的相关热点舆情来看，主要涉及其标准问题，首宗儿童公益诉讼事件、儿童优惠票标准变更等内容。媒体来源上，微博占据垄断地位，面对"儿童优惠乘车从'量身高'转为'看年龄'"的政策，网民大多持正面积极的支持态度。

（四）儿童与社会环境：关涉主体多元，多为正面倡导

2019年儿童与社会环境领域舆情主要聚焦四方面：一是网络保护；二是社会各界推出多样化儿童文化产品，创设有益于儿童身心健康成长的文化环境；三是聚焦校外教育与活动；四是聚焦家庭教育。

从舆情呈现特征来看，本领域舆情整体烈度不高，但涉及层面广，多为正面引导。舆情事件关涉主体不再集中于行政管理部门，而是更加多元，包括政府、企业、基金会、校外教育机构、媒体等。

对该领域的热点话题"儿童校外生活"的舆情状况进行分析发现，针对"儿童校外生活"的话题，网民讨论内容相对集中，主要聚焦于课外班和作业，此外也有涉及校外生活的多样化讨论。从媒体来源来看，主要来自微博，微信和新闻次之。其中，新闻和微信渠道的舆情热点比较类似，主要聚焦课外班与作业的话题，在描述现状的同时具有一定的批判性，并呼吁更加注重学与玩的平衡。而微博热点话题则更加贴近民众的真实生活，除了课外班和作业，还涉及兴趣、陪伴等关键词。从舆情信息地域分布来看，北京、上海、山东、河南等一线城市与教育大省出现频次最高。舆情信息的情感表达以负面为主。

（五）儿童与法律保护：聚焦儿童受侵害事件，舆情持续时间较长

2019年儿童与法律保护领域的热点舆情事件中，占比最大的是儿童受侵害事件，约九成以上。其中，最多的是性侵或猥亵儿童事件，其次还涉及虐童、欺凌、拐卖、突发性袭击等儿童受侵害事件。此外，该领域舆情事件还涉及关于未成年人犯罪、童工现象、《未成年人保护法》修订等。

从舆情呈现特征来看，该领域舆情整体烈度高，为五个领域之最，且儿童法律事件舆情热度持续时间长；月度分布波动较大，7月和11月呈现峰值；关涉主体较为集中，以司法部门为主，媒体次之。

具体来看，本领域热度最高的猥亵性侵类儿童受侵害舆情事件烈度很高，会快速聚集公众舆论，引发社会民众广泛义愤。从舆情呈现来看，2019年此类事件大多发生在春季和夏季，事件分布在全国各地；被侵害儿童中以女童和幼童居多；年龄大多未满12周岁；也包括留守儿童和或生理缺陷儿童。此外，还存在儿童性侵害谣言传播事件，造成了社会恐慌，浪费了社会资源，影响了传媒公信力。建议舆论引导要从加大法制宣传、提高民众媒介素养、及时应对谣言等方面着手，保护儿童安全健康成长。

关于"未成年人犯罪"的热点话题，以"大连13岁男孩杀害10岁女孩"事件为例，对社交媒体网民对未成年人犯罪事件的态度进行分析发现，事件关键言论节点大多由主流媒体和机构官方账号发布，网民情绪表达负面居多，愤怒情绪最高，子话题"未成年刑事责任年龄"争议度高。

五、儿童舆情传播的问题和趋势分析

（一）舆情生成主要以微博的"爆米花"模式为主

从2019年儿童舆情事件主要媒体来源来看，微博处于垄断地位，其占比高达约98%，已成为儿童舆情最主要的媒体来源场域，汇集众多网民情绪表达。微博作为社会化媒体，具有开放性和时效性特点。普通民众通过它获得来自各地区、各方面的信息的同时还能够获得更多表达机会。这使得微博很容易成为人们获取新信息的主要渠道，同时也有利于相关事件的发布。

微博上的舆情生成模式主要是"爆米花"的形式，不再是传统的信息传播有多级主体参与且缓慢形成的过程，而是集中在某天或者某个时段爆发，动辄具有千万次量级的点击率，舆论影响力极大。中国人民大学新闻与社会发展研究中心发布的《中国网民的信息生产及情感价值结构演变报告》显示，

我国社交媒体用户网民每日睡前打字最活跃，在22点达到峰值。这是自媒体账号信息生产最为频繁的时间，也是社会舆情热点事件发酵和传播的重要时间。这种模式对于舆情监管和引导具有非常重要的意义。

以相关部门对于舆情事件的回应为例，选择合适的时间点，微博既可以使民众第一时间获取到关于政策出台以及相关问题解读的官方信息，同时也可以使政策制定部门及时听见民众关于政策的观点和切实的需求，从而更好地完善政策体系以及接下来的具体措施，为儿童的成长创造更好的环境。

（二）舆情生态复杂多元，不同平台竞争激烈

以"两微一端"（微博、微信、新闻客户端）为代表的新媒体已经成为民众最主要的舆论场。随着各级各类政府部门和传统新闻媒体入驻微博，开设微信公众号，舆情生态愈加复杂多元。截至2019年12月，经过新浪平台认证的政务机构微博为13.9万个。微信擅长制造话题和酝酿观点，微博扮演信息二传手和占据主要通道，传统媒体对舆情事件进行"仪式化"报道，这些舆情生态主体各凭自身优势，在"民间舆论场"展开了激烈的竞争。

通过对儿童舆情生态的研究发现，其传播呈现两条途径的特点。一条是自上而下，首先经由中央级媒体报道相关消息。随后，消息经由机构"两微一端"账号，迅速在社交媒体中转发、扩散开来，形成舆情的爆炸升温，如相关政策与官方活动的发布通常是这种途径。另一条是自下而上，先由人际圈群传播扩散，由微博这一社交媒体日益扮演话题制造者这一前台角色，再扩散至社会热议。如一些与普通民众非常关注的话题相关的个案与事件，通常通过这种途径传播。

但在很多儿童舆情事件中，这两条途径则是此消彼长，接力传播。首先，中央级媒体以"质"为主，往往是消息的首发者，随后微博、微信等社交媒体接力传播，通过社交网络的转发功能，使消息迅速扩散，以"量"取胜。这种不同平台的交织传播，同时也造成了舆论生态的多元性和复杂性。

（三）舆论情绪集中释放，潜在危机不容忽视

互联网上的表达标签化特征非常明显，很容易使得大多数网民产生"弱势认同心理"及"推己及人"的同理心，有较强的代入感，对于网络舆论中的兴奋点，尤其一些负面事件，集中释放不安和焦虑，从而形成受到广泛关注的高热度舆情事件。纵观2019年各个领域的儿童热点舆情事件发现，关系普通民众切身利益的事件最能吸引人们的关注。其中数量最多、热度最高的

为儿童受侵害类事件，包括性侵、猥亵、虐童、欺凌、拐卖、突发性袭击等事件，此类事件直接关系着儿童生命安全的保障，极易触发大众尤其是家长的神经。此外，流感等疾病类事件、近视问题、入园问题、网络保护等热点舆情事件，都是与每个家庭与儿童密切相关的话题，此类话题会快速聚集舆论，引发民众广泛讨论。

虽然网络上的情绪宣泄在一定程度上缓解了现实中的社会压力，但是舆情中一些潜在的危机不容忽视。2019年的儿童舆情中，谣言编造、信息误读等不实消息的广泛传播事件时有发生，如"贵州公安机关：毕节、凯里未成年儿童被性侵系伪造""教育部：'私立幼儿园将退出历史舞台'是政策误读"等事件。

总体来说，媒体和民众的话语表达日益理性和成熟，而且随着微博等社会化媒体所具备的社会动员功能在整个社会信息场域中的凸显，媒体和民众的发声将更能够反映和代表一定社会群体的利益诉求。政府部门在舆情管理上除了要保证信息的公开和透明之外，还需要建立合理的对话平台和有效的对话机制，针对民众关注的核心焦点议题和一系列与民众切身利益相关的问题做出积极的回应，有效缓解社会压力，疏导社会负能量。

（四）一些儿童舆情事件发生时间的规律特征值得重视

首先，暑期是全年儿童舆情的爆发期。一方面，暑期儿童与社会环境的接触频率急剧增加，因此各利益相关方对公共场所儿童身心安全保障的关注度在短时间内得到较大的提升；另一方面，低收入家庭子女、留守儿童、残障儿童等大量处于特殊情况的儿童，在生活保障、家庭教育、精神关怀等层面缺乏必要的保障，这一问题的严峻性和紧迫性在暑假期间大幅提升。此外，这一时期侵害儿童的负面舆情事件占比较大。暑期是侵害儿童案件的井喷期，可能是由于儿童在暑假的活动接触范围相对扩大，同时也存在家长警惕性疏忽、儿童自我保护意识不强等原因，给侵害人以可乘之机。

其次，年末的网络热点话题丰富，各领域议题热度保持高位运行。一方面儿童与法律保护领域事件占比较多，一些儿童性侵类事件发生，一些案件在11月进行宣判，类似负面事件的衍生话题不断；另一方面，儿童近视防控措施出台是11月的焦点，由于涉及层面广、牵涉人群多、讨论的议题重大，故受到媒体和社会舆论的广泛关注。11月的舆情峰值体现出舆情环境的多样性，既有公众对于负面事件的义愤填膺，亦有对于政府工作的正面支持，媒体舆论场与民间舆论场交叠并行、相互影响，共同助推了相关话题热度的攀升。

除了暑期与年末之外，两会也是一个重要的时间节点，很多年度人物观点多集中于两会上发出。此外，像"2019年年初流感暴发"事件也因流感常暴发于年初而具有时间规律性。类似此类本身具有一定时间规律性的事件还有高考、入学/入园等。这些时间规律具有一定的预警价值，有助于政府提前做好舆情管理工作。

六、对策与建议

我国已经进入了"人人都有麦克风"的时代，社会舆论格局发生了巨大变化，每个人都能成为"报道者"。很多时候互联网不仅仅起到一个舆情"放大器"的作用，而且经常成为舆情信息的"生产者"。为做好儿童舆情管理工作，报告建议如下。

第一，思维意识方面，需树立正确的儿童舆情应对意识。互联网对政府治理能力的要求非常高，一些地方和部门在舆情应对方面还存在很多问题。2016年《国务院办公厅关于在政务公开工作中进一步做好政务舆情回应的通知》（国办发〔2016〕61号）的印发，意味着舆情回应要从以往的"倒逼"模式进入制度化的常态。这也要求负责儿童舆情的相关部门要跳出之前的思维误区，改变之前"捂、盖、拖、堵、躲、删、压"的思维，要有儿童舆情就在身边的意识、对儿童舆情敏感的意识、"主动公开"的意识、"源头防范"的意识。

第二，舆情监测方面，需建立科学的儿童舆情监测指标和评价体系。舆情监测是一项专业性很强的工作。目前，关于儿童舆情的研究极少，还未建立一套科学完善的儿童舆情监测评价指标体系。从学理上看，如果不能解决认识框架和逻辑标准的同一性的话，就无法解决基本的沟通问题，更谈不上意见的影响和舆论的引导问题。科学的儿童舆情指标评价体系，也有助于对儿童舆情事件、政策法规、人物观点等进行科学的评估。舆情是社会的皮肤，是社会时势的晴雨表，相关责任部门不仅要注重儿童舆情事件的应对处理，还应从长远角度考虑，加强儿童舆情监测指标体系建设。如果及时发现并解决问题，就能阻止"言塞湖"的产生，进而提前防范舆情负能量的聚积。

第三，责任主体方面，需建立全国统一的儿童舆情协同应对中心，搭建专职的舆情队伍。由于儿童舆情事件涉及领域、部门众多，具有跨地域的传导性和联动性；又关涉社会每个家庭的切身利益，因此无论是政策类等正面舆情的民意反馈测量，还是儿童伤害类等负面舆情的社会影响评估，都需要统一的协同应对中心，建立专职的儿童舆情队伍，建立跨职能部门、跨区域的联动机制，加强纵向的同类部门上级和下级之间，横向的关联部门之间的联系，进行儿童舆情梳理、应对工作的协同与协调。从人员配置来看，"救火队"和"宣传员"并重，儿童舆情应急和处置人员与儿童舆情日常引导人员并重。儿童舆情人员应当成为指导、沟通和管理的信号员，把工作基础和工作重心放在立场一致、情感共振和关系认同上，运用社会正能量、公道、人心所向而因势利导，做出相应的化解和处理。

第四，响应机制方面，要明确统一重点回应的舆情标准，实现"全"和"专"的统一，依据不同事件类型选择不同的响应机制和处理方式。全体动员响应和专职机构应对兼有，明确各级舆情监测与报告制度，规定其报告责任与时限要求，在建立"红、橙、黄、绿、蓝"的儿童舆情指标研判系统的基础上，关注重点月份、重点领域与重点地区，根据舆情影响力的辐射范围与可能分级负责，总体监管与协调。同时，还要注重儿童舆情回应实效，提高政府相关部门官方微博、微信和客户端的开通率，充分利用新媒体平台与民众建立良好互动关系，提升回应信息的到达率。建立与宣传、网信等部门的快速反应和协调联动机制，加强与有关媒体和网站的沟通，扩大回应信息的传播范围。

第五，舆论引导方面，既要注重正向舆论的议题设置，又需建立儿童热点舆情"数据库"。要解决舆论入耳入脑入心的社会前提条件，是与聆听者产生情感共知和关系认同。在舆论引导方面，要提升政府职能部门的媒介素养，注重正向舆论话题的设置，建立儿童热点舆情"数据库"。数据库中包括权威信息发布、政策施行、案例分析、专业标准与专家资源的集中呈现，针对儿童舆情的常见问题与争议性困惑主动出击，展开政策宣传和舆情引导，透过舆论的引导和化解来争取人心，这有赖于日常舆情工作有条不紊地开展。同时也要提高民众的媒介素养，使其理性关注与表达，在面对谣言时可以做到"谣言止于智者"。

II 分报告

分报告一：儿童与健康领域舆情分析

一、儿童与健康领域舆情总体状况

儿童处在生长发育的阶段，因此他们能否得到身心的健康发展就显得格外重要。针对儿童与健康领域的舆情，我们主要探讨了有关儿童身体以及心理健康发育的舆情事件。根据对2019年全年儿童与健康领域热点舆情的分析与总结，其总体状况主要呈现以下特征。

（一）舆情格局：聚焦突发事件、儿童视力与心理健康问题

从2019年儿童与健康领域舆情事件的分布领域来看，占比最大的有以下三类事件：第一类是突发事件，如排在本领域舆情事件热度第一位的2019年年初暴发的H1N1流感，以及诺如病毒。此类突发事件大多涉及传染性疾病或重大疾病等严重危害儿童身体健康的事件，尽管发生概率较低，但一旦发生就极易产生大范围影响，引起较多讨论，牵动着家长的神经。类似流感这一类突发事件的发生还是有规律可循的，一般集中于某些季节或时间段，但也有部分突发事件是不可预测的，这在舆情管理和监督上的难度就会更大。比如，2020年年初开始肆虐的新型冠状病毒肺炎疫情，也属于此类突发性事件，烈度与影响力均远远高于本领域其他类型事件。

第二类是有关儿童视力问题的事件，这也是该领域舆情事件中出现频次最多的热点事件。相关的舆情事件报道所涉及的层面很广，有调研数据、有

22

现实案例，但更多的是卫健委、教育部等相关部门出台的一系列应对和缓解儿童近视问题的指导意见与具体措施。这也表明了国家和政府对改善儿童视力不良问题的重视与决心。

第三类是有关儿童心理健康问题的事件，尤其是儿童自闭症相关的舆情事件热度较高。降低儿童心理行为问题发生率和儿童精神疾病患病率正成为民众日益关心的话题，社会各界也正在积极采取相关举措缓解儿童自闭症等问题，如建立康复基地、开展社会调查、拍摄专题纪录片等。

此外，2019年儿童与健康领域的舆情事件还涉及儿童食品和用品安全、儿童医药保障体系完善、儿童营养健康、儿童伤害的预防和控制、口腔卫生以及睡眠质量等方面。

（二）舆情特征：舆情烈度较低，情感较为中性

1. 整体烈度较低，但存在舆情指数远高于其他事件的热点事件

整体来看，2019年儿童与健康领域的舆情烈度不是很高，舆情信息数量为274000，是五个领域中数量最低的，影响力一般。但存在舆情指数远高于其他事件的热点事件，即2019年年初的H1N1流感，由于其对儿童的身体健康造成了较大威胁，成为民众较为关注的热点事件。值得注意的是，儿童视力不良问题的相关报道舆情烈度也相对较高。

2. 微信成为本领域第一大信息源

2019年儿童与健康领域舆情事件的关涉主体主要是国家卫健委、教育部，以及各省卫健委和教育厅，相关行政管理部门的话语构成了该领域主要的话语图景。微信、微博等社交类媒体平台成为主要的媒体来源，不同于其他领域的微博稳居第一的情况，微信成为本领域第一大信息源。

3. 话语表达理性客观，情感较为中立

本领域舆情信息整体的话语表达较为理性和客观，舆情事件的情感倾向也较为中立。从诸如"江苏金湖145名儿童接种过期疫苗，33人被问责""卫健委：去年全国儿童青少年总体近视率为53.6%""中国红基会：59.6%中小学校没有医疗卫生保障设施""《中国18城市儿童生长发育和营养补充消费者认知白皮书》发布：生长迟缓儿童比例达14.6%"等事件中可以看出，多为对现状的客观描述和对相关政策的解读，能够较好地引导民众的情感表达，这也说明信息的公开透明更有利于减少非理性情感的表达和虚假信息的传播。

4. 多项政策防控、积极应对问题

本领域舆情事件的一个重要内容特征是出台多项政策，注重防控与落实。我们可以看到，从国家到地方出台了一系列政策来应对和解决相关问题的产生。如《学校食品安全与营养健康管理规定》《健康口腔行动方案（2019—2025年）》《浙江省教育厅等九部门关于全面加强儿童青少年近视防控工作的意见（征求意见稿）》《关于进一步加强脑瘫等残疾儿童和孤独症儿童医疗保障工作的通知》《关于开展儿童血液病、恶性肿瘤医疗救治及保障管理工作的通知》等。从另外的角度来看，或许正是本领域的防控措施做得相对完善，所以几乎没有出现影响极其恶劣的负面事件。

二、儿童与健康领域热点舆情事件

（一）热点舆情事件排行榜

表 2-1-1　2019 年儿童与健康领域热点舆情事件排行榜

序号	事件	总分
1	国家流感中心：2019 年年初流感暴发，感染者多为幼儿及学龄儿童	100.00
2	教育部、国家市场监管总局和国家卫生健康委发布《学校食品安全与营养健康管理规定》：中小学、幼儿园相关负责人将与学生共同用餐	65.88
3	江苏金湖 145 名儿童接种过期疫苗，33 人被问责	56.21
4	国家医保药品目录将调整：拟优先调入抗癌药、罕见病药、儿童用药	51.66
5	卫健委：2018 年全国儿童青少年总体近视率为 53.6%	38.43
6	国家卫健委等五部门发力齐促儿童血液病、恶性肿瘤救治救助	34.56
7	国家卫健委：应尽量避免学龄前儿童用手机、电脑	34.49
8	教育部发布儿童青少年近视防控试点名单	29.09
9	浙江禁止用 APP 布置作业，儿童近视率纳入政府考核	29.03
10	中国红基会：59.6% 中小学校没有医疗卫生保障设施	28.05
11	江苏扬州 2 岁半宝宝近视 900 度	23.02
12	我国首部心理健康蓝皮书《中国国民心理健康发展报告》：儿童暴力行为中"忽视"对心理健康影响最大	21.12
13	北京市消费者协会：网售儿童学习桌椅过半不符合国标	20.69
14	教育部：通过"一增一减一保障"推进中小学健康促进行动	16.02
15	国家卫健委《健康口腔行动方案（2019—2025 年）》，将限制中小学校及托幼机构销售高糖饮料和零食	12.89

序号	事件	总分
16	教育部：力争儿童、青少年近视率每年下降 0.5 到 1 个百分点	11.92
17	教育部、国家卫健委部署进一步加强儿童、青少年近视综合防控	11.37
18	上海首份《学龄前儿童运动发展与睡眠健康万人问卷报告》发布，显示学龄前儿童睡眠时长偏短	10.77
19	教育部办公厅、国家体育总局办公厅联合发布《关于开展 2019 年全国"爱眼日"活动的通知》	9.88
20	教育部：2019 年"师生健康 中国健康"主题健康教育活动	8.70

（二）热点舆情事件回顾

1. 国家流感中心：2019 年年初流感暴发，感染者多为幼儿及学龄儿童

关键词：流感、婴幼儿、学龄儿童

事件简介：2019 年 1 月 4 日，国家流感中心发布的监测报告显示，我国大多数省份进入 2018—2019 冬春季流感的高发期，且活动水平呈现上升趋势，各地呼吸科门诊就诊人数与平时相比明显增加。专家指出，本次流感病毒主要以甲型 H1N1 为主。而在本轮流感中，就诊数量最多的则是婴幼儿及学龄阶段儿童。一般儿童的抵抗力较差，患病后发热时间长且更易伴有头痛、咽痛、关节肌肉酸痛等症状，个别严重的患者还可能会引发心肌炎、脑炎、肺炎等疾病。为应对此次流感高峰，多地医疗机构启动了应急预案，采取了增加儿内科门诊出诊医生、增加儿内科专科病房及增加值班医生数量等措施。

2. 教育部、国家市场监管总局和国家卫生健康委发布《学校食品安全与营养健康管理规定》：中小学、幼儿园相关负责人将与学生共同用餐

关键词：中小学、幼儿园、食品安全、陪餐制度

事件简介：教育部、国家市场监督管理总局、国家卫生健康委员会联合发布《学校食品安全与营养健康管理规定》（以下简称《规定》），自 2019 年 4 月 1 日起施行。《规定》从管理体制、学校职责、食堂管理、食品安全事故调查与应急处置等方面严格学校食品安全问题。在学校职责方面，《规定》强调，中小学、幼儿园应当建立集中用餐陪餐制度，每餐均应当有学校相关负责人与学生共同用餐，做好陪餐记录，及时发现和解决集中用餐过程中存在的问题。有条件的中小学、幼儿园应当建立家长陪餐制度。

3. 江苏金湖145名儿童接种过期疫苗，33人被问责

关键词： 江苏金湖、儿童疫苗、过期疫苗

事件简介： 2019年1月11日，江苏省金湖县官方发布通报，该县黎城卫生院发生口服过期疫苗事件。经排查，截至1月9日，已确定全县145名儿童接种了过期脊灰疫苗。事件发生后，涉事批次疫苗已被封存。本着将儿童健康放在首位的原则，江苏省组织专家组对145名已接种过期疫苗的儿童全面开展医学观察、进行体检、安排补种，未发现与疫苗直接相关的异常健康情况。经调查确认，该事件是因当地政府主体责任落实不到位、主管部门监管不力、接种单位管理混乱、工作人员违规操作造成的一起严重责任事故，相关责任单位和33名责任人被严肃问责。

4. 国家医保药品目录将调整：拟优先调入抗癌药、罕见病药、儿童用药

关键词： 国家医保、药品目录、儿童用药

事件简介： 2019年3月13日，国家医疗保障局发布《2019年国家医保药品目录调整工作方案（征求意见稿）》（以下简称《方案》）。根据《方案》，药品目录调整涉及西药、中成药、中药饮片三方面，具体包括药品调入和药品调出两项内容。其中，调入的西药和中成药应当是2018年12月31日（含）以前经国家药品监督管理局注册上市的药品。此外，《方案》显示，将优先考虑国家基本药物、癌症及罕见病等重大疾病治疗用药、慢性病用药、儿童用药、急救抢救用药等。根据药品治疗领域、药理作用、功能主治等进行分类，组织专家按类别评审。对同类药品按照药物经济学原则进行比较，优先选择有充分证据证明其临床必需、安全有效、价格合理的品种。

5. 卫健委：2018年全国儿童青少年总体近视率为53.6%

关键词： 卫健委、儿童青少年、近视率

事件简介： 2019年4月29日，国家卫生健康委员会举办新闻发布会，介绍2018年儿童青少年近视调查结果。调查共覆盖了全国1033所幼儿园和3810所中小学校，总筛查111.74万人，包括幼儿园儿童6.92万人，各年龄段中小学生104.82万人。调查结果显示，中国儿童青少年总体近视发病形势严峻。2018年，全国儿童青少年总体近视率为53.6%，其中6岁儿童为14.5%，小学生为36%，初中生为71.6%，高中生为81%，近视防控任务非常艰巨。此外，低年龄段近视问题比较突出，在小学和初中阶段，近视率随着年级的升高快速增长。小学阶段从一年级的15.7%增长到六年级的59%；初中阶段从初一年级的

64.9% 增长到初三年级的 77%。小学和初中阶段是中国近视防控的重点阶段。

6. 国家卫健委等五部门发力齐促儿童血液病、恶性肿瘤救治救助

关键词：卫健委、儿童血液病、恶性肿瘤

事件简介：为维护儿童健康权益，2019 年 8 月 1 日，国家卫生健康委员会、民政部、国家医疗保障局、国家中医药管理局、国家食品药品监督管理总局五部门联合印发了《关于开展儿童血液病、恶性肿瘤医疗救治及保障管理工作的通知》（以下简称《通知》），力促儿童血液病、恶性肿瘤救治救助工作落到实处。当前儿童血液病和恶性肿瘤病种多、治疗难度大，造成了治疗周期长、医疗费用高、报销比例低、家庭负担重等诸多问题。作为严重威胁儿童健康的一类重大疾病，儿童血液病和恶性肿瘤的救治保障意义重大，是一项重点任务。根据《通知》要求，我国将进一步完善药品供应和医疗保障政策，提高保障水平、简化报销手续，切实减轻患儿家庭负担。

7. 国家卫健委：应尽量避免学龄前儿童用手机、电脑

关键词：卫健委、学龄前儿童、手机、电脑

事件简介：根据国家卫生健康委员会（以下简称"国家卫健委"）于 2019 年 4 月 29 日公布的 2018 年儿童青少年近视调查结果，目前我国低年龄段近视问题比较突出。核心信息指出，不科学使用电子产品是近视高发的主因之一，尤其是长时间或近距离盯着手机、电脑和电视等电子屏幕更易引发近视问题。此外，国家卫健委 3 月 21 日发布的《2019 年儿童青少年近视防控健康教育核心信息》也指出，0 到 6 岁是孩子视觉发育的关键期，应当尤其重视孩子早期视力的保护与健康。6 岁以下儿童要尽量避免使用手机和电脑，家长在孩子面前应尽量少使用电子产品。

8. 教育部发布儿童青少年近视防控试点名单

关键词：教育部、儿童青少年、近视防控试点

事件简介：教育部根据《教育部等八部门关于印发〈综合防控儿童青少年近视实施方案〉的通知》和《教育部办公厅关于做好 2018 年全国儿童青少年近视防控试点县（市、区）和改革试验区遴选工作的通知》要求，在有关地区自主申报和各省级教育行政部门评审、公示和推荐的基础上，对各地申报推荐的试点县（市、区）和改革试验区进行了综合认定，最终确定了《2018 年全国儿童青少年近视防控试点县（市、区）和改革试验区遴选结果名单》（以下简称《名单》）。《名单》于 2019 年 1 月 24 日发布，公示时间为 2019 年 1 月

24日—1月31日。《名单》拟认定并命名北京市东城区等83个地区为"全国儿童青少年近视防控试点县（市、区）"，天津市北辰区等30个地区为"全国儿童青少年近视防控改革试验区"。

9. 浙江禁止用 APP 布置作业，儿童近视率纳入政府考核

关键词：浙江、作业、儿童近视率、政府考核

事件简介：2019年2月14日，浙江省教育厅联合八部门发布征求《浙江省教育厅等九部门关于全面加强儿童青少年近视防控工作的意见（征求意见稿）》（以下简称《意见》）。该《意见》的出台，也是响应教育部下发的《综合防控儿童青少年近视实施方案》所做出的具体安排。《意见》明确指出，教学和布置作业不依赖电子产品，使用电子产品开展教学时长原则上不超过教学总时长的30%，原则上采用纸质作业，并将儿童青少年近视防控工作、总体近视率和体质健康状况纳入政府绩效考核的要求。

10. 中国红基会：59.6% 中小学校没有医疗卫生保障设施

关键词：中国红基会、中小学校、医疗卫生保障设施

事件简介：2019年1月9日，中国红十字基金会（以下简称"中国红基会"）发布的《中国中小学校医室现状调查研究报告》显示，我国现阶段有59.6%的中小学校未设置校医室或保健室，影响校医室建设的主要因素是缺少专业校医、设备设施以及资金不足。面对校园严峻的健康现状，中国红十字基金会计划未来5年内在全国建设1000所以上的博爱校医室，同时通过政策倡导，推动国家出台新的法规，推动全国中小学校园均达标配置校医室和校医，并争取将健康教育和应急救护培训纳入中小学的教学大纲，从而全面提升中国中小学校卫生健康保障水平与国民卫生健康和应急救护的素养。

11. 江苏扬州2岁半宝宝近视900度

关键词：江苏扬州、女童、近视

事件简介：2019年6月6日，有记者从扬州市妇幼保健院获悉，2岁半的女童小曼（化名）因为经常看手机，双眼竟然已经近视900度。据小曼的家长描述，孩子出现习惯性皱眉头、眯眼睛的症状已经快一年了，家长以为是坏习惯就没太在意。小曼的接诊医生——扬州市妇幼保健院儿童眼耳鼻喉科科长刘琍介绍，小曼的长辈对她比较溺爱，为了哄孩子，家人从小曼1岁左右开始就给她看手机。每次小曼看手机时都特别安静，所以家人每次都让她看很长时间。正是由于过早并且长期使用电子产品，造成了小曼严重的后果。遗憾

的是，小曼的高度近视不可逆转，也许随着年龄的增长，近视度数还会加深。

12. 我国首部心理健康蓝皮书《中国国民心理健康发展报告》：儿童暴力行为中"忽视"对心理健康影响最大

关键词:《中国国民心理健康发展报告》、儿童暴力、忽视

事件简介: 2019年2月22日，由中国科学院心理研究所主持完成的中国第一本心理健康蓝皮书《中国国民心理健康发展报告（2017—2018年）》在北京首发。书中收录的一篇专题报告《西部地区遭受暴力儿童心理健康状况及儿童保护现状调查》指出，在针对儿童的四大暴力行为——"身体虐待""情感虐待""性虐待"和"忽视"中，"忽视"对儿童心理健康影响最大。数据显示，"身体虐待""情感虐待""性虐待"和"忽视"四大暴力行为对抑郁的预测结果 β 值（一种统计指数）分别为0.17、0.14、0.06和0.37，对焦虑的预测结果 β 值分别为0.19、0.15、0.02和0.30，均表明"忽视"导致儿童抑郁、焦虑的可能最大。儿童暴力已成为世界范围内严重的公共卫生问题和社会问题，发现"忽视"这个"强悍"的暴力凶手有助于进一步了解中国儿童遭受的暴力现状及其与心理健康的关系。

13. 北京市消费者协会：网售儿童学习桌椅过半不符合国标

关键词： 北京市消费者协会、网络销售、儿童学习桌椅

事件简介： 2019年六一儿童节前夕，北京市消费者协会（以下简称"北京市消协"）专门对网售儿童学习桌椅和婴儿床进行了比较试验，并于5月26日发布试验结果。为了防止儿童遇到被夹伤、扭伤、磕伤、砸伤等危险，儿童学习桌椅在安全要求上应有别于成人家具，如不应有锐利的边缘尖端、危险的孔隙及间隙、不稳定的抽屉桌台等。然而，比较试验的结果令人担忧，儿童学习桌椅样品不符合标准要求的样品达52.5%，其中，存在危险间隙和锐利边缘是主要问题。此外，婴儿床样品中不符合标准要求的占样品总数的80%。北京市消协指出，消费者购买儿童学习桌椅和婴儿床时应注意尽量选购正规厂家生产的产品，要认真查看产品信息是否齐全，不要购买三无产品。

14. 教育部：通过推进中小学健康促进行动

关键词： 教育部、"一增一减一保障"、中小学健康促进行动

事件简介： 青少年的视力事关国家和民族的未来。教育部体育卫生与艺术教育司司长王登峰指出，中小学健康促进行动中近视防控是非常重要的指标之一。王登峰在2019年7月26日举行的新闻发布会上表示，教育部将以

"一增一减一保障"推进中小学健康促进行动。"一增"是加强体育与健康课和课外锻炼时间，这也就是促进健康最积极、最主动的方式；"一减"是要把不必要的负担减下来；"一保障"是要建立健全各项制度，确保"一增一减"能够落到实处。

15. 国家卫健委《健康口腔行动方案（2019—2025年）》，将限制中小学校及托幼机构销售高糖饮料和零食

关键词：卫健委、《健康口腔行动方案（2019—2025年）》、中小学校、托幼机构

事件简介：2019年2月15日，国家卫生健康委印发《健康口腔行动方案（2019—2025年）》（以下简称《方案》）提出，开展"减糖"专项行动，结合健康校园建设，中小学校及托幼机构限制销售高糖饮料和零食，食堂减少含糖饮料和高糖食品供应。《方案》强调，针对儿童口腔健康动态调整全国儿童口腔疾病综合干预项目覆盖范围，中央财政新增资金优先用于贫困地区开展工作。充分发挥项目示范带动作用，推广卫生健康部门会同教育部门实施口腔疾病干预模式。积极探索以防治效果为考核指标的政府购买服务，鼓励地方政府将儿童口腔疾病综合干预作为民生工程，在有条件的地区实现适龄儿童全覆盖。

16. 教育部：力争儿童青少年近视率每年下降0.5到1个百分点

关键词：教育部、儿童青少年、近视率

事件简介：针对中国儿童青少年的近视问题，教育部体育卫生与艺术教育司司长王登峰于2019年7月15日指出，各个省、区、市要力争使儿童青少年近视率每年下降0.5到1个百分点。近视高发省份，要在一年内争取下降1个百分点，其他的省份要下降0.5个百分点以上。儿童青少年近视不仅直接影响到视力，而且会对整个儿童青少年的体质健康和健康发展产生非常明显的影响。王登峰还表示，希望通过这一年的努力，能够实现教育部等八部门联合印发《综合防控儿童青少年近视实施方案》后第一年的近视防控目标。

17. 教育部、国家卫健委部署进一步加强儿童青少年近视综合防控

关键词：教育部、国家卫健委、儿童青少年近视

事件简介：2019年4月3日，教育部、国家卫生健康委员会（以下简称"国家卫健委"）就进一步加强儿童青少年近视综合防控和学校卫生与健康教育工作做出部署。在两部委联合召开的全国综合防控儿童青少年近视暨推进

学校卫生与健康教育工作视频会议上，教育部部长陈宝生表示，要扎实做好《综合防控儿童青少年近视实施方案》落实，签好用好责任状。要切实担负主体责任，推动综合防控儿童青少年近视取得实效。国家卫健委主任马晓伟指出，打好近视防控攻坚战要落实儿童青少年近视综合防控工作责任，进一步加强近视监测与评价工作，要更加有针对性地开展近视干预工作，进一步加强和规范近视医疗服务。

18. 上海首份《学龄前儿童运动发展与睡眠健康万人问卷报告》发布，显示学龄前儿童睡眠时长偏短

关键词：上海、学龄前儿童、睡眠时长

事件简介：2019年6月2日，上海首份《学龄前儿童运动发展与睡眠健康万人问卷报告》（以下简称《报告》）发布。《报告》由上海市第一妇婴保健院与松江区妇幼保健院共同完成，关注3岁至6岁学龄前儿童的运动与睡眠健康状况，调查样本涵盖了上海174所幼儿园的9833名儿童，分析了上海学龄前儿童活动技能、活动量、电子屏幕使用时间以及睡眠状况等。报告显示，上海3岁至6岁学龄前儿童的睡眠时长偏短，低于全国水平。学龄前儿童的平均上床时间在21：21，平均起床时间为7：06，平均需要花费0.33小时入睡，平均的睡眠时长为9.06小时。

19. 国家卫生健康委办公厅、教育部办公厅、国家体育总局办公厅联合发布《关于开展2019年全国"爱眼日"活动的通知》

关键词：国家卫生健康委办公厅、教育部办公厅、国家体育总局办公厅、全国"爱眼日"

事件简介：2019年6月6日是第24个全国"爱眼日"。为贯彻落实习近平总书记关于儿童青少年近视防控的重要指示批示精神和教育部等八部门联合印发的《综合防控儿童青少年近视实施方案》要求，4月24日，国家卫生健康委办公厅、教育部办公厅、国家体育总局办公厅联合发布《关于开展2019年全国"爱眼日"活动的通知》（以下简称《通知》）。《通知》发布了当年的爱眼日主题：共同呵护好孩子的眼健康，让他们拥有一个光明的未来。这也是自2016年以来连续四年将爱眼日主题聚焦在儿童青少年近视防控方面。《通知》要求，各级卫生健康、教育、体育部门要进一步认识儿童青少年近视防控工作的重要性，加强沟通协作，共同推进儿童青少年视力保护工作。

20. 教育部：2019年"师生健康　中国健康"主题健康教育活动

关键词：教育部、师生、健康教育活动

事件简介：2019年3月5日，教育部办公厅印发《关于开展2019年"师生健康　中国健康"主题健康教育活动的通知》（以下简称《通知》），决定2019年继续在全国校园深入开展"师生健康　中国健康"主题健康教育活动，为健康中国建设提供有力支撑。《通知》从国家、省级教育行政部门和学校三个层面明确了主要内容，指出要紧扣主题，破解矛盾，聚焦当前学校卫生与健康教育工作中存在的问题开展主题健康教育活动，坚持问题导向和目标导向，以满足师生多元和个性健康需求为宗旨，以完善政策制度体系为重点，以提高师生健康素养为目标，着力破解突出问题，着力补齐短板和弱项，确保主题健康教育活动见实效、出成果。

三、儿童与健康领域舆情呈现趋势与特征

（一）媒体来源情况：微信是首要社会信息源

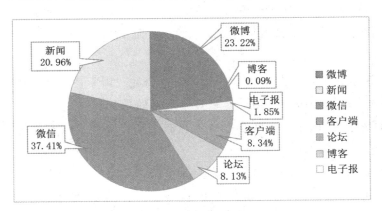

图2-1-1　2019年儿童与健康领域舆情媒体来源分布

从媒体来源情况来看，微信、微博和新闻是最主要的信息源头，构成了舆情事件信息源的第一序列。其中，微信是第一大信息源，占到了总体的37.41%，这与其他各领域微博来源稳居第一的图景不尽相同；第二是微博，占到了总体的近四分之一；第三是新闻，占到了总体的五分之一。由此可见，微信和微博一类的社交媒体已成为主要的舆论阵地。

客户端、论坛、电子报和博客构成了舆情事件信息源的第二序列。客户端和论坛的占比相差不大，都在8.00%左右。电子报和博客占比相对较低，

电子报占比不足2.00%，而博客占比只有0.09%。

（二）月度分布趋势：各月份呈波浪式分布

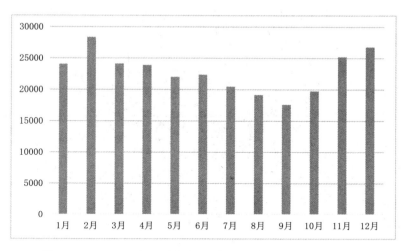

图 2-1-2　2019 年儿童与健康领域舆情信息月度分布趋势

从月度分布趋势来看，总体的月度舆情运行呈现波浪分布趋势。舆情事件月度最高点出现在2月，舆情信息数量达到了28360条，舆情事件的最低位则集中于秋季。除8月、9月和10月的舆情信息数量略低于20000条外，其他月份的舆情信息数量都在20000～30000条之间。

（三）内容呈现特征

1. 人物高频词：主体较为多元，多来自政府管理部门

图 2-1-3　2019 年儿童与健康领域舆情人物高频词

总体来看，在人物高频词中，关涉主体较为多元，以行政管理部门代表为主。具体来看，行政管理部门的代表人物既有国家卫生健康委员会疾病控制局副局长张勇，也有教育部部长陈宝生、教育部体育卫生与艺术教育司司

长王登峰，其次还有瞿佳、王宁利、毕宏生、赵明威等眼科专家。

2.地域高频词：全国范围分布，一线城市最为频繁

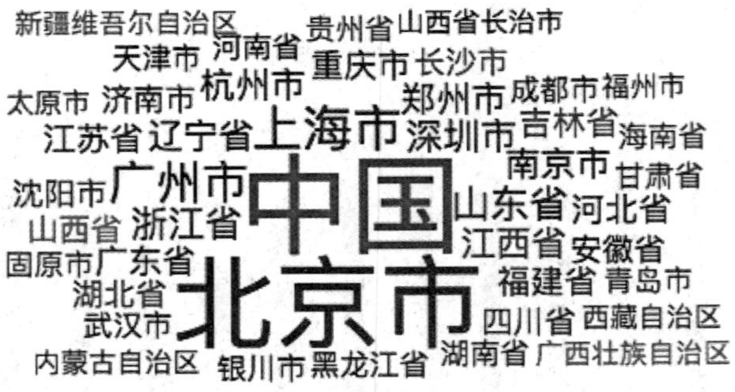

图2-1-4　2019年儿童与健康领域舆情地域高频词

从图2-1-4中可以看出，2019年儿童与健康领域的舆情事件地域高频词所覆盖的范围辐射全国，以一些省会城市居多，更以北京、上海、广州等一线城市出现得最为频繁。

3.机构高频词：国家卫健委和教育部是最主要的关涉主体

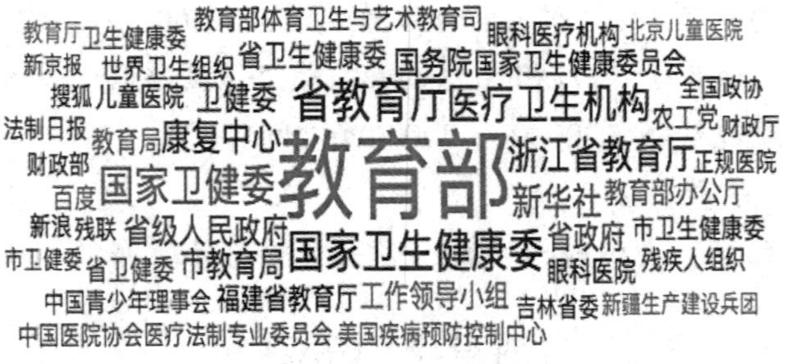

图2-1-5　2019年儿童与健康领域舆情机构高频词

从机构高频词来看，国家卫生健康委员会和教育部是最为主要的关涉主体。（不同于教育部，国家卫生健康委员会通常会以不同的简称呈现，因此词云图中卫健委虽不是最大，但应综合国家卫健委、国家卫生健康委、国家卫生健康委员会、卫健委、卫生健康委等多个简称加总来看。）在儿童的健康方面，国家卫健委所发挥的作用与承担的责任之重大是不言而喻的，而教育部不仅在儿童的教育方面承担了主要职责，在维护学生身心健康、为学生提供健康服务工作等方面也发挥着重大作用。各省教育厅和卫健委也是重要的关涉主体，有力保障了各项方针和政策的落实。此外，机构高频词中还涉及一些儿童医院和青少年组织。

四、儿童与健康领域重点舆情事件分析

（一）《学校食品安全与营养健康管理规定》出台

1. 总体概述

在2019年1月1日0时—2019年12月31日24时对《学校食品安全与营养健康管理规定》的相关信息进行数据统计，得到主题相关信息107276条，具体数据如图2-1-6所示。

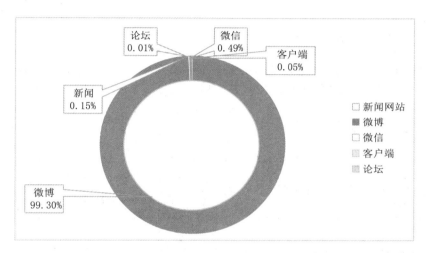

图2-1-6　《学校食品安全与营养健康管理规定》信息来源分布

由图2-1-6可知，在舆情信息中，微博信息数量为106539条，信息占比最高，达到了99.30%，可见微博是该舆情事件的主要场域，微信次之，为0.49%。此外，新闻信息166条，信息占比0.15%。

2. 新闻、微博、微信热点分析

对《学校食品安全与营养健康管理规定》的相关信息分别进行新闻、微博和微信热点的数据分析。

表2-1-2　《学校食品安全与营养健康管理规定》新闻热点

序号	标题	热度	来源	时间
1	三部委局联合发布《学校食品安全与营养健康管理规定》	597	浙江省疾病预防控制中心	2019-03-21 00：00：00
2	着力建立全过程的学校食品安全风险防控体系——教育部国家市场监管总局等部门有关负责人解读《学校食品安全与营养健康管理规定》	67	健康之家	2019-12-26 06：46：45

续表

序号	标题	热度	来源	时间
3	学校食品安全与营养健康管理规定	39	快资讯	2019-11-07 15：00：21
4	教育部、市场监管总局、卫生健康委联合印发《学校食品安全与营养健康管理规定》	36	中国食品监督网	2019-10-07 00：00：00
5	《学校食品安全与营养健康管理规定》施行	34	车都市网	2019-04-07 14：09：26
6	《学校食品安全与营养健康管理规定》今日施行	25	云南网	2019-04-02 12：20：11
7	教育部、市场监管总局等部门有关负责人就《学校食品安全与营养健康管理规定》答记者问	25	唐山市市场监督管理局	2019-08-09 10：16：55
8	学校食品安全与营养健康管理规定 明确中小学幼儿园"陪餐制"	16	新华财经网	2019-03-25 18：00：06
9	三部门印发《学校食品安全与营养健康管理规定》	13	慧聪网	2019-03-22 09：51：00
10	《学校食品安全与营养健康管理规定》宣贯会在京举办	10	消费日报网	2019-04-25 09：52：00

在新闻热点方面，具体情况如表2-1-2所示。热度最高的是由浙江省疾病预防控制中心发布的标题为《三部委局联合发布〈学校食品安全与营养健康管理规定〉》的信息，而且该信息的发布时间也是新闻热点信息中最早的，为3月21日。可见，权威来源加之及时的信息公开是此条信息得以快速、广泛传播的重要原因。

表2-1-3　《学校食品安全与营养健康管理规定》微博热点

序号	正文	热度	来源	时间
1	转发微博@头条新闻：【三部委：#中小学校内不得设置小卖部#】由教育部、市场监管总局、卫生健康委等部门制定的《学校食品安全与营养健康管理规定》公布。《规定》明确，中小学、幼儿园一般不得在校内设置小卖部、超市等食品经营场所，确有需要设置的，应当依法取得许可，并避免售卖高盐、高糖及高脂食品。	38709	不想验证昵称已占用	2019-05-09 01：39：30

续表

序号	正文	热度	来源	时间
2	转发微博 @澎湃新闻：#校方负责人应与学生同进餐#【三部委发文：中小学幼儿园负责人应与学生一起进餐】中小学幼儿园应建立集中用餐陪餐制度，每餐均应有学校相关负责人与学生共同用餐，做好陪餐记录，有条件的中小学幼儿园还应建立家长陪餐制度；中小学幼儿园一般不得在校内设置小卖部、超市等食品经营场所。	13370	2008—2018	2019-08-24 07：51：11
3	转发微博 @人民日报：【三部委发文：#中小学幼儿园负责人应与学生一起进餐#】教育部、国家市场监管总局、国家卫健委共同发布《学校食品安全与营养健康管理规定》，要求中小学、幼儿园应当建立集中用餐陪餐制度，每餐均应有学校相关负责人与学生共同用餐，做好陪餐记录。	8797	桃子和葡萄呀	2019-11-14 17：39：54
4	三部门发布《学校食品安全与营养健康管理规定》点击可查看更多 http：t.cn/EMxqcZf	2366	小男孩的野心	2019-08-28 14：15：16
5	这个必须支持一下 @头条新闻：【三部委：#中小学校内不得设置小卖部#】由教育部、市场监管总局、卫生健康委等部门制定的《学校食品安全与营养健康管理规定》公布。《规定》明确，中小学、幼儿园一般不得在校内设置小卖部、超市等食品经营场所，确有需要设置的，应当依法取得许可，并避免售卖高盐、高糖及高脂食品。	2113	俯首认罪Bqk017	2019-03-12 15：26：13
6	转发微博 @人民日报：【校园食品安全新规下月起施行，#让孩子在学校吃得放心#！】近日，教育部、国家市场监管总局、国家卫健委共同发布《学校食品安全与营养健康管理规定》，自4月1日起施行。学校负责人与学生一起进餐、校内一般不得设置小卖部、避免售卖高糖及高脂食品。	1372	水煮柚片不要渔	2019-06-27 08：41：23
7	校园门口等你，现在的零食太琳琅满目了。@头条新闻：【三部委：#中小学校内不得设置小卖部#】由教育部、市场监管总局、卫生健康委等部门制定的《学校食品安全与营养健康管理规定》公布。《规定》明确，中小学、幼儿园一般不得在校内设置小卖部、超市等食品经营场所，确有需要设置的，应当依法取得许可，并避免售卖高盐、高糖及高脂食品。	1143	勤快姐姐	2019-03-12 20：26：48

续表

序号	正文	热度	来源	时间
8	我知道你们对我好，但……@头条新闻：【三部委：#中小学校内不得设置小卖部#】由教育部、市场监管总局、卫生健康委等部门制定的《学校食品安全与营养健康管理规定》公布。《规定》明确，中小学、幼儿园一般不得在校内设置小卖部、超市等食品经营场所，确有需要设置的，应当依法取得许可，并避免售卖高盐、高糖及高脂食品。	1049	幕落流年Zk8833	2019-03-12 15：26：13
9	童年的回忆@头条新闻：【三部委：#中小学校内不得设置小卖部#】由教育部、市场监管总局、卫生健康委等部门制定的《学校食品安全与营养健康管理规定》公布。《规定》明确，中小学、幼儿园一般不得在校内设置小卖部、超市等食品经营场所，确有需要设置的，应当依法取得许可，避免售卖高盐、高糖及高脂食品。	1036	-张晓怡	2019-03-12 18：19：42
10	淡定强力围观@头条新闻：【三部委：#中小学校内不得设置小卖部#】由教育部、市场监管总局、卫生健康委等部门制定的《学校食品安全与营养健康管理规定》公布。	1029	全岛情敌94477	2019-03-12 15：26：13

　　在微博热点方面，由于微博是该话题相关信息的主要媒体来源，从表2-1-3可以看出，微博上相关信息的热度呈现高位运行的态势。其中热度最高的是名为"不想验证昵称已占用"的用户转发自@头条新闻 的微博，转载时间为5月9日。整体来看，微博热点信息大部分为转载信息，且该话题下微博热点信息的转载来源主要是《人民日报》和头条新闻。

表2-1-4　《学校食品安全与营养健康管理规定》微信热点

序号	标题	热度	来源	时间
1	学校食品安全与营养健康管理规定	104	龙湖市场商事服务	2019-12-14 21：57：32
2	三部委局联合发布：学校食品安全与营养健康管理规定	82	生态食材与生态餐馆评定中心	2019-09-26 16：17：42
3	中小学、幼儿园建立集中用餐陪餐制度！学校食品安全与营养健康管理规定来了	68	老观中心校	2019-04-17 08：30：03

序号	标题	热度	来源	时间
4	教育部、市场监管总局、卫生健康委联合印发《学校食品安全与营养健康管理规定》	35	寿县青年	2019-07-02 10：10：10
5	9问答权威解读《学校食品安全与营养健康管理规定》	33	湖北咸安	2019-04-16 16：37：31
6	关注｜三部委局联合发布：《学校食品安全与营养健康管理规定》	18	东园中心小学龙苍实验校区	2019-04-03 09：47：34
7	三部门发布《学校食品安全与营养健康管理规定》	17	校园风险管家	2019-09-25 10：48：11
8	教育部发布《学校食品安全与营养健康管理规定》	13	广州校园文化促进会	2019-03-25 10：18：39
9	《学校食品安全与营养健康管理规定》及解读	13	广东优尔颖教育投资有限公司	2019-08-14 16：49：57
10	《学校食品安全与营养健康管理规定》，4月1日起实施！	12	胶州食品药品监管	2019-03-22 12：18：19

在微信热点方面，具体情况如表2-1-4所示。热度最高的微信信息来源于"龙湖市场商事服务"，信息发布时间为12月14日，发布时间相对靠后。而热度相对最低的微信信息发布时间为3月22日，尽管时间上占据一定优势，但热度不高。整体来看，微信热点信息以一些地方性的媒体账号为主要信息来源。

3. 网站来源分析

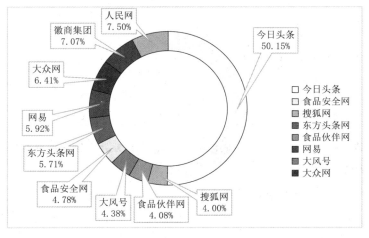

图2-1-7　《学校食品安全与营养健康管理规定》网站来源

　　对《学校食品安全与营养健康管理规定》相关信息的网站来源进行数据分析，具体情况如图2-1-7所示。

　　由图可知，今日头条是主要的网站来源，共1854条，占比50.15%。人民网、中国食品安全网也排在较为靠前四位，可见全国性的主流网站成为该话题相关信息的重要来源。此外，网站来源中还有较多地方性的门户网站，如东方头条网、大众网和徽商集团等，以及一些商业门户网站，如搜狐、网易等。

　　4. 活跃用户分析

　　对《学校食品安全与营养健康管理规定》相关信息的微信活跃用户进行数据分析，具体情况如图2-1-8所示。由图可知，微信用户中最为活跃的是个人账号"王永军德育工作室"，发布信息数为6条。此外，微信活跃用户则以政府账号和企业账号为主，发布条数为2～4条不等。

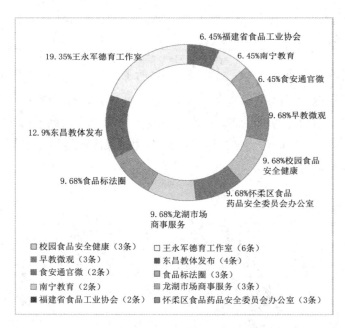

图2-1-8　《学校食品安全与营养健康管理规定》微信活跃用户

　　5. 舆情地域分布

　　对《学校食品安全与营养健康管理规定》的相关信息进行全国地域分布分析发现，热度最高的是地区是北京，信息量为17938，其次关注度较高的几个省市分别是上海、湖北、重庆、江西，信息量分别是793、722、617、269。

整体来看，热点地域分布主要集中于东部和中部地区。

6. 情感分析

对《学校食品安全与营养健康管理规定》的相关信息进行情感分析，具体情况如图2-1-9所示。

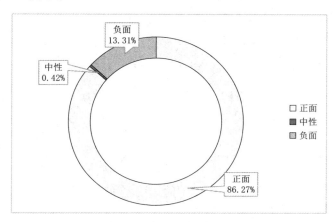

图2-1-9　《学校食品安全与营养健康管理规定》情感分析

由图2-1-9可知，情感分析结果中数量居首位的是正面信息，为92542篇，占比为86.27%，民众对该话题的态度还较为积极。其次为负面信息，占比为13.31%，中性信息占比仅为0.42%。

（二）江苏金湖儿童接种过期疫苗事件

1. 总体概述

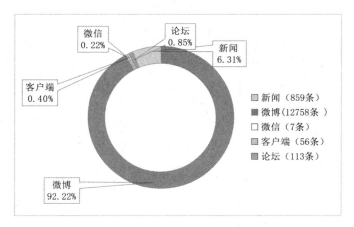

图2-1-10　"金湖过期疫苗"信息来源分布

在2019年1月1日0时—2019年12月31日24时对"金湖过期疫苗"的相关

信息进行数据统计，得到主题相关信息13793条，具体数据如图2-1-10所示。

由图2-1-10可知，在该话题相关信息的新闻媒体来源中，信息量占比最高的仍是微博信息，占比为92.22%。其次占比较高的为新闻信息，占比为6.31%。值得注意的是，该话题相关信息中，论坛、客户端来源的信息占比均高于微信。

2.新闻、微博、微信热点分析

表2-1-5　"金湖过期疫苗"新闻热点

序号	标题	热度	来源	时间
1	江苏金湖过期疫苗事件33责任人被问责：2人移送司法机关	33	中金在线	2019-02-26 06：52：15
2	江苏严肃处理金湖县黎城卫生院过期疫苗事件相关责任人	33	法制网	2019-02-27 14：16：28
3	江苏金湖过期疫苗事件33人被问责	23	南昌科技信息	2019-09-09 09：46：00
4	33人被问责！江苏严肃处理金湖过期疫苗事件	21	今日头条头条号	2019-02-25 15：53：00
5	江苏严肃处理金湖县过期疫苗事件相关责任人	12	国搜新闻	2019-02-26 09：12：00
6	金湖过期疫苗事件33人被问责	11	人民政协网	2019-02-25 16：07：00
7	江苏金湖过期疫苗事件33名责任人被严肃问责	10	百姓生活网	2019-02-25 16：55：55
8	江苏金湖黎城卫生院过期疫苗事件33名责任人被严肃问责	9	喜得可资讯	2019-03-10 00：00：00
9	江苏金湖过期疫苗事件，33人被严肃问责	9	一带一路城市网	2019-02-25 10：29：00
10	江苏金湖过期疫苗事件33人被问责2人已移送司法	8	新浪无锡	2019-02-25 11：05：43

在新闻热点方面，具体情况如表2-1-5所示，可以看出，热度较高的信息发布时间大多较为靠前，均在2月底和3月初。热度最高的两条新闻信息分别来自金融类账号"中金在线"和法治类账号"法制网"，整体来看，来源为生活服务类账号的新闻热点占比不高。

表 2-1-6　"金湖过期疫苗"微博热点

序号	正文	热度	来源	时间
1	转发微博 @环球网：【江苏 145 名儿童接种过期疫苗 33 人被问责】据扬子晚报，近日，江苏省对金湖县黎城卫生院过期疫苗事件彻查严处。	1407	鲛鰈－彩凤	2019-04-05 01：57：14
2	转发微博 @央视新闻：【江苏 145 名儿童接种了过期疫苗 33 名责任人被问责】近日，江苏省对金湖县黎城卫生院过期疫苗事件进行了彻查严处。	497	许愿记事	2019-03-24 09：44：48
3	转发微博 @新京报：【#江苏金湖过期疫苗事件 33 人被问责#】近日，江苏省对金湖县黎城卫生院过期疫苗事件进行了彻查严处。	272	昆仑归墟 hopeful	2019-08-01 14：47：00
4	@鲁国平先生：【江苏金湖过期疫苗事件 33 人被"严肃问责" 淮安副市长被政务警告】近日，江苏省对金湖县黎城卫生院过期疫苗事件进行了彻查严处。	220	得月太菜了	2019-02-25 12：17：42
5	转发微博 @头条新闻：#头条快讯#【江苏金湖过期疫苗事件 33 名责任人被问责，黎城卫生院原副院长刘志兵等 2 人移送司法机关】近日，江苏省对金湖县黎城卫生院过期疫苗事件进行了彻查严处。	194	冷饮冷饮大冷饮	2019-06-09 19：56：51
6	一定要严查责任人 @法治当涂：#金湖过期疫苗 33 人被问责#【江苏 145 名儿童接种过期疫苗 33 人被问责】据扬子晚报，近日，江苏省对金湖县黎城卫生院过期疫苗事件进行了彻查严处。	86	湖阳司法所	2019-02-25 10：19：16
7	转发微博 @搜狐新闻：【江苏金湖过期疫苗事件 33 人被"严肃问责" 淮安副市长被政务警告】江苏省对金湖县黎城卫生院过期疫苗事件进行了彻查严处。	72	罹殇圣	2019-02-27 09：36：52
8	@济源轵城社区警务队：转发微博 @紫光阁：【江苏金湖过期疫苗事件 33 名责任人被问责 [话筒]】①调查确认是一起严重责任事故；② 145 名已接种过期疫苗儿童未发现与疫苗直接相关异常健康情况；③淮安市副市长等 33 名责任人被严肃问责。	72	济源梨林社区警务队	2019-02-26 15：16：12

微博依旧是该话题相关信息的主要媒体来源。在微博热点方面，具体情况如表 2-1-6 所示。其中名为"鲛鰈－彩凤"的用户转发自 @环球网 的微博热度明显高于其他微博热点。整体来看，微博热点信息大部分仍为转载信息，转载来源较为多元，如 @环球网 、@央视新闻 、@新京报 、@鲁国平先生 等。

表 2-1-7 "金湖过期疫苗"微信热点

序号	标题	热度	来源	时间
1	江苏一卫生院给儿童接种过期疫苗，官方：已停止工作，必须追责	2	飞哥说热点	2019-03-01 17：02：20
2	江苏金湖过期疫苗事件，33人被问责	1	大庆市大同区卫生和计划生育局	2019-03-02 08：00：00
3	时事热点｜江苏金湖过期疫苗事件33人被问责	1	大幼专大学前	2019-03-04 18：58：15
4	江苏金湖过期疫苗事件，33人被严肃问责！	1	阅读舍啊	2019-12-30 00：00：37
5	33人被问责！江苏严肃处理金湖过期疫苗事件	1	百姓放大镜	2019-03-18 22：19：05
6	江苏省卫健委回应金湖县过期疫苗事件：已派督导组，将做好疫苗补种工作	1	其鹏观听侃	2019-09-11 20：37：36

在微信热点方面，具体情况如表2-1-7所示。由于微信来源的信息占比不高，信息量较少，信息热度也相对较低。热度最高的微信信息发布于3月1日，来源于"飞哥说热点"的资讯类账号。

3. 网站来源分析

对发布"金湖过期疫苗"相关信息的网站来源进行数据分析，具体情况如图2-1-11所示。

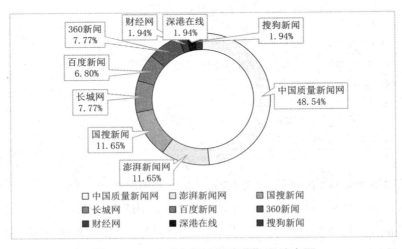

图 2-1-11 "金湖过期疫苗"网站来源

由图可知，网站来源中居首位的是中国质量新闻网，信息数量为245条，明显高于其他网站，其次为澎湃新闻网和国搜新闻。整体来看，在这些主要的网站来源中，商业类门户网站占比较高。

4.舆情地域分布

对"金湖过期疫苗"的相关信息进行全国地域分布分析可知，"金湖过期疫苗"相关信息热度最高的地区是该事件的发生地——江苏，信息量为13146条。此外，热点地域分布主要集中于北京、内蒙古、上海、安徽，信息量分别是6372、6117、6004、5976条。

5.情感分析

"金湖过期疫苗"相关信息中，负面信息占比较多，为98.54%，正面信息占比1.44%。

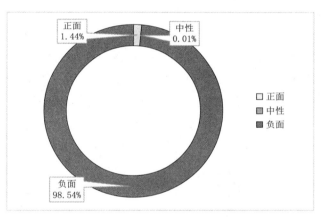

图 2-1-12　"金湖过期疫苗"情感分析

五、儿童与健康领域其他舆情事件

（一）其他舆情事件排行

表 2-1-8　2019 年儿童与健康领域其他重要舆情事件

序号	事件	总分
21	北京公交站台投放 60 块综合防控儿童青少年近视和"师生健康中国健康"主题健康教育平面公益广告	7.72
22	《中国 18 城市儿童生长发育和营养补充消费者认知白皮书》发布：生长迟缓儿童比例达 14.6%	7.39
23	国家卫健委发布《出生缺陷防治健康教育核心信息》	5.66

序号	事件	总分
24	香港理工大学获拨款研光疗法，抑制儿童近视速度	5.42
25	山东省《关于进一步加强脑瘫等残疾儿童和孤独症儿童医疗保障工作的通知》：0～17周岁残疾儿童和孤独症儿童纳入康复救治医保范围	5.10
26	英国纽卡斯尔大学研究小组：沉浸式VR治疗可以帮助儿童克服自闭症恐惧症	4.71
27	多项国外科学研究发现：母亲孕期肥胖和糖尿病与儿童自闭症存在关联	4.32
28	罗湖、南宁等多地幼儿园多名儿童不适"元凶"：诺如病毒	4.24
29	港中大研究发现，低浓度阿托品有效减慢儿童近视加深速度	4.18
30	第四次营养健康调查报告：全国肥胖儿童青少年达5300万，肥胖率10年增长2倍	3.93
31	《中国妇幼健康事业发展报告（2019年）》：全国5岁以下儿童生长迟缓率持续下降	3.92
32	五彩鹿自闭症研究院：中国自闭症人群数量超千万，12岁以下儿童约200万	3.84
33	外媒报道，孕期暴露于空气污染可能会增加儿童患上孤独症的风险	3.57
34	孤独症儿童专题纪录片《我叫豆豆》儿童节首映	2.78
35	国家市监局、教育部等四部门《关于落实主体责任强化校园食品安全管理的指导意见》：中小学校内不得设置食品小卖部、超市	2.74
36	全国儿童青少年近视防控"十个一"工程在北京启动	2.20
37	"灯塔—平行世界"国际孤独症儿童绘画展在京开幕	1.89
38	中国建成首个国家级孤独症儿童康复基地	1.68

（二）其他重要舆情事件回顾

1. 第四次营养健康调查报告：全国肥胖儿童青少年达5300万，肥胖率10年增长2倍

关键词：第四次营养健康调查报告、儿童青少年、肥胖

事件简介：第四次营养健康调查报告显示，全国6～17岁儿童青少年肥胖率10年增长了2倍，达到5300万。鉴于儿童肥胖率呈逐年上升趋势，中国妇女儿童肥胖控制专业委员会于2019年9月21日发布了儿童肥胖筛查共识（以下简称"共识"），指导家长和医务人员对肥胖儿童进行筛查和治疗。共识明确规定，0到10岁的儿童，当身高体重比超过90%同龄人时属体重超标，当超过95%同龄人时属严重超标，建议到儿科或内分泌科就诊。此外，专家还强调，儿童期肥胖，比成人肥胖危害更大。

2. 国家市监局、教育部等四部门《关于落实主体责任强化校园食品安全管理的指导意见》：中小学校内不得设置食品小卖部、超市

关键词：国家市场监管总局、教育部、校园食品安全、中小学校

事件简介：国家市场监管总局、教育部、国家卫生健康委、公安部等四部门联合印发《关于落实主体责任强化校园食品安全管理的指导意见》（以下简称《意见》），强化建立校园食品安全管理长效机制，进一步推动学校及幼儿园、供餐单位落实食品安全主体责任，力求从根本上解决校园食品安全问题。《意见》明确指出，学校要落实食品安全校长（园长）负责制。非寄宿制中小学、幼儿园原则上不得在校内设置食品小卖部、超市，已经设置的，要逐步退出。寄宿制中小学确需设置食品小卖部、超市的，应依法取得许可，原则上只售卖纯净水、矿泉水、预包装面包、牛奶等食品。

分报告二：儿童与教育领域舆情分析

一、儿童与教育领域舆情总体状况

教育决定着一个国家和民族的未来。对于儿童个体来说，教育的目的是让儿童能够获得全面的发展，这是所有家庭都十分关注的事情。因为教育的主体与形式有很多，针对儿童与教育领域的舆情，我们主要探讨了学校教育以及相关的舆情事件。根据对2019年全年儿童与教育领域热点舆情的分析与总结，其总体状况主要呈现以下特征。

（一）舆情格局：聚焦幼儿园办园、义务教育以及高质量教师队伍建设

2019年儿童与教育领域的舆情事件范围比较广，涉及教育领域的方方面面，涉及儿童年龄几乎全覆盖，总结起来主要有三方面。

第一，学前系统中有关幼儿园办园的相关事件，涉及普惠性民办园、学位锐减、教师编制等方面。第二，有关中小学尤其是义务教育阶段的事件，包括入学、减负、课后服务、安全教育等多方面。第三，是有关教师队伍的建设和管理，尤其是中小学校的教师群体。教育部在中小学教师减负、提高中小学教师入职门槛、切实保障教师待遇等方面出台的相关政策都是该领域

的舆情热点事件。

（二）舆情特征：关涉机构集中，话语表达多样

1. 整体烈度适中，关涉机构集中，关涉人物具有领域特征与独特性

总体来看，2019年儿童与教育领域的舆情整体烈度适中，舆情信息数量为2178653，具有一定的影响力。相比其他领域，儿童与教育领域舆情事件的关涉主体比较集中，主要以教育部以及各省、市教育部门为主。该领域的关涉人物除了教育行政部门的代表人物以外，还出现了如孔子、陈鹤琴、陶行知、皮亚杰等古今中外的教育家与心理学家。这在其他领域中是非常少见的。

2. 话语表达多样化

在本领域的舆情事件中，除行政管理部门的权威话语外，还出现了一些政策误读和不实消息的话语表达方式，如"教育部：'私立幼儿园将退出历史舞台'是政策误读"以及"不实消息：教育部通知2019小学入学政策有新调整"。此外，还出现了一些媒体的意见表达，如"去年幼儿园入学儿童锐减74万，媒体：生育意愿较低"以及"小学一年级书包超6斤，媒体称课业减负先从书包开始"。

3. 地域分布多为教育发达地区

整体来看，2019年儿童与教育领域的舆情事件发生范围是遍布全国的。具体到省市来看，则以北京、浙江、广东、深圳等教育资源比较发达的地区为出现频次最高，中西部地区出现频次相对较少，此外还涉及台湾地区。

二、儿童与教育领域热点舆情事件

（一）热点舆情事件排行榜

表2-2-1　2019年儿童与教育领域热点舆情事件排行榜

序号	事件	总分
1	教育部："私立幼儿园将退出历史舞台"是政策误读	100.00
2	教育部出台中小学教师减负政策	97.22
3	新疆小学学龄儿童入学率达到99.91%	84.50
4	教育部：小区幼儿园应严格办成公办园或普惠性民办园	71.42
5	教育部：将提高中小学教师入职门槛，切实保障教师待遇	63.64
6	不实消息：教育部通知2019年小学入学政策有新调整	36.46
7	教育部：坚决纠正妨碍适龄儿童少年接受义务教育行为	31.26

序号	事件	总分
8	2018 年幼儿园入学儿童锐减 74 万，媒体：生育意愿较低	29.84
9	小学一年级书包超 6 斤，媒体称课业减负先从书包开始	28.76
10	济南市教育局《关于进一步加强中小学作业管理与改革的意见》：中小学不得要求家长代为批改作业	28.28
11	全国中小学生幼儿 2019 年平安暑假安全教育活动	24.37
12	河南省教育厅等九部门印发中小学生减负措施实施方案	22.07
13	全球儿童安全组织（中国）启动西安首个"儿童安全教育基地"	20.22
14	中央深改委审议通过《关于全面加强新时代大中小学劳动教育的意见》	17.32
15	中国儿童中心成立儿童人工智能教育研究院	16.98
16	深圳市属 22 所幼儿园由"企业办"回归"公办"	16.07
17	中央编办：关于进一步挖潜创新加强中小学教职工管理有关政策情况的介绍	13.13
18	教育部印发《关于加强大中小学国家安全教育的实施意见》	9.80
19	2019 年西安市确保新增中小学学位 8 万	9.08
20	山西太原明年公办小学的托管时间将延长至 18 时：25 万余学生受惠	9.08

（二）热点舆情事件回顾

1. 教育部："私立幼儿园将退出历史舞台"是政策误读

关键词：教育部、私立幼儿园、政策误读

事件简介：为落实《中共中央国务院关于学前教育深化改革规范发展的若干意见》，国务院办公厅于 2019 年 1 月 22 日印发《关于开展城镇小区配套幼儿园治理工作的通知》（以下简称《通知》），重申城镇小区应依标配建幼儿园，办成公办园或委托办成普惠性民办园，不得办成营利性幼儿园。而有个别自媒体将通知中对城镇小区配套幼儿园的集中治理政策误读为"私立幼儿园将退出历史舞台"。教育部回应表示，关于"不得办成营利性幼儿园"的规定，是特指小区配套幼儿园，其他场所的民办园仍可自主选择办成营利性民办园或者非营利性民办园，享受国家和地方规定的有关民办园的扶持政策。

2. 教育部出台中小学教师减负政策

关键词：教育部、中小学教师、减负政策

事件简介：教育部部长陈宝生在 2019 年 1 月 18 日的 2019 年全国教育工作会议上表示，将专门出台中小学教师减负政策，把为教师减负作为一件大事

来抓。12月15日，中共中央办公厅、国务院办公厅则印发了《关于减轻中小学教师负担进一步营造教育教学良好环境的若干意见》（以下简称《若干意见》），并要求各地区各部门结合实际认真贯彻落实。《若干意见》明确提出，首先要进一步提高认识，营造全社会尊师重教的浓厚氛围，为教师安心、静心、舒心从教创造更加良好的环境。此外，要统筹规范督查检查评比考核事项、社会事务进校园、精简相关报表填写工作和抽调借用中小学教师事宜，并强化组织保障。

3. 新疆小学学龄儿童入学率达到99.91%

关键词：新疆、小学学龄儿童、入学率

事件简介：2019年1月15日，新疆维吾尔自治区两会发布消息称，2018年，新疆坚持教育优先发展，巩固九年义务教育成果，完善控辍保学机制，小学学龄儿童入学率达到99.91%。自治区政协委员、喀什市第十八小学校长廉玉飞介绍，新疆小学入学率目前高于全国水平，全疆学龄儿童"应入尽入"。与此同时，新疆大力发展国家通用语言文字教育，提前两年实现学前和义务教育阶段国家通用语言文字教育全覆盖。新疆未来将继续提升教育质量和水平，推进国家通用语言文字教学全覆盖；扎实推进农村学前三年免费教育，巩固九年义务教育成果；推进寄宿制学校建设，对贫困家庭学生实行精准资助和差异化资助。此外，针对中小学教师结构性短缺问题，新疆也将采取有关措施。

4. 教育部：小区幼儿园应严格办成公办园或普惠性民办园

关键词：教育部、小区幼儿园、公办园、普惠性民办园

事件简介：2019年8月22日，十三届全国人大常委会第十二次会议听取国务院关于学前教育事业改革和发展情况的报告（以下简称"报告"）。受国务院委托，教育部部长陈宝生到会做报告。报告强调，要健全小区配套幼儿园监管长效机制，推动各地在老城（棚户区）改造、新城开发和居住区建设、易地扶贫搬迁时将配套建设幼儿园纳入公共管理和公共服务设施建设规划，并按照相关标准和规范予以建设，确保配套幼儿园办成公办园或普惠性民办园，让老百姓的孩子在家门口接受普惠性学前教育。

5. 教育部：将提高中小学教师入职门槛，切实保障教师待遇

关键词：教育部、中小学教师、教师待遇

事件简介：2019年2月15日上午，教育部举行新闻发布会介绍教师队伍

建设情况，教育部教师工作司司长任友群谈道，深入推进中小学教师资格考试试点改革，提高中小学教师入职门槛。2019年，教育部将启动修订考试办法、考试标准和考试大纲，加强管理，重申教育行政部门和考试承担机构不得以任何名义开展教师资格考试培训或相关活动，将会同公安部门进一步加大工作力度，坚决防范和打击各种舞弊和证件造假违法犯罪行为。任友群还表示，2019年将进一步完善教师待遇保障机制，开展督导，强化核查，切实将国家保障义务教育教师工资待遇政策落实到位。

6. 不实消息：教育部通知2019年小学入学政策有新调整

关键词：教育部、小学入学政策、入学年龄

事件简介：2019年3月21日，中国教育部官方网站发布了《教育部办公厅关于做好2019年普通中小学招生入学工作的通知》（以下简称《通知》）。《通知》中指出，其中关于入学年龄，只提到"切实保障适龄儿童少年接受义务教育的权利"，并未涉及入学年龄变更。而网上却有不实消息称，2019年小学入学年龄由原先的"入学前须年满6周岁，即8月31日以前，满6周岁可以报名"，变更为"入学前该学年内须年满6周岁，即在12月31日前，满6周岁就可以报名"。2019年小学入学年龄放宽到12月31日显然是不符合《中华人民共和国义务教育法》等法律规定的，虚假信息的大量流传也造成了不必要的争议。

7. 教育部：坚决纠正妨碍适龄儿童少年接受义务教育行为

关键词：教育部、适龄儿童少年、义务教育

事件简介：近几年一些社会培训机构擅自招收适龄儿童、少年，以"国学""女德"教育等名义开展全日制教育、培训，极个别父母或者其他法定监护人送子女去培训机构或在家学习，无正当理由未按法律规定保障子女入学接受义务教育，导致相关适龄儿童、少年接受义务教育的权利和义务不能依法实现。针对上述违法违规行为，教育部办公厅于2019年4月11日印发《禁止妨碍义务教育实施的若干规定》，要求各地教育部门进一步加强适龄儿童、少年接受义务教育工作，于2019年上半年尽快部署开展一次全面排查，对机构或个人违法违规导致适龄儿童、少年未接受义务教育的行为，坚决予以纠正，依法依规严厉查处问责，切实保障适龄儿童、少年接受义务教育。

8.2018年幼儿园入学儿童锐减74万，媒体：生育意愿较低

关键词：幼儿园、入学儿童、生育意愿

事件简介：教育部2019年2月26日新闻发布会发布的数据显示，2018年，全国幼儿园共有入园儿童1863.91万人，同比减少74.04万人，下降3.82%。教育部发展规划司司长刘昌亚称，"2018年幼儿园入园人数变化体现了人口结构变化，随着'全面二孩'政策带来人口增长，学前教育和义务教育入学人数也会相应发生变化"。2018年全国幼儿园入园人数的同比大幅下降在一定程度上反映了目前年轻父母的生育意愿较低，只有切实解决"入园难、入园贵"问题，才能助推提高年轻人的生育意愿。采取多种措施扩大普惠性学前教育资源供给，是教育部2019年工作要点之一。

9. 小学一年级书包超6斤，媒体称课业减负先从书包开始

关键词：中小学生、书包、减负

事件简介：2019年新学期开学之际，有记者随机对北京市朝阳区日坛小学分校两名一年级学生的书包进行了称重，结果发现，两人书包均超过了3公斤。尽管中小学生书包重已不是一个新鲜话题，早在2007年，四川成都等地就出台过"书包限重令"，但书包重的问题仍经年得不到解决。在2019年3月15日结束的全国两会上，教育部部长陈宝生表示，"减负再难也要减，不获全胜不收手"。在减负攻坚深入开展之际，书包的重量也从一个侧面折射出减负的成果。有研究表明，书包的重量不宜超过孩子体重的十分之一，否则会引起脊柱侧弯等一系列生长发育问题。针对书包重的问题，还需要多方协调来共同解决。

10. 济南市教育局《关于进一步加强中小学作业管理与改革的意见》：中小学不得要求家长代为批改作业

关键词：济南市教育局、中小学、作业管理与改革、家长

事件简介：为切实减轻中小学生学业负担，促进学生健康成长，山东省济南市教育局于2019年1月15日出台《关于进一步加强中小学作业管理与改革的意见》（以下简称《意见》），从10方面对中小学作业进行了规范。为合理布置作业，《意见》明确规定不布置重复性和惩罚性作业，不给家长布置作业。此外，为规范作业批改，作业批改应以教师批改为主，学生互批、小组批改为辅，提倡教师进行面批。学校和教师不得要求家长代为批改作业，不将家长的签字作为评判学生完成作业的依据。而对于家长，要切实引导其履

行家庭教育责任，理解、支持和配合学校、教师的作业管理要求。

11. 全国中小学生幼儿2019平安暑假安全教育活动

关键词：中小学生、暑假、安全教育

事件简介：暑期是广大中小学生外出参加夏令营等社会实践活动相对集中的时段。为确保广大中小学生的生命安全，中国教育学会通过安全教育平台开展了2019年全国中小学生（幼儿）平安暑假专项活动，活动时间为2019年6月20日至8月31日。在此期间每个用户可以凭学号登录全国中小学生幼儿2019平安暑假安全教育活动平台，学习各种安全防范知识。平台上还有着丰富的题库可以在线学习教育，每个用户可参与一次测评。此外，平台还为学生提供了在线教育学习视频，全面提升孩子的安全教育意识，保障其健康安全成长。

12. 河南省教育厅等九部门印发中小学生减负措施实施方案

关键词：河南、中小学生、减负措施

事件简介：为贯彻落实《教育部等九部门关于印发中小学生减负措施的通知》精神，切实减轻中小学生过重学业负担，2019年5月16日，河南省教育厅、省发改委、省公安厅、省民政厅、省财政厅、省人社厅、省市场监管局、省广电局和省妇联印发了《河南省中小学生减负措施实施方案》（以下简称《方案》）。《方案》进一步明确并强化政府、学校、社会、家庭等各方责任。在实施措施方面，要规范学校办学行为、严格管理校外培训机构、履行家庭教育监护责任、强化政府管理监督。在组织保障方面，要加强组织领导、明确部门职责、确保组织实施。

13. 全球儿童安全组织（中国）启动西安首个"儿童安全教育基地"

关键词：全球儿童安全组织（中国）、西安、"儿童安全教育基地"

事件简介：2019年5月6日至12日是全国防灾减灾宣传周。宣传周首日，为提高全校师生灾害预防知识储备和实践技能，西安雁塔区艺林小学举行了防灾减灾日互动体验活动。全球儿童安全组织（中国）在西安的首个"儿童安全教育基地"也在艺林小学启动。同时，全球儿童安全组织（中国）还与霍尼韦尔（中国）有限公司一起在基地中建立了"儿童安全过假期安全示范教室"。据全球儿童安全组织（中国）首席代表崔民彦介绍，全球儿童安全组织（中国）和霍尼韦尔在中国携手开展的以消防安全和居家安全为主题的"儿童安全过假期"活动截至2019年已经走过了15年，活动已覆盖全国66座城

市，1万余所小学中的440多万名小学生直接获益。

14. 中央深改委审议通过《关于全面加强新时代大中小学劳动教育的意见》

关键词：中央全面深化改革委员会第十一次会议、大中小学、劳动教育

事件简介：中共中央总书记、国家主席、中央军委主席、中央全面深化改革委员会主任习近平2019年11月26日主持召开中央全面深化改革委员会第十一次会议（以下简称"会议"），会议审议通过了《关于全面加强新时代大中小学劳动教育的意见》。会议强调，劳动教育是中国特色社会主义教育制度的重要内容。《关于全面加强新时代大中小学劳动教育的意见》则是为了全面加强新时代大中小学劳动教育而制定的法规。要全面贯彻党的教育方针，坚持立德树人，把劳动教育纳入人才培养全过程，贯通大中小各学段，贯穿家庭、学校、社会各方面，把握育人导向，遵循教育规律，创新体制机制，注重教育实效，实现知行合一，促进学生形成正确的世界观、人生观、价值观。

15. 中国儿童中心成立儿童人工智能教育研究院

关键词：中国儿童中心、人工智能、研究院

事件简介：2019年12月10日，中国儿童中心儿童人工智能教育研究院（以下简称"研究院"）成立大会暨首届儿童人工智能教育研讨会在中国儿童中心举行。研究院是由中国儿童中心和北京大学教育学院、北京师范大学教育学部、教育部学校规划建设发展中心、人民日报数字传播有限公司、腾讯研究院、龙杯公益基金会共同发起成立的研究机构。研究院将搭建平台，汇聚专家资源和社会资源，多学科、跨领域开展儿童人工智能教育应用和实践研究。为开展0至12岁儿童人工智能教育的机构和企业提供服务，打造服务决策、服务家庭、服务社会的新型智库。

16. 深圳市属22所幼儿园由"企业办"回归"公办"

关键词：深圳、幼儿园、"企业办"、"公办"

事件简介：2019年10月31日，深圳22所市属公办幼儿园交接仪式在深圳市民中心举行，这意味着深圳22所市属公办幼儿园将正式回归教育系统。2006年7月，深圳市属22所公办幼儿园划归深圳市投资控股公司，幼儿园性质转为"企业办二类事业单位"。2019年8月，深圳市委市政府研究决定将22所市属园从市投资控股公司整体剥离出来，移交市教育局管理。深圳市教育局专门成立了市属园管理工作组，对接教育局机关相关职能处室和单位，在指导幼儿园基层党组织建设、师资队伍建设、保教业务、经费与财务管理、

安全与后勤管理等方面提供服务和支持。

17. 中央编办：关于进一步挖潜创新加强中小学教职工管理有关政策情况的介绍

关键词：教师队伍建设、编制、中小学教职工

事件简介：为深入贯彻落实《中共中央、国务院关于全面深化新时代教师队伍建设改革的意见》要求和全国教育大会精神，支持保障中小学教育事业发展，中央编办会同教育部、财政部、人力资源社会保障部就关于进一步挖潜创新加强中小学教职工管理出台了有关政策意见，重点从教育系统自我挖潜、事业编制总量统筹、管理服务方式创新三方面入手：一、优化资源配置，提高教育系统人员编制效益；二、统筹事业编制，优先保障中小学教育需要；三、创新管理方式，增加服务供给。

18. 教育部印发《关于加强大中小学国家安全教育的实施意见》

关键词：教育部、大中小学、安全教育

事件简介：为深入贯彻党的十九大精神和习近平总书记总体国家安全观，落实党中央关于加强大中小学国家安全教育有关文件精神和"将国家安全教育纳入国民教育体系"的法定要求，教育部于2019年4月9日印发《关于加强大中小学国家安全教育的实施意见》（以下简称《意见》），要求各地学校结合教育系统实际，做好大中小学国家安全教育相关工作，使广大学生牢固树立总体国家安全观，增强国家安全意识。《意见》表示，应构建完善国家安全教育内容体系。小学生应了解国家安全基本常识，增强爱国主义情感；中学生应掌握国家安全基础知识，增强国家安全意识；大学生应接受国家安全系统化学习训练，增强维护国家安全的责任感和能力。

19. 2019年西安市确保新增中小学学位8万

关键词：中小学学位、保障入学、办学提升

事件简介：陕西省西安市教育局召开全市教育系统传达学习全市两会精神暨春季学期开学工作会议，将继续把保障入学放在首位，全力确保新建中小学34所，幼儿园54所，扩建中小学62所，幼儿园21所，确保新增中小学学位8万个，幼儿园学位2万个以上，并将提前做好设施设备配备、教师补充、室内环境质量检测等工作，继续大力推进"名校+"工程，深入推动校长、教师轮岗交流，重点解决群众最不满意、反映最多的薄弱学校办学提升问题。

20. 山西太原2020年公办小学的托管时间将延长至18时：25万余学生受惠

关键词：公办小学、托管时间

事件简介：为了解决小学生下午放学后无人看管的问题，从2020年春季学期起，山西省太原市公办小学的托管时间将延长至18时。教育部门同时要求各学校创新校内课后服务形式，在免费托管服务时间内，以保障学生安全为前提，组织安排学生完成书面作业，参加社团活动，发展素质教育，严禁课后服务变相成为集体教学或补课。25万余名公办小学生及其家庭将从中得到实惠。

三、儿童与教育领域舆情呈现趋势与特征

（一）媒体来源情况：微博为主要信息源

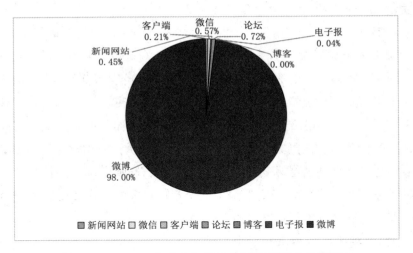

图 2-2-1　2019年儿童与教育领域舆情媒体来源分布

从媒体来源情况来看，微博成为绝对主要的信息源头，占到了总体的98.00%。微博既是社交平台也兼具爆料等新闻媒体的属性，2019年儿童与教育领域众多的舆情事件都呈现微博大范围爆发和传播的特点，其在舆情管理中的作用也不容忽视。

除微博外，其他媒体来源占比从高到低依次是论坛、微信、新闻、客户端、电子报和博客，占比均低于总体的1.00%。其中，电子报和博客的占比不足总体的0.10%。

（二）月度分布趋势：整体较为平稳，波动不大

（条）

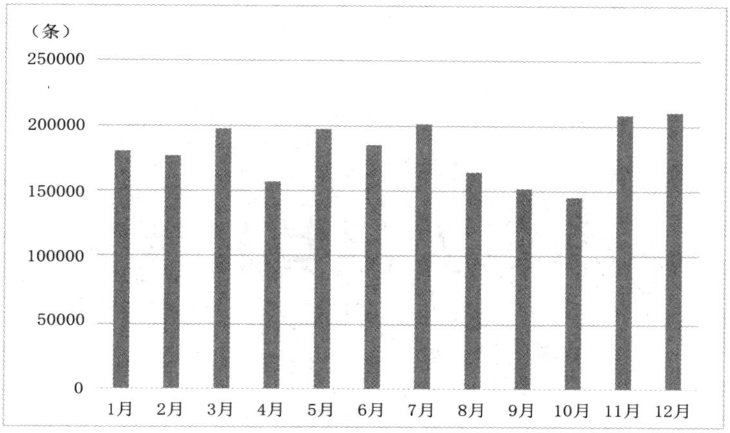

图 2-2-2　2019 年儿童与教育领域舆情信息月度分布趋势

从图 2-2-2 来看，儿童与教育领域舆情事件数量月度分布趋势整体较为平稳，波动不大。其中，舆情信息数量超过 200000 条的月份有 3 个，最高位出现在 12 月，为 211424。而舆情信息数量在 150000 ~ 200000 条的则有 8 个，舆情信息数量低于 150000 条的仅有 10 月 1 个，为 144422 条。舆情事件月度低点主要集中在春、秋季节。

（三）内容呈现特征

1. 人物高频词：以教育领域代表人物为主，包括古今中外教育家和心理学家

图 2-2-3　2019 年儿童与教育领域舆情人物高频词

在人物高频词中，以教育领域人物为主，比如，出现频次较高的教育部部长陈宝生、教育部副部长郑富芝。值得注意的是，古今中外的教育家和心理学家等也成为主要的关涉人物，包括我国古代教育家孔子、我国现代教育家陈鹤琴、陶行知、当代教育专家李玫瑾和外国儿童心理学家皮亚杰等人物。

此外，还有对儿童教育领域事件进行报道的记者，如邵林波、高文杰。

2. 地域高频词：教育资源较发达地区居多

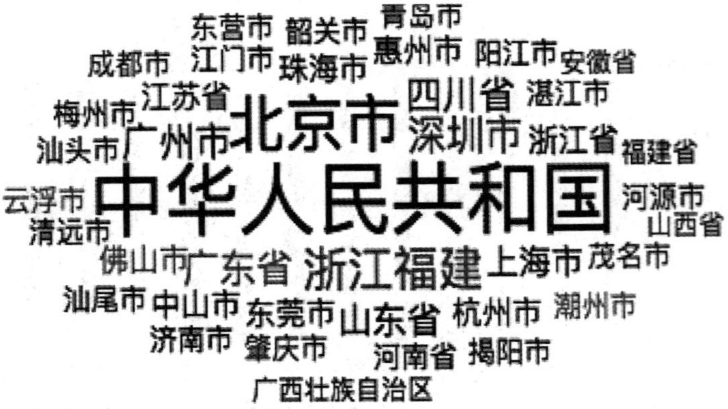

图 2-2-4　2019 年儿童与教育领域舆情地域高频词

从地域高频词中可以看出，整体上 2019 年儿童与教育领域的舆情事件发生范围是遍布全国的。具体到省市来看，则以北京、浙江、广东、深圳等教育资源比较发达的地区为出现频次最高，其中多为相关政策举措的出台。山西、新疆等中西部地区也有所涉及，但出现频次相对较少。此外还涉及台湾地区，如"国台办：开放台湾地区居民申请大陆中小学教师资格政策"。

3. 机构高频词：教育部门为主

图 2-2-5　2019 年儿童与教育领域舆情机构高频词

在机构高频词中出现频次最高的是教育部，其次为各省、市、区所属的教育部门。中华人民共和国商务部、中华人民共和国财政部、中华人民共和国建设部和中华人民共和国发改委等也成为高频词，可见教育领域关涉的机构较为多元，需要各方的统筹协调。此外，中小学和幼儿园的出现频次也很高，如前所述，这也说明了学前教育及中小学教育阶段是目前社会关注的焦点。

四、儿童与教育领域重点舆情事件分析

（一）"私立幼儿园将退出历史舞台"是政策误读

1. 总体概述

对2019年1月1日0时—2019年12月31日24时"'私立幼儿园将退出历史舞台'是政策误读"的相关舆情信息进行数据统计，得到主题相关信息5286条，具体数据如图2-2-6所示。其中微博报道的信息量最多，占比为76.14%。其次为微信和论坛，占比分别为10.05%和7.79%，信息量占比较高的三个媒体来源均具有较强的社交媒体属性。此外，新闻信息为292条，信息占比5.52%；客户端信息为26条，信息占比0.49%。

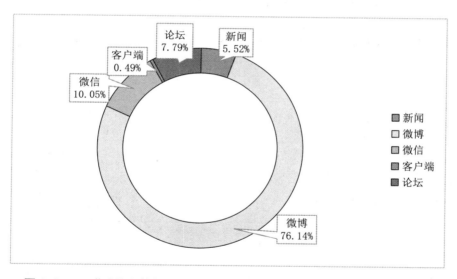

图 2-2-6   "'私立幼儿园将退出历史舞台'是政策误读"信息来源分布

国务院办公厅于2019年1月22日重申"城镇小区应依标配建幼儿园，办成公办园或委托办成普惠性民办园，不得办成营利性幼儿园"，此后陆续有个别自媒体将通知中对城镇小区配套幼儿园的集中治理政策误读为"私立幼儿园将退出历史舞台"。在事件发生之初，微博、论坛、博客等是主要的舆论阵地，信息量明显多于其他来源的信息量。随着时间的推移，微博来源的信息开始呈现周期性波动的态势，其他媒体来源的信息量不多，但整体信息量变

化较为平稳。

2.新闻、微博、微信热点分析

表2-2-2 "'私立幼儿园将退出历史舞台'是政策误读"新闻热点

序号	标题	热度	来源	时间
1	评论：民办幼儿园不会退出历史舞台 但暴利时代一去不返	28	58新闻网	2019-03-20 00：00：00
2	民办幼儿园不会退出历史舞台	25	新浪网	2019-02-28 16：23：00
3	民办幼儿园退出历史舞台？教育部：严重误读 毫无根据	13	柠檬铺网	2019-05-06 18：16：00
4	民办幼儿园将退出历史舞台？教育部：严重误读	10	欧塞经济信息	2019-04-18 15：50：43
5	民办幼儿园不会退出历史舞台，但暴利时代一去不返！	5	青岛电视台	2019-02-28 17：23：18
6	民办幼儿园将退出历史舞台？教育部：鼓励民间办园	4	商都网	2019-02-11 13：19：00
7	民办幼儿园，不是退出是规范	4	中国经济网	2019-04-19 13：20：00
8	媒体刊文：民办幼儿园不会退出历史舞台，但暴利时代一去不返	4	郑州教育信息网	2019-02-28 09：45：00
9	民办幼儿园将退出历史舞台？教育部 忍无可忍，终于出面回应！	3	UC头条	2019-08-01 00：05：00
10	民办幼儿园不会退出舞台	3	网易号	2019-02-27 19：54：00

在新闻热点方面，具体情况如表2-2-2所示。热度最高的新闻热点来源于58新闻网，是标题为《评论：民办幼儿园不会退出历史舞台 但暴利时代一去不返》的评论文章。

表2-2-3 "'私立幼儿园将退出历史舞台'是政策误读"微博热点

序号	正文	热度	来源	时间
1	@搜狐新闻：【评论：徐州强制民办幼儿园无偿移交教育部门，"巧取豪夺"也是教育改革？】1月21日，徐州丰县融耀新城小区幼儿园被勒令收回改为公办。	364	卡拉罗果园拖拉机	2019-02-20 16：39：15

续表

序号	正文	热度	来源	时间
2	@殡知阁2：@本喵是阿狸：@殡知阁2：回复@Penny 玛 backagain：。@Penny 玛 backagain：@殡知阁2：@Penny 玛 backagain：@搜狐新闻：评论：徐州强制民办幼儿园无偿移交。	51	rouwanzi77	2019-02-15 19：48：00
3	转发微博 @连鹏：江苏徐州出现强制收回民办幼儿园的事，去翻了下去年年底教育部对学前教育深化改革规范发展《若干意见》的解读。的确明明要求 2019 年 6 月底前各省区市要制定小区配套幼儿园的建设和管理办法。不知是江苏、徐州已经制定了建设和移交办法，还是丰县当地自己"解读的"。	27	Very 流 浪 的小拖鞋	2019-02-18 20：13：42
4	转发微博 @侯安扬 HF：私立幼儿园将退出历史舞台 全部转成事业单位或民办非企业。	25	Bluerainstar29	2019-10-15 16：46：22
5	转发微博 @梭哈老头李：天津：民办幼儿园只能收保育教育费、住宿费、代办服务性收费。	15	我是温馨的岛屿 1137	2019-08-23 08：18：53
6	#捉谣记##微博辟谣#【1月十大网络谣言"配齐"了你信了哪几条？】新的一年开始了，谣言也在变着新花样传播。美国中情局向本·拉登家族道歉、玉兔二号发生重大故障、私立幼儿园将退出历史舞台1月十大网络谣言"配齐"了，你都信了哪几条？	12	Qt 且为 3	2019-04-23 01：17：34
7	转发 @凯迪网络：【闲言："强制收回民办幼儿园"，总觉得怪】	11	周夫子	2019-02-18 13：07：36
8	【经济日报：民办幼儿园不会退出历史舞台】《经济日报》刊文称，有关方面治理小区配套幼儿园，不是要民办幼儿园退出历史舞台。从现实来看，民办幼儿园已经成为幼儿园的主力军。	11	漳州特价房	2019-02-28 15：56：31

在微博热点方面，具体情况如表2-2-3所示。尽管微博是该话题相关信息的主要媒体来源，但相对来说，微博上相关信息的热度并没有很高。其中热度最高的是名为"卡拉罗果园拖拉机"的用户转发自 @搜狐新闻 的一条微博。整体来看，微博热点信息大部分仍为转载信息，但较少以权威媒体为转载来源。此外，该话题下的微博热点中出现了多次转发后产生的微博热点，以及带有话题 #捉谣记#、#微博辟谣# 的微博热点。

表 2-2-4　"'私立幼儿园将退出历史舞台'是政策误读"微信热点

序号	标题	热度	来源	时间
1	重磅通知：私立幼儿园将退出历史舞台，全部转成事业单位或民办非企业	248	法律时讯	2019-12-31 09：59：30
2	【最新重磅】教育部：民办幼儿园将退出历史舞台？教育部"忍无可忍"，终于出面回应！	129	董藩书院	2019-12-31 17：50：41
3	私立幼儿园将退出历史舞台，全部转成事业单位或民办非企业	31	蓝天雄鹰	2019-12-25 23：03：17
4	教育部通知：民办幼儿园将退出历史舞台？教育部"忍无可忍"，终于出面回应！	14	梦想视	2019-12-07 00：00：00
5	教育部出面回应！民办幼儿园将退出历史舞台！！！	11	古代历史数据	2019-12-01 00：14：03
6	【重磅】私立幼儿园将退出历史舞台，全部转成事业单位或民办非企业	7	法治琼山	2019-12-27 10：12：48
7	民办幼儿园要退出历史舞台？真相是这样的	5	看大同	2019-03-03 18：46：22
8	中央发文：私立幼儿园将退出历史，全部转成事业单位或民办非企业	5	地知天知	2019-10-21 17：12：51
9	教育部通知：私立幼儿园退出？不得办营利性幼儿园。	5	爸比育儿经	2019-11-13 08：20：24
10	国务院宣布取消私立幼儿园？私立幼儿园将退出历史舞台？	4	健康三甲猫	2019-12-16 16：09：22

在微信热点方面，具体情况如表2-2-4所示。整体来看，热度较高的微信信息发布时间都相对靠后，多在11月和12月，可见，该事件自发生以来在微信上在持续发酵，微信热点在时效性上并不具有优势。

3. 网站来源分析

对"'私立幼儿园将退出历史舞台'是政策误读"相关信息的网站来源进行数据分析，具体情况如图2-2-7所示。

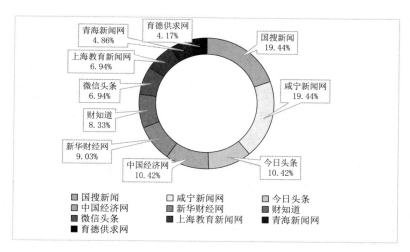

图 2-2-7 "'私立幼儿园将退出历史舞台'是政策误读"网站来源

从图 2-2-7 来看,国搜新闻和咸宁新闻网成为主要的网站来源。整体来看,中国经济网、新华财经网、财知道等财经类的网站也是重要的信息来源,而上海教育新闻网、育德供求网一类的教育资讯类网站排名则相对靠后。

4. 活跃用户分析

对相关信息的微信活跃用户进行数据分析,具体情况如图 2-2-8 所示。

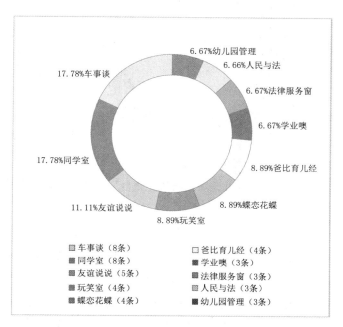

图 2-2-8 "'私立幼儿园将退出历史舞台'是政策误读"微信活跃用户

由图2-2-8可知，微信活跃用户中居首位的是同学室和车事谈，为8篇，其次为友谊说说和爸比育儿经。

5. 舆情地域分布

对"'私立幼儿园将退出历史舞台'是政策误读"的相关信息进行全国地域分布分析发现，该话题相关信息的热点地域分布主要集中于北京、江苏、天津、上海、台湾地区，信息量分别是320、71、69、55、46条。北京、江苏、天津和上海等地区的教育资源相对发达，是儿童教育事业发展较好的地区。值得注意的是，台湾地区也成为该话题相关信息的热点地域。在幼儿教育方面，台湾地区民众也面临着幼儿园入学难题，而且公立和私立幼儿园的收费差距极大，学前教育的相关事件也成为台湾地区民众关心的话题之一。

6. 情感分析

由图2-2-9可知，"'私立幼儿园将退出历史舞台'是政策误读"相关信息中负面情绪相对居多，占比70.11%；正面信息占比14.72%。

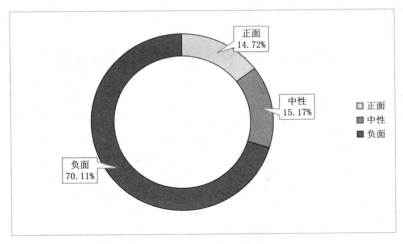

正面
14.72%

中性
15.17%

负面
70.11%

正面
中性
负面

图2-2-9　"'私立幼儿园将退出历史舞台'是政策误读"情感分析

（二）中小学教师减负政策

1. 总体概述

2019年12月15日，中共中央办公厅、国务院办公厅印发了《关于减轻中小学教师负担进一步营造教育教学良好环境的若干意见》，基于当下有关中小学教师负担过重报道时有出现，成为广大基层教师反映强烈的突出问题，中小学教师减负意见的出台，有利于切实减少对中小学校和教师不必要的干扰，营造良好的教育教学环境。作为教育部出台的"减负文件",在当下师生矛盾渐起的社会环境下,这份文件的出台受到关注,中小学教师减负话题一时间被推向风口浪尖。

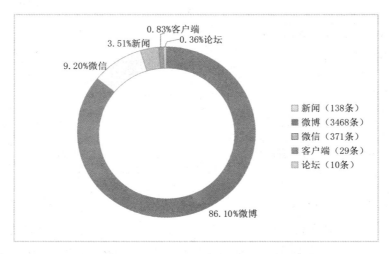

0.83%客户端

0.36%论坛

3.51%新闻

9.20%微信

86.10%微博

新闻（138条）
微博（3468条）
微信（371条）
客户端（29条）
论坛（10条）

图 2-2-10　"中小学教师减负政策"　信息来源分布

由图 2-2-10 可知,在相关信息的媒体来源中,微博的信息量最多,其次为微信和新闻信息。其中微博信息为 3468 条,占比 86.10%;微信信息为 371 条,占比 9.20%;新闻信息为 138 条,占比 3.51%。

2. 新闻、微博、微信热点分析

表 2-2-5　"中小学教师减负政策"新闻热点

序号	标题	热度	来源	时间
1	教育部:为中小学教师减负 为教育提质增效加油	120	益佰新闻网	2019-12-17 19:58:00
2	忙迎接检查? 忙评比考核? "减负 20 条"把时间还给中小学教师	46	生活头条	2019-12-18 10:02:01
3	中小学教师减负 需要"减掉"形式主义、官僚主义	46	吕梁网	2019-12-20 20:15:00
4	为中小学教师减负增能 办好人民满意的教育	45	财知道	2019-12-24 21:16:26
5	新京报:为中小学教师减负 需防地方部门乱摊派	25	瑞亚网	2019-12-19 00:00:00

续表

序号	标题	热度	来源	时间
6	检查、评比、摊派活动拖累教学 中小学教师亟须减负	22	科研信息网	2019-12-20 06：00：15
7	中小学教师减负 评比考核少一半	18	网易号	2019-11-26 02：38：00
8	教育部将尽快制定中小学教师减负清单：检查评比考核减少一半以上 杜绝强摊杂事	18	和讯网	2019-12-17 04：35：47
9	"减负20条"把时间还给中小学教师	18	宜宾新闻网	2019-12-18 18：01：31
10	也要给中小学教师"减减负"	14	无锡新传媒网	2019-12-23 09：25：00

　　自12月15日中共中央办公厅、国务院办公厅印发《关于减轻中小学教师负担进一步营造教育教学良好环境的若干意见》，并进一步明确要求各地区各部门结合实际认真贯彻落实中小学教师减负政策以来，新闻热点开始陆续出现。从表2-2-5中可以看出，其发布时间基本都在12月15日前后。

表2-2-6　"中小学教师减负政策"微博热点

序号	正文	热度	来源	时间
1	@央视新闻：【#中小学教师减负20条#都该减什么？】昨天，中办、国办公布减轻中小学教师负担相关意见，其中明确，在教育教学中的负担，是合理负担；要减掉中小学教师不应承担的，与教育教学无关的四类事项。	782	萧诺x	2019-12-31 11：16：17
2	转发微博 @微言教育：#教育头条#【中小学教师"减负"硬指标：确保督查检查评比考核事项减少50%以上】近日，中办、国办印发《关于减轻中小学教师负担进一步营造教育教学良好环境的若干意见》。	201	黑龙江教育	2019-12-30 17：17：39
3	转发微博 @贵阳校园：中小学教师资格证考试教资笔试选择题必背100条，需要的请自行扫码 #中办国办印发意见减轻中小学教师负担##教师严重违规终身禁教##中小学教师减负20条#	171	Ho吼313	2019-12-18 09：00：37

续表

序号	正文	热度	来源	时间
4	转发微博 @瑞安发布：【中小学教师减负政策来啦！】#民生汇#近日，中共中央办公厅、国务院办公厅印发《关于减轻中小学教师负担进一步营造教育教学良好环境的若干意见》，从进一步提高认识、统筹规范督查检查评比考核事项、统筹规范社会事务进校园等六个方面，为教师安心、静心、舒心从教创造更加良好环境。	115	瑞安人力社保局	2019-12-31 16：29：40
5	转发微博 @人民网：#2019看两会#【两会履职报！朱永新：给中小学教师"减减负"】本期履职报头条，全国政协常委兼副秘书长朱永新指出，教育部门给学生减负的同时也应该给中小学教师减减负。	113	住四合院的卷毛小雪兔	2019-03-25 15：32：18
6	转发微博 @孟令健：12月17日星期二！1.四部门：中小学教职工编制将定期调整 严查吃空饷、占用编制等；2.教育部：教师严重违规终身禁教，考核评优、职称评聘等坚持师德为第一标准；3.中国为中小学教师减负督查检查评比考核将减半；4.国务院副总理刘鹤：支持中小企业发展。	101	El 光关 8_	2019-12-20 09：00：16
7	@彭幼生 C：@文史1学堂：@看得见的历史：那个哈卵来了 @楞个想：部长这会子在山东啊 @山东教育新闻：【陈宝生来山东调研中小学教师减负工作】7月11日至12日，教育部党组书记、部长陈宝生一行来山东调研中小学教师减负工作。	58	朴尔敏 2012	2019-07-12 23：44：12
8	转发微博 @Fenng：每年都说给中小学生减负，给中小学教师减负。又这开始说不允许通过 APP 啥的布置作业了。然后还把小学生视力纳入考核。小孩子在家用手机用 iPad 近视了，跟学校有多大关系？	57	小白家的小仙女	2019-03-31 18：26：56
9	相当震撼我的内心，@中国网：【中小学教师"减负"：督查检查评比考核减幅要高于50%】15日，中共中央办公厅、国务院办公厅印发《关于减轻中小学教师负担进一步营造教育教学良好环境的若干意见》	53	曾沙仇_向 wpx	2019-12-16 18：28：30

序号	正文	热度	来源	时间
10	【#中小学教师减负20条#都该减什么？】昨天，中办、国办公布减轻中小学教师负担相关意见，其中明确，在教育教学中的负担，是合理负担。	50	创建无邪乌前旗	2019-12-18 10：21：53

　　在微博热点方面，具体情况如表2-2-6所示。微博同样也是该话题相关信息的主要媒体来源，其中名为"萧诺x"的用户转发自 @央视新闻 的微博热度明显高于其他微博热点，热度为782。整体来看，微博热点信息大部分仍为转载信息，此外，也出现了由用户多次转发后产生的微博热点。

表 2-2-7　"中小学教师减负政策"微信热点

序号	标题	热度	来源	时间
1	为中小学教师减负！教育部9问答详解如何减、减什么	137	重庆教育智讯	2019-12-27 13：04：46
2	教育部副部长孙尧《人民日报》撰文：为中小学教师减负增能 办好人民满意的教育	118	澄迈教育	2019-12-26 09：33：15
3	中央发文！中小学教师要减负啦！一大波好消息来了→	57	房县圈圈网	2019-12-19 23：20：44
4	@固安中小学教师，中央发文！要减负啦！	51	固安同城生活	2019-12-20 18：09：43
5	特别关注丨中央发文！中小学教师要减负啦！	44	圣屯小学新视界	2019-12-31 09：00：00
6	（转载）给中小学教师减负放大招！中办、国办印发《关于减轻中小学教师负担进一步营造教育教学良好环境的若干意见》	40	广西北海市第五中学	2019-12-23 08：50：00
7	中央发文，为中小学教师这样减负！	39	安宁区西路街道长风社区	2019-12-27 17：26：00
8	教育部：中小学教师减负，督查评比减少5成以上，杜绝向教师摊派无关事务	38	王牌教师	2019-12-27 11：40：00
9	教育部解读最新"教师减负"文件：对中小学教师额外工作负担，必须厘清责任、刚性治理丨特别关注	31	杜集人	2019-12-26 21：46：18
10	中小学教师减负放大招！老师：太好了，不然一线教师快成副业	28	广西普法	2019-12-29 11：40：00

在微信热点方面，具体情况如表2-2-7所示，多来源于地方性的账号，如排在前几位的"重庆教育智讯""澄迈教育""房县圈圈网"等。此外，微信热点主要还是以教育资讯类账号发布的信息为主，发布时间多集中于12月中下旬，即有关政策的具体要求发布之后。

3. 网站来源分析

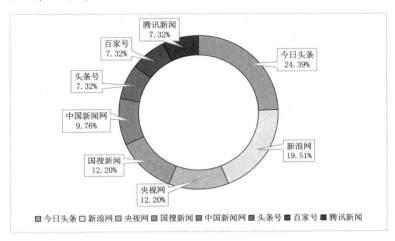

图 2-2-11 "中小学教师减负政策"网站来源

对发布"中小学教师减负政策"相关信息的网站来源进行数据分析，具体情况如图2-2-11所示。由图可知，网站来源中居首位的是今日头条，其次为新浪网，央视网位居第三。此外，从图中可以发现，汇集了较多自媒体资讯的头条号和百家号网站也成为重要的网站来源。

4. 活跃用户分析

对相关信息的微信活跃用户进行数据分析，具体情况如图2-2-12所示。

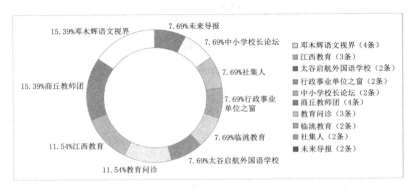

图 2-2-12 "中小学教师减负政策"微信活跃用户

由图2-2-12可知，微信用户中最为活跃的是个人账号"邓木辉语文视界"和教育机构下属的微信账号"商丘教师团"。整体来看，微信活跃用户以教育机构下属的微信账号和教育资讯类账号为主，发布条数在2～4条不等。

5. 舆情地域分布

对相关信息进行全国地域分布分析发现，热点地域分布主要集中于北京、山东、浙江、江苏、广西，信息量分别是221、134、97、70、57条，仍是以教育资源较为发达的东部地区为主，有向西部地区延伸的趋势。

6. 情感分析

由图2-2-13可知，"中小学教师减负政策"信息中负面情感较多，占比95.46%；正面情感占比4.54%。

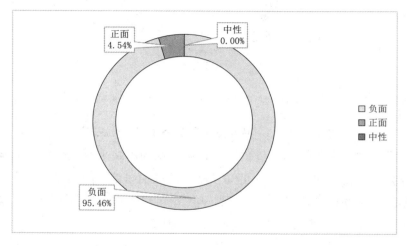

正面 4.54%　中性 0.00%

负面 95.46%

负面　正面　中性

图 2-2-13　"中小学教师减负政策"情感分析

五、儿童与教育领域其他舆情事件

（一）其他舆情事件排行

表 2-2-8　2019 年儿童与教育领域其他重要舆情事件

序号	事件	总分
1	河南一中专用流失学生学籍申请拨款，相关部门介入调查	8.69
2	解决中小学"三点半问题"：甘肃规定课后服务可晚至 18 时	6.15
3	受二孩政策影响，多地公办中小学、幼儿园教师编制"松绑"	5.54
4	广西近 1 年劝返辍学学生近 3 万人	5.02

序号	事件	总分
5	浙江省杭州下城区两所小学暂停互联互通招生政策	4.54
6	国台办：开放台湾居民申请大陆中小学教师资格政策	2.12
7	深圳福田区家长质疑天健香蜜幼儿园扣除幼儿成长补贴是否合规	1.58
8	青海利用大数据手段劝返失辍学学生 2.7 万人	1.11

（二）其他重要舆情事件回顾

1. 解决中小学"三点半问题"：甘肃规定课后服务可晚至18时

关键词：中小学、"三点半问题"、甘肃、课后服务

事件简介：中小学"三点半问题"是困扰不少家长的难题，即孩子放学早、家长不便接的问题。2019年11月13日，甘肃省教育厅、省财政厅、省发改委和省人社厅四部门联合印发了《关于做好中小学生课后服务工作的实施意见》（以下简称《意见》）。《意见》提出，全面开展中小学课后服务，在满足学生和家长不同需求的前提下，结合地方实际，从周一至周五下午放学后可开展课后服务，结束时间原则上不晚于18时。《意见》还明确，中小学生是否参加课后服务，由学生家长自愿选择，严禁以任何方式强制或变相强制学生参加，不得因此增加学生课业负担。

2. 国台办：开放台湾居民申请大陆中小学教师资格政策

关键词：台湾居民、师范专业、中小学教师资格

事件简介：教育部、中央台办、国务院港澳办联合印发了《关于港澳台居民在内地（大陆）申请中小学教师资格有关问题的通知》。凡符合条件，在大陆学习、工作和生活的台湾同胞，可凭台湾居民居住证或者五年有效期台湾居民来往大陆通行证，也就是俗称"五年期有效"的台胞证，申请参加中小学教师资格考试，认定中小学教师资格。该政策回应了那些已经在大陆就读师范专业的台湾学生需求，有很强的现实针对性。

分报告三：儿童与福利领域舆情分析

一、儿童与福利领域舆情总体状况

儿童福利关乎每个儿童及其家庭的切身利益，儿童福利体系的发展和完善不仅有利于儿童个体的发展与权益的保障，更对社会发展具有重要意义。通常来讲，儿童福利既包括面向所有儿童及其家庭的普惠性福利，也包括面向特定儿童（如孤残、流浪等处于困境中的儿童）及其家庭的特定性服务。针对儿童与福利领域的舆情，我们所探讨的也是兼顾了以上两方面。根据对2019年全年儿童与福利领域热点舆情分析与总结，其总体状况主要呈现以下特征。

（一）舆情格局：聚焦普惠性政策与弱势儿童保障工作

本领域的热点话题主要聚焦三方面：一是普惠性儿童福利政策的出台与推广，其中以"儿童乘车优惠票"相关内容的事件出现频次最高，涉及其标准问题，首宗儿童公益诉讼事件、儿童优惠票标准变更等内容；二是弱势儿童保障工作，涉及提高保障标准、精准保障、事实无人抚养儿童保障工作落实等内容；三是儿童的基本公共服务相关内容，比如，医疗保障问题，涉及相关疾病医疗费用报销、残疾儿童康复、学校医疗卫生保障设施等内容。

（二）舆情特征：多部门联动，兼顾普惠性与选择性福利事件

1. 整体烈度较高，存在舆情指数远高于其他事件的热点事件

总体来说，2019年全年儿童与福利领域舆情整体烈度较高，舆情信息数量为4728955，影响力较大，且热点事件排行榜中的前两名事件"儿童优惠票标准"与"山东'活埋男婴'被弃荒山，已由泰安儿童福利院代监护"事件的舆情指数远高于其他热点事件。

2. 舆情热点兼顾普惠性福利与选择性福利事件

前面提到的热点排行榜的前两位事件，第一位是面向所有儿童的政策，第二位是关涉弱势儿童群体（弃婴）的服务，这也恰好从某种程度上体现了本领域舆情的另一个特征，即热点事件兼顾面向所有儿童的普惠性福利与面向特定儿童的选择性福利事件。前者主要集中在相关的普惠性政策的出台，后者

则聚焦于事实无人抚养儿童、残疾儿童、留守儿童等弱势儿童的保障问题，其中涉及教育、医疗、收养、照顾等方面的政策出台、政策解读、案例发布等。

3. 政策受关注多，关涉弱势儿童群体的地方性政策成舆情重点

新的儿童福利政策成为热点榜单上浓墨重彩的一笔。而这其中，以关涉弱势儿童福利的地方性政策的发布与解读为最多。如广东、湖南、四川、河南等多省分别出台有关事实无人抚养儿童的政策均上榜，再如南昌、广州、上海等地分别出台有关加强困境儿童保障工作的政策也均上榜等。

4. 关涉主体以行政管理部门为主，多部门联动

本领域关涉的机构与人物主要以民政、教育、妇联、公检法系统的各级相关部门与代表人物为最多。这说明儿童的福利事关多个部门领域，儿童福利能够得到更好的保障需要上述多部门的通力配合与联动参与。

二、儿童与福利领域热点舆情事件

（一）热点舆情事件排行榜

表 2-3-1　2019 年儿童与福利领域热点舆情事件排行榜

序号	事件	总分（100）
1	交通运输部：儿童优惠乘车将不再看身高，6 岁以下儿童可免费乘车	100.00
2	山东"活埋男婴"被弃荒山，已由泰安儿童福利院代监护	77.97
3	民政部：中国儿童收养政策不断完善	54.63
4	教育部：到 2020 年年底各地基本普及残疾儿童少年 15 年基础教育	54.35
5	陕西将为义务教育阶段适龄重度残疾儿童少年送教上门	47.57
6	江西南昌《关于加强困境儿童保障工作的实施方案》：让困境儿童"有病可医 有学可上"	46.23
7	广东省明年起将事实无人抚养儿童全部纳入保障	39.22
8	中国红基会《中国中小学校医室现状调查研究报告》：59.6% 中小学校没有医疗卫生保障设施	36.79
9	湖南《关于进一步加强事实无人抚养儿童保障工作的意见》明年起全面建立事实无人抚养儿童保障制度	36.07
10	四川省明年起对近 6 万事实无人抚养儿童精准保障	33.68
11	山东聊城提高孤儿和重点困境儿童保障标准	33.42
12	国务院新闻办：全国困境儿童有了超过 65 万名"护苗员"	32.82

续表

序号	事件	总分（100）
13	广州正式开通困境儿童 24 小时服务热线	30.67
14	卫健委：我国将 10 种主要的儿童血液病、恶性肿瘤病种纳入救治管理和保障体系	27.18
15	留守儿童游戏之殇：城乡融合和以人为本的发展模式	25.98
16	国办：2025 年婴幼儿照护服务的政策法规体系和标准规范体系基本健全	25.92
17	首宗儿童公益诉讼事件：广州将身高作为儿童优惠票标准	24.91
18	全国妇联发布维护妇女儿童权益十大案例	23.62
19	重庆市医保局就"儿童两病"报销政策进行官方解读	22.36
20	山西临猗"带小学生跳鬼步舞"视频走红，校长：全校大多是留守儿童	21.11

（二）热点舆情事件回顾

1. 交通运输部：儿童优惠乘车将不再看身高，6 岁以下儿童可免费乘车

关键词：儿童、身高、免费乘车

事件简介：2019 年 7 月 12 日上午，交通运输部、国家发展改革委联合发布《关于深化道路运输价格改革的意见（征求意见稿）》（以下简称《意见稿》）。《意见稿》指出，城市公交、长途客运的儿童优惠乘车政策将从"量身高"转为"看年龄"，6 岁以下儿童可免费乘车，6 岁到 14 岁的半价。交通运输部表示，现行的城市公交、长途客运等运价政策以身高作为儿童免票、半票划分依据，社会公众认为有失公允，以年龄为划分依据的呼声越发强烈，成为近几年全国两会提案反映的热点问题。《意见稿》明确，儿童携带有效身份证件的，以年龄为判定标准。但对于未携带有效身份证件的，还将以身高为判定标准，这主要是为了便于旅客出行和经营者执行。可见，国家政府部门认真听取公众建议，为提供更好的儿童福利做出切实努力。

2. 山东"活埋男婴"被弃荒山，已由泰安儿童福利院代监护

关键词：弃婴、领养、儿童福利保障

事件简介：2019 年 8 月 21 日上午，山东省济南市莱芜区牛泉镇南白塔村村民焦兴录与周尚东在山上挖到一个活婴，报警并送到医院抢救。10 月 20 日下午，孩子的爷爷主动到新泰市公安局羊流派出所交代问题。孩子爷爷称，孩子父母生的是双胞胎，在当地儿童医院出生后，老二被查出患有多项疾病。

家人放弃治疗后，带着孩子回了家，后发现孩子死亡。孩子奶奶便用土办法葬了，"直到看到电视台报道后，才知道孩子活了，所以主动到派出所交代问题"。被捡拾婴儿已由捡拾人周某移交给泰安市儿童福利院临时代养。

3. 民政部：中国儿童收养政策不断完善

关键词：儿童、民政部、收养政策

事件简介：2019年2月民政部召开新闻发布会，民政部社会事务司负责人介绍了儿童收养工作情况。我国始终坚持国内收养优先，坚持儿童利益最大化理念，以规范收养登记办理为主线，不断推进收养管理政策完善。从近10年的数据变化来看，收养登记总体呈下降趋势。为更好保障被国外家庭收养儿童权益，中国在涉外收养方面采取了一系列措施，进一步强化对儿童福利机构报送的拟涉外送养儿童材料和国外收养组织报送的收养家庭资料的审核，将国外家庭收养后评估报告从两年提交三次调整到五年提交六次，对涉外送养儿童成长情况进行跟踪了解。这表明中国儿童收养政策不断完善，儿童收养体系更加健全，切实维护和保障儿童权益。

4. 教育部：到2020年年底各地基本普及残疾儿童少年15年基础教育

关键词：残疾儿童、基础教育、教育部

事件简介：各地政府部门响应教育部、国家发展改革委、民政部、财政部、人力资源社会保障部、卫计委和中国残联2017年7月28日联合印发的《第二期特殊教育提升计划（2017—2020年）》，纷纷出台相应计划，以实现2020年基本普及残疾儿童少年15年基础教育的目标。这体现了各地政府部门对《第二期特殊教育提升计划（2017—2020年）》的重视。各地加强组织领导，深化体制机制改革，加大宣传和督导检查，推进各项工作落到实处，使我国残疾儿童的基础教育体系逐渐完善。

5. 陕西将为义务教育阶段适龄重度残疾儿童少年送教上门

关键词：残疾儿童、义务教育、送教上门

事件简介：陕西省教育厅等部门2019年2月出台意见，将为义务教育阶段适龄重度残疾儿童少年送教上门，切实保障适龄重度残疾儿童少年接受义务教育的权利，进一步提升特殊教育发展水平。送教上门是保障不能到校就读的适龄重度残疾儿童少年义务教育的重要举措。送教上门的对象为不能到学校就读、年龄在6～15周岁的义务教育阶段适龄重度残疾儿童少年。送教学校应根据服务对象个别化教育计划和具体情况，每月至少送教2次（不含假

期），每次至少2个课时。鼓励采取多种方式提高送教质量，条件允许的，可以采取网络远程送教和现场送教相结合的方式。"送教上门"能够为残疾儿童提供更好的教育福利。

6. 江西南昌《关于加强困境儿童保障工作的实施方案》：让困境儿童"有病可医 有学可上"

关键词：困境儿童、福利保障、实施方案

事件简介：江西省南昌市2019年1月制订了《关于加强困境儿童保障工作的实施方案》（以下简称《方案》），《方案》明确，到2020年，基本形成家庭尽责、政府主导、社会参与的困境儿童保障工作格局，建立与经济社会发展水平相适应的困境儿童分类保障体系，困境儿童保障服务政策更加完善、保障服务机制更加健全、成长环境更加优化，全社会关爱保护困境儿童的意识普遍增强，困境儿童生活得更安全、更幸福、更有尊严。这显示了我国困境儿童保障工作得到进一步推进。

7. 广东省明年起将事实无人抚养儿童全部纳入保障

关键词：事实无人抚养儿童、保障、基本生活补贴

事件简介：广东省民政厅、广东省高级人民法院等14个部门联合出台《关于进一步加强事实无人抚养儿童保障工作的实施意见》（以下简称《意见》），进一步明确了事实无人抚养儿童的保障范围、保障标准和其他关爱保护措施，提升事实无人抚养儿童保障水平。从2020年1月1日起将全省事实无人抚养儿童全部纳入政策保障范围，事实无人抚养儿童基本生活补贴标准与当地散居孤儿基本生活养育标准相一致，每人每月1110元。《意见》不仅明确了广东事实无人抚养儿童的范畴，还从强化基本生活保障、督促落实监护责任、加强医疗康复保障、完善教育保障、优化关爱服务机制等五方面提出要求。

8. 中国红基会《中国中小学校医室现状调查研究报告》：59.6%中小学校没有医疗卫生保障设施

关键词：中小学、校医院、中国红基会

事件简介：2019年1月9日，中国红十字基金会发布了《中国中小学校医室现状调查研究报告》。该报告显示，我国现阶段有59.6%的中小学校未设置校医室或保健室，影响校医室建设的主要因素是缺少专业校医、设备设施以及资金不足；青海、山东、河北、陕西几省的校医室工作人员医学专业背景

比例不足20%，西部地区校医室工作人员从未参加过培训的占40%以上，各地整体健康教育开展情况不充分，缺乏专业的健康教育资料。红基会启动"博爱校医室"项目，计划未来5年内在全国建设1000所以上的博爱校医室，同时通过政策倡导，推动国家出台新的法规，推动全国中小学校园均达标配置校医室和校医，并争取将健康教育和应急救护培训纳入中小学的教学大纲。这将全面提升中国中小学校卫生健康保障水平、国民卫生健康和应急救护的素养。

9. 湖南《关于进一步加强事实无人抚养儿童保障工作的意见》明年起全面建立事实无人抚养儿童保障制度

关键词：无人抚养儿童、保障制度、湖南省

事件简介： 湖南省民政厅联合省高院等12部门2019年12月下发《关于进一步加强事实无人抚养儿童保障工作的意见》（以下简称《意见》）。根据《意见》，事实无人抚养儿童是指未满18周岁，父母双方均符合重残、重病、服刑在押、强制隔离戒毒、被执行其他限制人身自由的措施、失联情形之一；或者父母一方死亡或失踪，另一方符合重残、重病、服刑在押、强制隔离戒毒、被执行其他限制人身自由的措施、失联情形之一，导致父母失去抚养能力的儿童。此项制度将惠及父母重残重病、服刑在押、失联死亡等原因造成的事实无人抚养儿童，为困境儿童再添政策兜底保障，标志着湖南省从2020年起全面建立健全事实无人抚养儿童保障制度。

10. 四川省2020年起对近6万事实无人抚养儿童精准保障

关键词：无人抚养儿童、精准保障、四川省

事件简介： 2019年11月四川省民政厅、省高级人民法院、省人民检察院等12部门联合出台了《关于进一步加强事实无人抚养儿童保障工作的实施意见》（以下简称《实施意见》），对父母服刑、重病重残等情形造成事实上无人抚养的儿童实施长效救助，家庭困难的事实无人抚养儿童将参照孤儿保障标准发放生活补贴，同时保障内容还包括医疗康复、教育资助、监护责任、关爱服务等方面。此项政策填补了四川省儿童福利领域制度的空白，从2020年起实施，将惠及四川省近6万名儿童。

11. 山东聊城提高孤儿和重点困境儿童保障标准

关键词：困境儿童、孤儿、保障

事件简介： 山东省聊城市民政局和市财政局联合下发通知，为确保孤儿和重点困境儿童生活不低于当地平均生活水平，决定自2019年1月1日起提高相关基本生活费标准。该通知自2019年1月1日起施行，有效期至2023年12月31日。通知明确提出提高孤儿基本生活费标准。社会散居孤儿基本生活费标准由每人每月不低于720元提高到不低于920元；福利机构集中养育孤儿基本生活费标准由每人每月不低于1200元提高到不低于1400元。这有利于提高当地孤儿和重点困境儿童的生活质量，给予其切实的福利保障。

12. 国务院新闻办：全国困境儿童有了超过65万名"护苗员"

关键词：困境儿童、"护苗员"、国务院新闻办

事件简介：2019年2月21日召开的国务院新闻办公室新闻发布会指出，全国已配备乡镇（街道）儿童督导员4.46万名、村（居）儿童主任61.53万名，基本实现全覆盖。"护苗员"的具体职责是：负责排查困境儿童基本情况，登记建档；定期走访困境儿童家庭，了解困难，及时回应诉求；指导和督促监护人履行监护职责，形成督导日志，向上级指导中心反映动态；帮助困境儿童及家庭联系相应部门，争取落实各项保障政策。这群超过65万人的困境儿童"护苗员"，使我国困境儿童关爱服务体系进一步完善。

13. 广州正式开通困境儿童24小时服务热线

关键词：困境儿童、服务热线、广州

事件简介：2019年5月24日，广州市民政局举办广州市未成年人救助保护工作专家委员会成立大会暨困境儿童24小时救助保护服务热线开通仪式，并在成立大会上正式向社会发布了广州市困境儿童救助保护服务热线号码：020-32687666，同时在114电话查号平台也开通了困境儿童24小时救助保护服务热线的登记和自动转接服务，在12345政务服务平台也增加了困境儿童24小时救助保护服务热线的相关知识点。救助保护热线的开通，是市民政部门积极探索困境儿童救助保护的有效服务方式之一，体现了"儿童利益最大化"原则，有利于健全困境儿童保障工作体系。

14. 卫健委：我国将10种主要的儿童血液病、恶性肿瘤病种纳入救治管理和保障体系

关键词：儿童、疾病、福利保障

事件简介：国家卫生健康委员会深入调查研究、深化沟通协调，将解决10种儿童血液病、恶性肿瘤医疗救治保障问题作为卫生健康系统落实主题教育要求的重点之一，会同有关部门建立健全了儿童血液病、恶性肿瘤医疗救治及保障管理政策措施，提出进一步推进相关工作的政策措施，取得了显著

成效。随着《关于开展儿童血液病、恶性肿瘤医疗救治及保障管理工作的通知》印发，发病率较高、诊疗效果明确、经济负担重的再生障碍性贫血、淋巴瘤等10个病种被作为首批救治管理病种。2019年8月底，全国确定了首批113家儿童血液病定点集中救治医疗机构和77个实体肿瘤诊疗协作组。

15.留守儿童游戏之殇：城乡融合和以人为本的发展模式

关键词： 留守儿童、游戏沉迷、以人为本

事件简介： 中国农业大学人文与发展学院"中国农村留守人口研究"团队（以下简称"研究团队"）基于多年来对河南、江西、四川、湖南、贵州等地区农村留守儿童的调研成果，认为必须以捍卫童年为基本原则，从"游戏之内"和"游戏之外"的整体角度重新思考应对留守儿童游戏沉迷问题的行动方案。研究团队认为，捍卫留守儿童的童年首先要承认留守儿童童年独立的价值，留守儿童不是成人的附庸，不是成人生活的预备，留守儿童拥有选择与自身身心发展相适应生活的权利，拥有独立的人格尊严。解决留守儿童沉迷游戏问题，也需要符合城乡融合和以人为本的发展模式。

16.国办：2025年婴幼儿照护服务的政策法规体系和标准规范体系基本健全

关键词： 婴幼儿照护服务、国务院办公厅、2025年

事件简介： 2019年4月17日，国务院办公厅发布关于促进3岁以下婴幼儿照护服务发展的指导意见，其中指出，到2020年，婴幼儿照护服务的政策法规体系和标准规范体系初步建立，建成一批具有示范效应的婴幼儿照护服务机构；到2025年，婴幼儿照护服务的政策法规体系和标准规范体系基本健全，多元化、多样化、覆盖城乡的婴幼儿照护服务体系基本形成，婴幼儿照护服务水平明显提升，人民群众的婴幼儿照护服务需求得到进一步满足。可见中国婴幼儿照护服务的政策法规体系和标准规范体系还在不断建设中，需要不断创新举措，建立好婴幼儿照护服务体系。

17.首宗儿童公益诉讼事件：广州将身高作为儿童优惠票标准

关键词： 儿童、公益诉讼、优惠票标准

事件简介： 2019年2月18日，广东省消委会就广州长隆集团多个场所存在以身高作为未成年人优惠票标准的问题，代表消费者向广州市中级人民法院提起消费民事公益诉讼，请求法院判令被告停止以身高排除和限制不特定大多数未成年消费者权利的侵害行为；以恰当有效的方式依法给予全部未成年消费者应有的优惠；就其侵害行为在主流媒体重要版面上公开赔礼道歉。

这是中国首宗未成年人消费权益保护公益诉讼。儿童票标准之争已经存在多年，此次事件有利于将儿童票的优惠对象加以明确，平息儿童票标准之争。

18. 全国妇联发布维护妇女儿童权益十大案例

关键词：妇女、儿童、权益案例

事件简介：中华全国妇女联合会2019年3月27日在京召开第二届"依法维护妇女儿童权益十大案例"发布会，旨在宣传和贯彻宪法精神，以案释法，引导广大妇女群众尊法学法守法用法，激励各级妇联组织与司法机关立足职能，密切合作，依法维护妇女儿童合法权益。发布的十大案例涉及当前在妇女儿童权益保护中较为突出、广受关注的家庭暴力、性侵未成年人、夫妻共同债务、离婚财产分割、农村妇女土地权益、特殊劳动保护、女性生育权等热点难点问题，充分彰显了党和国家以人民为中心、坚决维护社会公平正义、依法保障妇女儿童权益的鲜明态度，展示了司法机关、人民团体和社会组织让群众在每一个案件中感受到公平正义的积极作为和取得的成效，为今后涉及妇女儿童权益的类似案件和问题的解决提供了典型示范。

19. 重庆市医保局就"儿童两病"报销政策进行官方解读

关键词：儿童、医疗保障、政策解读

事件简介：2019年8月5日，重庆市医疗保障局相关负责人对"儿童两病"（白血病和先心病）报销政策进行了解读。"儿童两病"的报销实行定额付费结算，不受目录限制，参保人和医保基金分别按定额标准的30%和70%支付。"儿童两病"报销政策是指参加了重庆市城乡居民医保的0～14周岁（含14周岁）儿童，在2010年9月1日后新发的白血病（只包括急性淋巴细胞白血病、急性早幼粒细胞白血病）和先天性心脏病（只包括先天性房间隔缺损、先天性室间隔缺损、先天性动脉导管未闭、先天性肺动脉瓣狭窄），经指定的定点医院确诊后可享受的医保报销政策。对政策的解读能够让更多儿童获得帮助。

20. 山西临猗"带小学生跳鬼步舞"视频走红，校长：全校大多是留守儿童

关键词：小学生、鬼步舞、留守儿童

事件简介：2019年1月，一段"校长带领700多名小学生跳鬼步舞"的视频在网络上走红。这是山西省临猗县临晋镇西关小学大课间时的一幕，站在队伍最前方的领舞者是该小学的校长张鹏飞。视频中，小学生们穿着校服，在操场上跟随着节奏感极强的音乐舞动。在西关小学就读的大多数都是留守儿童，镇上也很少有兴趣培训班。跳鬼步舞后有不少学生反映，回到家也会

主动跟着视频学舞蹈动作。家长们对此也很感兴趣，时常关注视频中自己孩子的身影。事件体现了对于留守儿童的教育和关爱不仅要关注留守儿童物质生活，还要重视他们的精神生活。

三、儿童与福利领域舆情呈现趋势与特征

（一）媒体来源情况：微博为主要舆论阵地

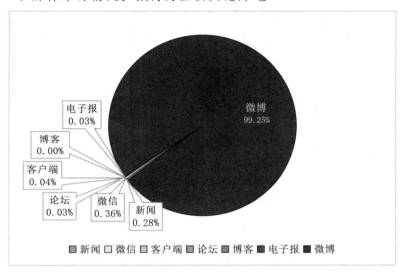

图 2-3-1　2019 年儿童与福利领域舆情媒体来源分布

由图 2-3-1 来看，儿童与福利领域的媒体来源情况：微博是最大的信息源，信息占比高达 99.25%，处于垄断地位。另一方面，微信、电子报、博客、论坛、客户端、新闻等其他信息源总占比为 0.75%，影响力很弱。其中微信占比为 0.36%，新闻占比为 0.28%，客户端占比为 0.04%，电子报和论坛均为0.03%，博客占比为 0。可见，在儿童与福利领域的舆情信息上，微博是绝对主流的媒体信息源，其余渠道均是次要的媒体信息源。因此，作为社交媒体的微博已成为儿童与福利领域的主要舆论阵地。

（二）月度分布趋势：全年波动较大，峰值出现在年初与年末

从图 2-3-2 中可以看出，2019 年全年儿童与福利领域舆情信息月度分布波动相对比较大，舆情信息月均 394079 条。具体来说，1 月、2 月、3 月、12 月儿童与福利领域舆情信息较多，均在 450000 条以上，是舆情信息的高发期，其中 1 月最高达到 507452 条。舆情事件月度最低点在 10 月，只有 237684 条信息。

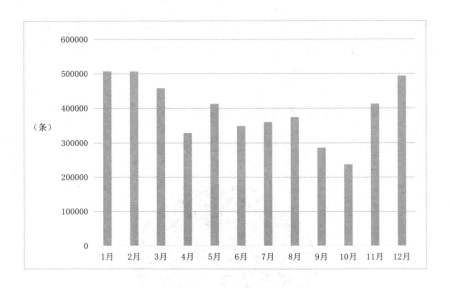

图 2-3-2　2019 年儿童与福利领域舆情信息月度分布趋势

（三）内容呈现特征

1. 人物高频词：涉及民政部、教育部等机构负责人

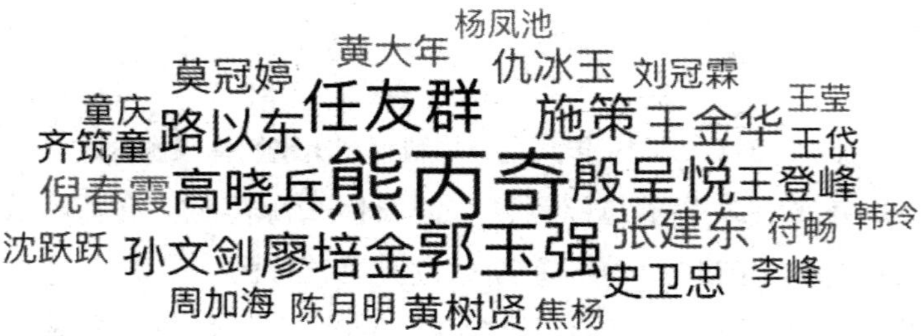

图 2-3-3　2019 年儿童与福利领域舆情信息人物高频词

由图 2-3-3 可见，2019 年全年儿童与福利领域舆情信息所涉及的人物主体较为多元，主要以民政与教育领域的人物为主。人物出现频率呈现三个序列：第一序列包括倪春霞、殷呈悦、熊丙奇，其中倪春霞为现任民政部社会事务司副司长，曾任民政部儿童福利司司长，主持儿童福利工作，殷呈悦为《北京晚报》记者，熊丙奇为 21 世纪教育研究院副院长；第二序列包括王金华、任友群、施策、黄树贤，其中王金华为现任民政部社会事务司司长，任友群为现任教育部教师工作司司长，黄树贤为现任第十三届全国政协社会和法制委员会副主任；第三序列则包括黄大年、罗争光等人，大部分人均是在教育

领域的专家或是对儿童福利领域事件进行报道的记者等。

2. 地域高频词：全国各地关注较为均衡

图 2-3-4　2019 年儿童与福利领域舆情信息地域高频词

从图 2-3-4 可以看到，2019 年儿童与福利领域舆情地域词汇出现频率最高的是"中国"，同时其他出现的高频词覆盖了全国大部分省份，说明儿童与福利是全国各地都在关注的领域。此外，"北京"是位居第二的高频词，可见北京地区是儿童与福利领域舆情事件的高发区域。

3. 机构高频词：民政、教育、妇联、公检法为高频词

图 2-3-5　2019 年儿童与福利领域舆情的机构高频词

由图 2-3-5 可见，民政、教育、妇联、公检法系统的各级相关部门是 2019 年全年儿童与福利领域舆情的机构高频词。儿童福利广义上来讲是指一切针对全体儿童的，促进儿童生理、心理及社会潜能最佳发展的各种措施和服务，涉及教育、医疗、财政等多方面，儿童福利工作的开展离不开上述机构。此外，新华社、新京报、搜狐等媒体也出现在儿童与福利领域舆情的机构高频词中，可见媒体机构在儿童与福利领域的舆情发展中扮演着重要角色。

四、儿童与福利领域重点舆情事件分析

（一）儿童优惠乘车从"量身高"转为"看年龄"

1. 总体概述

2019年7月12日，交通运输部、国家发展改革委联合发布《关于深化道路运输价格改革的意见（征求意见稿）》（以下简称《意见》）。《意见》指出，城市公交、长途客运的儿童优惠乘车政策将从"量身高"转为"看年龄"，6岁以下儿童可免费乘车，6岁到14岁的半价。交通运输部表示，现行的城市公交、长途客运等运价政策以身高作为儿童免票、半票划分依据，社会公众认为有失公允，以年龄为划分依据的呼声越发强烈，成为近几年全国两会提案反映的热点问题。《意见》明确，儿童携带有效身份证件的，以年龄为判定标准。但对于未携带有效身份证件的，还将以身高为判定标准，这主要是为了便于旅客出行和经营者执行。

对于儿童优惠票标准的争论已经存在了许多年，在《意见》发布之前，2019年2月的"首宗儿童公益诉讼事件：广州将身高作为儿童优惠票标准"事件就引起社会广泛讨论。《意见》的发布正是解决了这一长期争论的问题，无疑具有较高热度，舆情排行处于儿童与福利领域第一。

在2019年1月1日至2019年12月31日期间，与主题相关的舆情信息有6382条。其中新闻信息191条，信息占比3.02%；微博信息6079条，信息占比95.07%；微信信息76条，信息占比1.33%；客户端信息31条，信息占比0.49%。由此可见，微博报道数据量最多，其次为新闻数据。

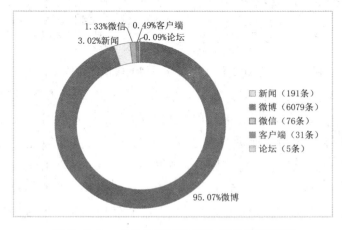

图2-3-6 "儿童优惠乘车"信息来源分布

2. 微博、微信、新闻热点分析

对儿童优惠乘车事件从微博、微信、新闻三个场域进行舆情热点分析的结果如下：

首先，在新闻热点方面，具体情况如表2-3-2所示。热度最高的新闻热点来源于青海电视台，标题为《儿童优惠乘车 量身高将转为看年龄》，主要是对事件进行内容描述。总体来看儿童优惠乘车事件新闻热点内容相似，发布时间大多为7月中下旬。

表 2-3-2 "儿童优惠乘车"新闻热点

序号	标题	热度	来源	时间
1	儿童优惠乘车 量身高将转为看年龄	38	青海电视台	2019-07-15 00：00：00
2	儿童优惠乘车政策拟转为"看年龄" 乘客呼吁增设"儿童卡"	13	昆明信息港	2019-07-24 16：33：45
3	儿童优惠乘车政策拟从"量身高"转为"看年龄"	5	生活晨报网	2019-07-24 00：00：00
4	儿童优惠乘车拟从"量身高"改"看年龄"	5	六五新闻网	2019-07-27 10：00：00
5	"儿童优惠乘车"看年龄：儿童权益与福利，理应实至"惠"归	4	河南日报网	2019-07-15 17：00：00
6	新标准出台：儿童优惠乘车既认年龄也认身高	4	人民网	2019-11-27 08：50：00
7	儿童优惠乘车拟从"量身高"改为"看年龄"，网友热议福利变大还是变小了	4	今日头条	2019-07-26 22：24：29
8	6岁以下儿童可免费乘车？儿童优惠乘车政策将从"量身高"转为"看年龄"	3	中国行业研究网	2019-07-13 13：45：05
9	儿童优惠乘车政策拟从"量身高"转为"看年龄"，儿童卡可行吗？	3	大众网	2019-07-24 15：59：00
10	儿童优惠乘车拟以年龄为主要判定标准 6岁以下儿童乘车有望免票	3	佛山市人民政府	2019-07-13 08：12：00

其次，在微博热点方面，热度最高的是来自个人账号"克洛代尔"的一条转发中国新闻网"官方拟出新规：#6岁以下儿童可免费乘车#"的微博。总体来看，"6岁以下儿童可免费乘车"是微博热点的主要话题，其发布时间

集中于7—8月中下旬。可见微博相关热点相对新闻较为滞后。相关信息如表2-3-3所示。

表 2-3-3 "儿童优惠乘车"微博热点

序号	正文	热度	来源	时间
1	转发微博 @ 中国新闻网：【官方拟出新规：#6岁以下儿童可免费乘车＃】#儿童乘车优惠拟不再量身高＃12日，交通运输部、国家发改委发布《关于深化道路运输价格改革的意见（征求意见稿）》，儿童优惠乘车政策方面拟规定：儿童携带有效身份证件的，以年龄为判定标准，6岁以下儿童可免费乘车，6岁到14岁的半价。	2094	克洛代尔	2019-08-26 23：52：48
2	转发微博 @ 新华网：#朝闻速递＃【早知天下事】①交通运输部、国家发改委发布征求意见稿，拟规定城市公交、长途客运的儿童优惠乘车政策将从"量身高"转为"看年龄"，6岁以下儿童可免费乘车，6至14周岁执行客票半价优待。	245	hongmanaoer	2019-08-16 01：09：37
3	【# 儿童乘车从量身高转为看年龄＃ 你支持吗？】今日，交通运输部发布征求意见稿，拟规定城市公交、长途客运的儿童优惠乘车政策将从"量身高"转为"看年龄"，6岁以下儿童可免费乘车，6至14周岁执行客票半价优待！你支持吗？	236	自来也 adjoin02	2019-07-15 16：43：08
4	转发微博 @ 成都青白江：【儿童乘车优惠拟不再量身高，#6岁以下可免费乘公交＃】交通部网站今天发布，关于《交通运输部 国家发展改革委关于深化道路运输价格改革的意见（征求意见稿）》公开征求意见的通知。值得注意的是，城市公交、长途客运儿童优惠乘车政策将从"量身高"转为"看年龄"。	222	成都市青白江区红阳街道办事处	2019-07-19 10：15：43
5	转发微博 @ 搞笑研究员：#6岁以下儿童免费票乘公交＃【官方拟出新规：#6岁以下可免费乘公交＃，终于可以放开了长个儿啦 [允悲]】#儿童乘车优惠拟不再量身高＃12日，交通运输部、国家发改委发布《关于深化道路运输价格改革的意见（征求意见稿）》，儿童优惠乘车政策方面拟规定：儿童携带有效身份证件的，以年龄为判定标准，6岁到14岁的半价。	222	a0Yrm- 匆匆忙 ugm	2019-07-13 19：23：10

序号	正文	热度	来源	时间
6	转发微博@共青团福建省委：【官方拟出新规：#6 岁以下儿童可免费乘车#】#儿童乘车优惠拟不再量身高# 12 日，交通运输部、国家发改委发布《关于深化道路运输价格改革的意见（征求意见稿）》，儿童优惠乘车政策方面拟规定：儿童携带有效身份证件的，以年龄为判定标准，6 岁到 14 岁的半价。	207	Dksoqoqmcj	2019-08-30 18：09：42
7	#长春身边事##长春爆料#【官方拟出新规：#6 岁以下儿童可免费乘车#】#儿童乘车优惠拟不再量身高# 12 日，交通运输部、国家发改委发布《关于深化道路运输价格改革的意见（征求意见稿）》，儿童优惠乘车政策方面拟规定：儿童携带有效身份证件的，以年龄为判定标准，6 岁到 14 岁的半价。	106	长春最头条	2019-07-12 14：56：22
8	老人也免费 儿童也免费 那我们不老不少的不免费的还有座吗@中国新闻网：【官方拟出新规：#6 岁以下儿童可免费乘车#】#儿童乘车优惠拟不再量身高# 12 日，交通运输部、国家发改委发布《关于深化道路运输价格改革的意见（征求意见稿）》。	72	致那些回不去的年少轻狂	2019-07-13 21：27：36
9	[赞]@界首检察：【官方拟出新规：#6 岁以下儿童可免费乘车#】12 日，运输部、发改委发布《关于深化道路运输价格改革的意见（征求意见稿）》，儿童优惠乘车政策方面拟规定：儿童携带有效身份证件的，以年龄为判定标准，6 岁以下的免票，6～14 岁的执行客票半价优待。	65	温水煮鱼_W	2019-07-28 20：06：49
10	我参与了@共青团福建省委 发起的投票【儿童乘车优惠拟不再量身高，你怎么看？】，我投给了"支持，不能单按身高计费"这个选项，你也快来表态吧～现在儿童生活条件好了身高自然而然地长得快，但是如果仅仅因为身高而收儿童的钱不合理@共青团福建省委：【官方拟出新规：#6 岁以下儿童可免费乘车#】#儿童乘车优惠拟不再量身高#	64	芸芸不吃棒棒糖	2019-07-19 13：07：56

在微信热点方面，主要来源为地方微信公众号，例如热度位居前三位的"爱临沂网""临沂移动10086""家在平邑"，主要是告诉受众"儿童优惠乘车政策有大变化"。《关于深化道路运输价格改革的意见（征求意见稿）》发布时间为7月12日，该事件微信热点发布时间集中在7月15日前后，十分具有时效性。具体情况如表2-3-4所示。

表2-3-4　"儿童优惠乘车"微信热点

序号	标题	热度	来源	时间
1	重磅消息！儿童优惠乘车政策拟将从"量身高"转为"看年龄"！	7	爱临沂网	2019-07-14 09:03:17
2	临沂的家长快看！儿童优惠乘车政策有大变化！	5	临沂移动10086	2019-07-15 19:00:00
3	平邑的家长快看！儿童优惠乘车政策有大变化！	4	家在平邑	2019-07-14 22:55:00
4	好消息！儿童优惠乘车政策拟将从"量身高"转为"看年龄"！	3	最富顺	2019-07-15 18:02:07
5	儿童优惠乘车政策拟转为"看年龄"乘客呼吁增设"儿童卡"	3	利民室	2019-07-25 11:55:50
6	儿童优惠乘车拟从"量身高"转为"看年龄"6岁以下免费	3	兰州高盛石化	2019-07-15 08:43:49
7	章丘家长快看！儿童优惠乘车政策有大变化！	2	章丘家园	2019-07-15 09:41:35
8	儿童优惠乘车政策将从"量身高"转为"看年龄"	2	厦门新兴社区	2019-07-15 17:00:44
9	儿童优惠乘车拟从"量身高"转为"看年龄"	2	潮玩家	2019-07-13 22:23:15
10	新政策！儿童优惠乘车将从"量身高"转为"看年龄"，6岁以下可免费……	2	贺兰广播电视台	2019-07-14 18:29:18

3. 网站来源分析

对发布"儿童优惠乘车"相关信息的网站来源进行数据分析，具体情况如图2-3-7所示。

由图可知，网站来源前十位居首位的是今日头条，为14篇，其次为中工网和东方头条网。

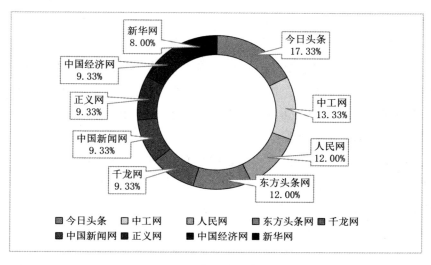

图 2-3-7 "儿童优惠乘车"网站来源

4. 舆情地域分布

对"儿童优惠乘车"的相关信息进行全国地域分布分析发现,热点地域分布主要集中于江苏、福建、北京、内蒙古、上海,关注度较高的前五位信息量分别是324、286、207、83、57条。整体来看,该领域舆情地域分布主要集中于东南部。

5. 情感分析

对"儿童优惠乘车"的相关信息进行情感分析,其中96.66%为正面信息。

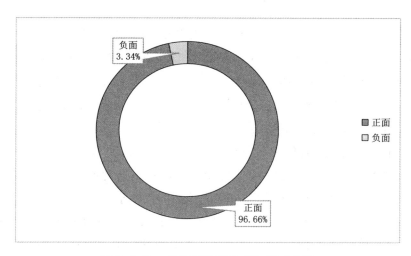

图 2-3-8 "儿童优惠乘车"情感分析

（二）全国妇联发布维护妇女儿童权益十大案例

1. 总体概述

中华全国妇女联合会2019年3月27日在京召开第二届"依法维护妇女儿童权益十大案例"发布会，旨在宣传和贯彻宪法精神，以案释法，引导广大妇女群众尊法学法守法用法，激励各级妇联组织与司法机关立足职能，密切合作，依法维护妇女儿童合法权益。

会议发布的十大案例涉及当前在妇女儿童权益保护中较为突出、广受关注的家庭暴力、性侵未成年人、夫妻共同债务、离婚财产分割、农村妇女土地权益、特殊劳动保护、女性生育权等热点难点问题，因此受到全国各地的广泛关注。

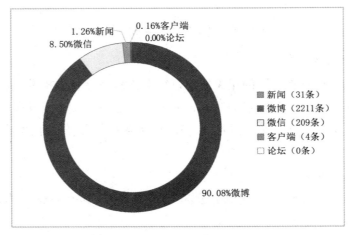

图 2-3-9　"维护妇女儿童权益十大案例"信息来源分布

在2019年1月1日0时至2019年12月31日24时期间，与主题相关的舆情信息有2455条。其中新闻信息31条，信息占比为1.26%；微博信息2211条，信息占比为90.08%；微信信息209条，信息占比为8.50%。由此可见，微博报道数据量最多，其次为微信数据。

2. 新闻、微博、微信热点分析

在新闻热点方面，具体情况如表2-3-5所示。热度最高的新闻热点来源于亮剑网，标题为《全国妇联发布依法维护妇女儿童权益十大案例：为妇女依法维权指明方向》，热度为35。总体来看，此次事件新闻热点内容相似，发布时间大多为11月末12月初，同时多来源于今日头条、网易、腾讯新闻等大型新闻网站。

表 2-3-5 "维护妇女儿童权益十大案例"新闻热点

序号	标题	热度	来源	时间
1	全国妇联发布依法维护妇女儿童权益十大案例：为妇女依法维权指明方向	35	亮剑网	2019-11-30 05：12：00
2	第三届"依法维护妇女儿童权益十大案例"发布	16	中华视点网	2019-12-02 10：00：00
3	依法维护妇女儿童权益十大案例：5个展现检察机关责任担当	11	头条号	2019-11-29 10：12：17
4	全国妇联发布第三届"依法维护妇女儿童权益十大案例"	10	今日头条头条号	2019-11-29 18：49：50
5	重磅！全国妇联发布第三届"依法维护妇女儿童权益十大案例"	10	海东化隆县妇联	2019-12-03 05：21：00
6	全国妇联发布"依法维护妇女儿童权益十大案例"	9	大众网	2019-12-02 03：47：00
7	宁夏一案入选全国依法维护妇女儿童权益十大案例	8	网易	2019-12-11 13：52：09
8	全国妇联表彰维护妇女儿童权益先进集体和个人发布"依法维护妇女儿童权益十大案例"	8	佛山女性网	2019-11-29 17：24：00
9	性侵未成年人、地铁咸猪手等入选，透视"依法维护妇女儿童权益十大案例"	5	腾讯新闻	2019-11-29 17：39：57
10	女检协推荐案例入选"依法维护妇女儿童权益十大案例"	5	头条号	2019-12-02 15：50：15

在微博热点方面，总体来看，热度较高的信息内容均为个人、地方官方账号对最高人民检察院"第三届依法维护妇女儿童权益十大案例发布"微博的转发信息。相关信息如表 2-3-6 所示。

表 2-3-6 "维护妇女儿童权益十大案例"微博热点

序号	正文	热度	来源	时间
1	转发微博 @最高人民检察院：【第三届 依法维护妇女儿童权益十大案例 发布】28日，全国妇联举办 全国维护妇女儿童权益先进集体、先进个人表彰暨"依法维护妇女儿童权益十大案例"发布会。	143	泾川县检察院	2019-12-16 13：48：38

续表

序号	正文	热度	来源	时间
2	转发微博 @最高人民法院：【依法维护妇女儿童权益十大案例发布 "地铁性骚扰""网络猥亵""儿童权益代表人"参与诉讼等案入选】11月28日今天下午，全国妇联在京召开维护妇女儿童权益先进集体、先进个人表彰暨"依法维护妇女儿童权益十大案例"发布会。	104	我爱井冈映山红	2019-02-01 12∶14∶09
3	转发微博 @楚雄州人民检察院：【全国妇联表彰维护妇女儿童权益先进并发布维权十大案例】全国妇联11月28日在京表彰全国维护妇女儿童权益先进集体和个人并发布"依法维护妇女儿童权益十大案例"。共表彰了996个全国维护妇女儿童权益先进集体和995名先进个人。	77	禄丰宣传	2019-12-27 16∶28∶12
4	【第三届 依法维护妇女儿童权益十大案例 发布】@最高人民检察院：【第三届 依法维护妇女儿童权益十大案例 发布】	68	电白检察	2019-12-11 17∶29∶22
5	@荆门检察：【第三届 依法维护妇女儿童权益十大案例 发布】@最高人民检察院：【第三届 依法维护妇女儿童权益十大案例发布】28日，全国妇联举办全国维护妇女儿童权益先进集体、先进个人表彰。	46	京山检察院	2019-12-02 09∶25∶54
6	@恒山法院：@鸡西市中级人民法院：【依法维护妇女儿童权益十大案例发布"地铁性骚扰""网络猥亵""儿童权益代表人"参与诉讼等案入选】@最高人民法院：依法维护妇女儿童权益十大案例发布	46	三只熊帅哥	2019-12-23 14∶51∶15
7	@京法网事：@北京政法：关注！全国妇联发布第三届"依法维护妇女儿童权益十大案例"！妇女儿童维权不容忽视！[加油]@女性之声：【全国妇联发布第三届"依法维护妇女儿童权益十大案例"】	43	密云法院王晓芳	2019-12-03 15∶37∶07
8	@最高人民检察院：【第三届依法维护妇女儿童权益十大案例发布】28日，全国妇联举办全国维护妇女儿童权益先进集体、先进个人表彰暨"依法维护妇女儿童权益十大案例"发布会。	43	山东临沂河东检察	2019-11-29 11∶12∶47
9	#早播报#//@检察日报：#早播报#今日《检察日报》：1.坚持和发展新时代"枫桥经验"数理化……5.第三届"依法维护妇女儿童权益十大案例"发布	33	胶州市人民检察院	2019-11-29 09∶21∶52

序号	正文	热度	来源	时间
10	【全国妇联表彰维护妇女儿童权益先进并发布维权十大案例】全国妇联 11 月 28 日在京表彰全国维护妇女儿童权益先进集体和个人并发布"依法维护妇女儿童权益十大案例"。共表彰了 996 个全国维护妇女儿童权益先进集体和 995 名先进个人。本次发布的十大案例涉及强奸猥亵儿童、儿童监护等多方面热点难点问题。	29	蚌埠检察	2019-11-29 15：57：41

在微信热点方面，具体情况如表2-3-7所示。其主要来源于官方微信公众号，例如热度位居前三位的"法护未成年""虎林镇微平台""德信行社会工作服务中心"等。其主要内容均为对"全国妇联发布第三届'依法维护妇女儿童权益十大案例'"的报道。

表 2-3-7　"维护妇女儿童权益十大案例"微信热点

序号	标题	热度	来源	时间
1	女检协推荐案例入选"依法维护妇女儿童权益十大案例"	158	法护未成年	2019-12-09 13：58：26
2	重磅！全国妇联发布第三届"依法维护妇女儿童权益十大案例"	135	虎林镇微平台	2019-12-28 10：40：43
3	"依法维护妇女儿童权益十大案例"发布	64	德信行社会工作服务中心	2019-12-16 13：51：21
4	转载：全国妇联表彰维护妇女儿童权益先进集体和个人发布"依法维护妇女儿童权益十大案例"	62	永胜女性	2019-12-04 10：45：29
5	全国妇联发布第三届"依法维护妇女儿童权益十大案例"	18	彭泽县妇女联合会	2019-12-21 21：24：32
6	关注！全国妇联发布第三届"依法维护妇女儿童权益十大案例"	12	马龙妇联	2019-12-07 12：17：24
7	元阳县妇联组织观看"全国维护妇女儿童权益先进集体、先进个人表彰暨'依法维护妇女儿童权益十大案例'发布会"	11	元阳梯田网	2019-12-05 07：40：00
8	【权威发布】女检协推荐案例入选"依法维护妇女儿童权益十大案例"	9	伊春市嘉荫县人民检察院	2019-11-29 23：09：49
9	刚刚！广东反家庭暴力维护妇女儿童权益十大案例公布	9	潮州市妇联	2019-06-21 15：09：37

序号	标题	热度	来源	时间
10	入选全国妇联"依法维护妇女儿童权益十大案例"！山东工会这项工作太赞了	6	莱芜工会	2019-12-07 21：40：39

3. 网站来源分析

对发布"维护妇女儿童权益十大案例"相关信息的网站来源进行数据分析，具体情况如图2-3-10所示。

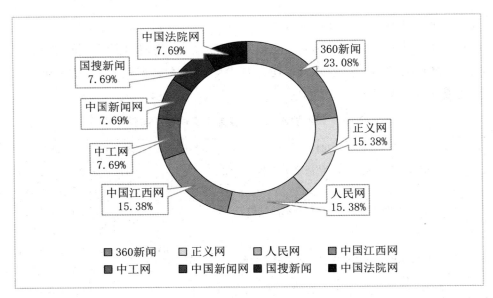

图2-3-10　"维护妇女儿童权益十大案例"网站来源

由图可知，网站来源居首位的是360新闻，正义网、人民网、中国江西网、中国新闻网、中工网和中国法院网、国搜新闻次之。

4. 活跃用户分析：以司法类、女性类账号为主

对"维护妇女儿童权益十大案例"相关信息的微博、微信活跃用户进行数据分析，具体情况如图2-3-11、图2-3-12所示。由图可知，微博活跃用户居首位的是龙泉司法，为10条，其次为女性之声和金湾检察。

由图可知，微信活跃用户居首位的是锦绣巾帼，为12条，其次为佳木斯市妇女联合会和虎林女性。

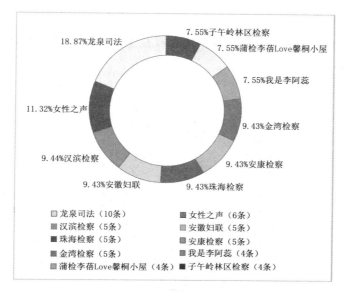

图 2-3-11 "维护妇女儿童权益十大案例"微博活跃用户

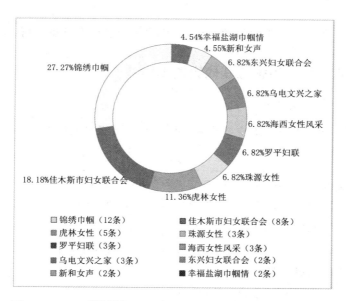

图 2-3-12 "维护妇女儿童权益十大案例"微信活跃用户

5.舆情地域分布

对"维护妇女儿童权益十大案例"的相关信息进行全国地域分布分析发现，热点地域分布主要集中于北京、江苏、河北、四川、重庆，关注度较高的前五位信息量分别是1285、703、644、604、601条。

6. 情感分析

如图2-3-13所示，"维护妇女儿童权益十大案例"中，负面情感居多，占比为99.84%。

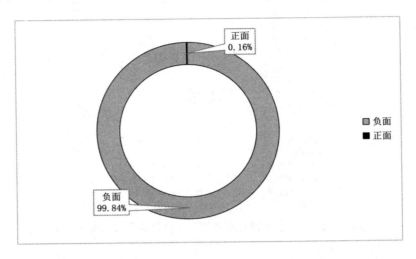

图2-3-13　"维护妇女儿童权益十大案例"情感分析

五、儿童与福利领域其他舆情事件

（一）其他舆情事件排行榜

表2-3-8　2019年儿童与福利领域其他重要舆情事件榜

序号	事件	总分
21	黑龙江省残疾人联合会深入解读听力残疾儿童康复救助政策	20.59
22	"联爱工程"青海项目正式启动：提高儿童白血病报销比例	19.84
23	黑龙江省医保局：贫困家庭先心病儿童享受免费治疗	14.07
24	北京修订残疾儿童康复服务办法，非持证残疾儿童有望享受补贴	13.85
25	全国各地开展关爱留守儿童暖冬行动	8.30
26	江苏283家景区儿童免票兼顾身高年龄	8.25
27	无锡市困境儿童均获政府保障	7.75
28	上海基本建立困境儿童保障体系，进一步提高困境儿童生活费	7.51
29	河南省首次出台专门意见保障无人抚养儿童权益	7.41
30	浙江首次将困境儿童保障等纳入政府购买服务目录	6.83
31	"小小心愿环游记"南京210名困境儿童新年心愿全部达成	6.42

序号	事件	总分
32	泉州"向日葵助长计划"关爱困境儿童成长	6.30
33	南京玄武成立"未保中心"服务困境儿童	6.10
34	青岛出台新政提高残疾儿童及严重精神障碍患者的医保待遇水平	6.01
35	海南海口美兰区为困境儿童圆新年"微心愿"	5.94
36	贵州省发布"维护妇女儿童权益典型十大案例"	5.70
37	山东省《关于进一步加强事实无人抚养儿童保障工作的意见》	5.29
38	南京5所高校志愿者关爱淮安市涟水县困境儿童	4.55
39	大连出台意见加强事实无人抚养儿童保障工作	4.47
40	广西出台《关于进一步加强事实无人抚养儿童保障工作的实施意见》	3.95
41	江西省残疾儿童康复救助政策为何落实时各地标准不一	3.79
42	辽宁省《关于进一步健全农村留守儿童和困境儿童关爱服务体系的实施意见》	3.41
43	中国儿童中心"童+365计划"呼吁社会关注困境儿童及家庭	3.23
44	厦门在福建省率先出台两项困境儿童保护新政，填补制度空白	3.11
45	中华儿慈会成立九周年：总筹款破20亿，救助400万困境儿童	1.85

（二）其他重要舆情事件回顾

1. 中国儿童中心"童+365计划"呼吁社会关注困境儿童及家庭

关键词：困境儿童、"童+365计划"、公益

事件简介：2019年7月26日，中国儿童中心"童+365计划"——新东方公益日专场活动在北京举办，来自全国的100组流动、留守和低收入儿童家庭参与活动，深度体验儿童探索馆展项，享受高质量的亲子陪伴时光。中国儿童中心"童+365计划"始终秉持公益方向，致力于探索和创新困境儿童的早期教育公益实践，向全社会困境儿童提供有质量的、平等的受教育机会，促进他们更好地融入社会。项目创立三年来，累计帮扶了1400多组困境儿童及家庭，为不同困境儿童群体提供了个性化的服务。中国儿童中心"童+365计划"体现了社会对困境儿童及其家庭的关注与帮扶。

2. 中华儿慈会成立九周年：总筹款破20亿，救助400万困境儿童

关键词：中华儿慈会、筹款、儿童福利、困境儿童

事件简介：2019年1月11日，中华少年儿童慈善救助基金会"九在益

起——中华儿慈会机构开放日暨九周年感恩会"在北京举行。中华儿慈会相关负责人表示，截至2018年12月31日，儿慈会总筹款突破20亿，年度筹款破5亿。其中，个人捐赠总占比为64%，企业捐赠占比为36%，爱心捐赠记录总计50万余条，救助了全国31个省（市、自治区）的400多万名困境少年儿童。同时共有128个项目，其中7个自主项目，62个专项基金项目，60个合作项目。中华儿慈会作为带有民间色彩的全国性公募基金会发展得越来越好，能够帮到越来越多的困境儿童，体现了我国儿童福利民间力量在不断发展壮大。

分报告四：儿童与社会环境领域舆情分析

一、儿童与社会环境领域舆情总体状况

作为还未步入社会的未成年人，儿童的生活相较成人来说单纯很多，但依然会有很多机会接触到社会的方方面面，如通过影视、网络、外出活动等途径。儿童每天所接触的社会环境的质量直接或间接影响着他们的身心健康发展。随着生活质量与大众素养的不断提高，儿童与社会环境的相关话题也得到了民众越来越多的关注。针对儿童与社会环境领域的舆情，我们主要探讨了儿童在他们所接触的各种环境中所涉及的舆情事件。通过对2019年全年儿童与社会环境领域热点舆情分析与总结发现其总体状况主要呈现以下特征。

（一）舆情格局：聚焦网络、文化环境、校外生活、家庭教育

总结2019年儿童与社会环境领域的舆情事件，主要聚焦四方面。一是网络，以对于儿童的引导与保护为主，如排在第一位的腾讯游戏研发"儿童锁模式"和排在第五位的"国家网信办指导组织短视频平台试点上线青少年防沉迷系统"，当然也有负面事件，如短视频模仿成新隐患；二是社会各界推出多样文化产品，创设有利于儿童身心健康成长的文化环境，如"首届北京国际少年儿童创意戏剧节""国内首部儿童体育题材电影《跳水吧少年》开机""首部应急安全教育儿童剧《奇妙梦旅行》全国巡演"等；三是聚焦校外教育与活动，包括"首届全国幼儿足球大会在北京举行""宇通 & 壹基金儿童交通安全公益行""全国妇联等8部门联合下发庆祝六一儿童节通知""中国儿童中心

《儿童蓝皮书》发布";四是聚焦家庭教育,既有"教育部组织编写《家庭教育指导手册》""《与你童行》儿童性教育家长手册启用"这样正向引导的事件,也有"设置儿童车厢和宽容引导'熊孩子'"这样中性态度事件的探讨,以及"上海男孩被母亲批评赌气跳卢浦大桥"悲剧事件。

(二)舆情特征:涉及层面广,多为正面引导

1. 整体烈度不高,但涉及层面广,多为正面引导

总体来说,2019年全年儿童与社会环境领域舆情整体烈度不是很高,舆情信息数量为413576,影响力一般。但事件涉的层面很广,包括网络保护、校外教育、家庭教育、文化产业等多个领域,且多为不同群体从各自角度出发,针对如何保护儿童健康成长而做出的正面积极的努力,如政策的出台、健康文化产品的开发与投放、优秀课程与活动的设计与推广等,这既表明了儿童健康成长涉及的因素非常众多,同时也说明了大众也已经逐渐意识到这一点,关注孩子不应只是学习成绩,而应是综合且立体的。

2. 关涉主体多元

与其他领域不同,本领域的关涉主体不再集中于行政管理部门,而是更加多元,包括政府、企业、基金会、校外教育机构、媒体等,人物高频词也是相应领域的代表。这也恰好说明,对于儿童的综合引导与保护,离不开社会各界的支持与参与。

二、儿童与社会环境领域热点舆情事件

(一)热点舆情事件排行榜

表 2-4-1　2019 年儿童与社会环境领域热点舆情事件排行榜

序号	事件	总分(100)
1	腾讯测试"儿童锁模式":想玩游戏须家长先"开锁"	100.00
2	福建漳州一儿童舞蹈海选舞台坍塌,致 1 儿童死亡	91.24
3	短视频模仿成新隐患:山东枣庄两名女孩模仿网红视频自制爆米花被烧伤	91.12
4	国家网信办指导组织短视频平台试点上线青少年防沉迷系统	88.94
5	中国大陆首部儿童性安全教育系列绘本《珍珠》发布	87.27
6	2019 儿童教育公益行动论坛在京举行	86.60

续表

序号	事件	总分（100）
7	中国儿童健康与交通安全教育教学研讨会召开，盘点儿童道路安全十大事件	54.67
8	全国妇联等8部门联合下发庆祝六一儿童节通知	52.35
9	深圳中小学卫生手册涉性别歧视：系超声科医生编写	48.93
10	上海17岁男孩被母亲批评赌气跳卢浦大桥当场身亡	37.36
11	设儿童车厢不如宽容引导"熊孩子"	21.73
12	宇通＆壹基金儿童交通安全公益行	20.02
13	教育部组织编写《家庭教育指导手册》	19.78
14	西安市曲江第二小学拟用"商铺"改教室，家长质疑安全如何保障	19.37
15	南昌史蒂芬森幼儿园事件：未发现"让孩子喝风油精"的行为	17.55
16	首届北京国际少年儿童创意戏剧节：助力戏剧教育交流	15.11
17	中国儿童中心《儿童蓝皮书》发布：六成儿童参与课外班，每年花费近万元	13.33
18	国内首部儿童体育题材电影《跳水吧少年》开机	10.14
19	国内首部应急安全教育儿童剧《奇妙梦旅行》全国巡演	7.43
20	香港儿童发展基金协助超过1.7万基层儿童学习成长	6.43

（二）热点舆情事件回顾

1. 腾讯测试"儿童锁模式"：想玩游戏须家长先"开锁"

关键词：网络游戏、"儿童锁模式"、腾讯

事件简介：2019年3月，腾讯游戏宣布测试"儿童锁模式"，13周岁以下新用户在首次登录游戏之前，将被强制要求进行"儿童锁"的登记认证。只有其监护人完成"解锁"后才能进入游戏，若未完成解锁则被禁止登录。家长开了锁，腾讯仍将遵循现行健康系统的强制防沉迷策略对未成年人进行保护。据官方介绍，"儿童锁模式"的目标，一是让家长对孩子的游戏行为充分知情并给予授权；二是协助家长了解孩子的游戏行为，并做出合理的管控。腾讯方面称，将分批在12座城市，对《王者荣耀》《刺激战场》2款游戏的新用户展开抽样测试，首批测试已在北京、成都、长春3座城市启动。4月22日，腾讯又宣布将启动"16+"试点，"儿童锁"功能对未成年人的限制范围进一步扩大。登录新游戏的基础准入年龄从13周岁提升至16周岁。

2. 福建漳州一儿童舞蹈海选舞台坍塌，致1儿童死亡

关键词：儿童、舞台事故、意外死亡

事件简介：2019年5月25日晚，在福建漳州开发区金水仙大剧院，由昆明雀神文化传播公司主办的一场儿童舞蹈海选活动现场，舞台中央的升降小舞台发生坍塌，造成15人受伤，其中1名儿童抢救无效死亡。涉事企业及主办方已被警方控制。对于企业来说，在组织大型活动时，需要按照安全标准完成场地搭建与布置，提前检查和测试，排除安全隐患，为少年儿童提供一个健康安全、家长放心的活动环境，杜绝安全事故的发生。

3. 短视频模仿成新隐患：山东枣庄两名女孩模仿网红视频自制爆米花被烧伤，其中一人因感染过世

关键词：儿童、烧伤、短视频

事件简介：2019年8月22日，山东枣庄市市中区永安乡梁辛庄村的14岁女孩哲哲与邻居家13岁女孩小雨模仿短视频博主"办公室小野"易拉罐做爆米花的视频，结果使用的高浓度酒精在操作过程中爆燃，导致两人被烧伤，其中14岁女孩哲哲伤情过重身亡。"办公室小野"在9月10日发表声明，否认女孩模仿的视频与她的视频有关，但小野表示歉意，并承诺严格自查，进行全面整改，其间暂停更新。之后家属方面也发表了反击，强调视频就是模仿的"办公室小野"易拉罐爆米花视频。9月17日，"办公室小野"及当事家属方面最终签署了和解协议。

4. 国家网信办指导组织短视频平台试点上线青少年防沉迷系统

关键词：短视频、青少年模式、防沉迷系统

事件简介：3月28日，国家网信办指导组织"抖音""快手""火山小视频"等短视频平台试点上线青少年防沉迷系统。这是网络短视频领域首次尝试开展青少年防沉迷工作，对于呵护未成年人健康成长、行业履行社会责任、营造良好网络环境具有创新性意义。此次上线试运行的"青少年防沉迷系统"内置于短视频应用中，用户每日首次启动应用时，系统将进行弹窗提示，引导家长及青少年选择"青少年模式"，使用更加方便。进入"青少年模式"后，用户使用时段受限、服务功能受限、在线时长受限，且只能访问青少年专属内容池。系统还将试点通过地理位置判定、用户行为分析等技术手段筛选甄别农村地区留守儿童用户，并自动切换到"青少年模式"。

5. 中国大陆首部儿童性安全教育系列绘本《珍珠》发布

关键词： 中国大陆、儿童性安全教育系列绘本、《珍珠》

事件简介： 2019年9月21日，深圳市春风应激干预服务中心携手深圳报业集团出版社共同推出的儿童性安全教育系列·《珍珠》绘本，在中国性学会性心理学专业委员会2019年学术会议上举行了新书首发式。针对儿童性安全教育的严峻形势，我国心理学会注册督导师、春风网（心理创伤援助公益平台）创始人隋双戈根据大量真实案例改编，编著了儿童性侵防治系列绘本。该系列也是中国大陆首部儿童性安全教育系列春风绘本。此次发布的《珍珠》是第三册，由漫画家刘希丹绘制，分为儿童版和少年版，主要聚焦"性侵发生后的应对"。系列绘本的销售收入将全部投入"春风快乐成长计划"儿童性安全教育进课堂、进社区公益项目。

6. 2019儿童教育公益行动论坛在京举行

关键词： 2019儿童教育公益行动论坛、北京、深圳国际公益学院

事件简介： 2019年1月15日，"2019儿童教育公益行动论坛"（以下简称"论坛"）在北京举行，此次论坛由深圳国际公益学院、老牛兄妹公益基金会、21世纪教育研究院等机构发起。论坛旨在通过聚焦中国儿童教育领域的公平与创新，结合国内外优秀案例，分享和学习国内外教育公益组织的成功经验，形成政策和理念倡导，促成资源对接和项目合作，引领推动儿童教育公平和公益生态的多元化。中国是全球教育慈善领域的重要参与者，此次论坛作为系列"慈善与教育"相关的年度活动启动仪式，也是慈善与教育系列论坛在中国的初步尝试，旨在形成全球范围内"慈善与教育"的活动图谱，总结该领域内的重要议题，促进业内成功经验的分享。

7. 中国儿童健康与交通安全教育教学研讨会召开，盘点儿童道路安全十大事件

关键词： 儿童、交通安全、教育教学研讨会

事件简介： 2019年9月20日，中国儿童健康与交通安全教育教学研讨会在中国汽车技术研究中心召开，会议就提升儿童交通安全教育意识，提高安全教育教学水平，促进儿童道路交通安全技术进步，以及如何在幼儿园等幼教机构有效开展儿童交通安全与文明出行教育教学工作展开研讨。开展儿童道路安全特色校本研究系列课程，做有深度、有温度的场景模拟生命安全教育，以活动促认知、以实践促发展，提高幼儿关于乘车安全的意识。

8. 全国妇联等8部门联合下发庆祝六一儿童节通知

关键词：儿童节、新中国成立70周年、爱党爱国爱社会主义

事件简介：全国妇联、中央文明办、共青团中央、教育部、民政部、文化和旅游部、国家卫生健康委员会、国家广播电视总局等8部门下发《关于庆祝2019年六一国际儿童节的联合通知》，对2019年的六一活动做出具体部署。通知要求，组织开展庆祝新中国成立70周年宣传教育活动，在少年儿童中唱响爱党爱国爱社会主义主旋律，让广大少年儿童共享祖国的荣光、感受生活的美好；着眼培养时代新人，广泛开展各种形式的符合少年儿童身心特点的道德实践活动，引导家长树立正确育人观、成才观，使孩子成为好家风的传承者、践行者，推动社会主义核心价值观落地生根；齐抓共管，优化儿童健康成长的社会环境，在全社会倡扬儿童优先、尊重儿童、保护儿童的良好风尚；重点关注贫困地区儿童、农村留守儿童、残疾儿童、困境儿童等特殊群体，为他们多办好事实事。

9. 深圳中小学卫生手册涉性别歧视：系超声科医生编写

关键词：性别歧视、心理生理卫生常识手册、心理教育

事件简介：2019年12月，深圳市龙华区一学校在心理教育讲座中发放的《中小学青春期心理生理卫生常识手册》中存在性别歧视问题引发争议。12月5日晚，深圳市龙华区教育局发布情况说明，称该情况属实，已停止该项目，并安排收回所有已下发的资料册。手册编写人，深圳市人民医院龙华分院超声科医生郭津含表示，该手册仅是一本宣传册，在编写时他们在百度上找的一些资料，经过自己多年来行医的所见所闻，稍加修改写成。

10. 上海17岁男孩被母亲批评赌气跳卢浦大桥当场身亡

关键词：未成年人、跳桥、教育

事件简介：2019年4月17日，上海卢浦大桥，一男孩突然跑下车后迅速跳桥，紧跟着的女子因没能抓住他坐地痛哭。男孩仅17岁，是某职校二年级学生。其母称，当时正驾车载着男孩，他因在校与同学发生矛盾遭其批评后跳桥。120救护车场后确认，男孩已无生命体征。事件引起社会热议。

11. 设儿童车厢不如宽容引导"熊孩子"

关键词：儿童车厢、"熊孩子"、家庭教育

事件简介：2019年春运开始之际，中国铁路总公司客运部主任黄欣在中国之声《温暖回家路》特别节目中，回应了在火车上单设"儿童车厢"的网

民倡议。活泼好动是孩子的天性，对待"熊孩子"首先要理解和宽容。此外，孩子在公共场合过分调皮甚至影响到其他乘客的权益，也与父母的教育息息相关。所以，乘客在车厢中遇到"熊孩子"要先向父母友好提醒，如果父母不置可否，再向乘务人员反映，一起善意引导。

12. 宇通 & 壹基金儿童交通安全公益行

关键词：宇通、壹基金、儿童交通安全公益行

事件简介：儿童交通安全公益行活动以"关注交通安全　呵护儿童成长"为主题，以宇通联合壹基金、中国教育发展战略学会共同开发的一套儿童安全教育课程为核心，通过交通安全训练营、交通安全动画视频、交通安全绘本、交通安全操等涵盖"看、听、读、写、体验"的全方位形式，来帮助更多的孩子提升安全意识，做到提前预防，有效减少交通安全事故的发生。宇通 & 壹基金儿童交通安全公益行将持续致力于走进校园开展安全教育普及，在更大范围为儿童交通安全营造良好的环境，呵护儿童平安快乐成长。

13. 教育部组织编写《家庭教育指导手册》

关键词：教育部、中国教育学会、《家庭教育指导手册》

事件简介：2019年2月28日，教育部基础教育司和中国教育学会邀请相关专家组织召开了《家庭教育指导手册》（以下简称《手册》）编制工作启动会。与会人员围绕《手册》编制工作进行了认真研讨，认为加强家庭教育工作，是落实立德树人根本任务的必然要求。《手册》的编制是对家庭教育知识的普及和引导，对推动家校协调育人水平将起到积极作用。

14. 西安市曲江第二小学拟用"商铺"改教室，家长质疑安全如何保障

关键词：西安、曲江第二小学、新校舍

事件简介：2019年9月入学季将至，西安市一些准小学生的家长反映称，自己的孩子马上要在西安市曲江第二小学入学了，但校方却表示现在学校内没有空余教室，今年入学的1300多名学生都将去新校舍就读。但所谓的新校舍其实就是一栋三层高的商铺，该建筑紧邻主干道，目前还在改建施工中，这引发了家长的担忧。

15. 南昌史蒂芬森幼儿园事件：未发现"让孩子喝风油精"的行为

关键词：南昌、史蒂芬森幼儿园事件、虐童

事件简介：2019年5月13日，有家长报警称，位于江西省南昌市高新区的史蒂芬森幼儿园可能存在教师喂小孩喝风油精的问题。5月15日，公安机

关经过多方调查取证，未发现、也无证据证明涉事教师存在"让孩子喝风油精"的行为。

16. 首届北京国际少年儿童创意戏剧节：助力戏剧教育交流

关键词： 北京国际少年儿童创意戏剧节、戏剧教育、国际交流

事件简介： 2019年2月12日，首届北京国际少年儿童创意戏剧节暨"蓝斗篷"创意戏剧国际展评"戏聚新春"活动在北京落幕，16部优秀剧目的近300名师生登上舞台彼此交流。该活动由北京外国语大学主办，外语教学与研究出版社和北外国际教育集团联合主办，秉承"剧场即教室，舞台即人生"的教育理念，力图通过创意戏剧展评、戏剧鉴赏、国际儿童创意戏剧交流巡演等精彩内容，为少年儿童搭建高水平的创意戏剧作品展示舞台，为中国教育文化的国际交流和合作打造互动平台。

17. 中国儿童中心《儿童蓝皮书》发布：六成儿童参与课外班，每年花费近万元

关键词： 中国儿童中心、《儿童蓝皮书》、课外班

事件简介： 2019年8月20日，中国儿童中心和社会科学文献出版社在北京联合发布《中国儿童发展报告（2019）——儿童校外生活状况》（以下简称《报告》）。《报告》显示，我国儿童参与课外班日常化，课外班已成为校外生活的重要组成部分。六成儿童参与课外班，上学日五天参与课外班的累计时间为3.4小时，周末两天参与课外班的累计时间为3.2小时。每个儿童平均每年课外班的花费为9211元，占家庭总收入的比例为12.84%。《报告》还指出，应试教育对儿童参与课外班目的有较大影响，44.39%的儿童或家长认为参与课外班是为了"提高成绩"。

18. 国内首部儿童体育题材电影《跳水吧少年》开机

关键词： 儿童体育、电影、《跳水吧少年》

事件简介： 2019年9月3日，国内首部儿童体育题材电影《跳水吧少年》在湖南开机，该片由邓楚炜执导，奥运冠军何姿、秦凯担纲主演。电影以冠军运动员的传奇故事为蓝本，通过讲述一位山区顽劣少年励志、成长、奋斗的故事，向全国广大中小学生弘扬正能量，宣传体育拼搏精神，引导广大青少年健康成长。

19. 国内首部应急安全教育儿童剧《奇妙梦旅行》全国巡演

关键词： 应急安全教育、《奇妙梦旅行》、中国儿童中心

事件简介：2019年5月12日，在全国"防灾减灾日"来临之际，国内首部应急安全教育儿童剧《奇妙梦旅行》在中国儿童中心启动全国巡演的首站汇报演出。《奇妙梦旅行》于2015年由青岛市政府应急办联合青岛市教育局、青岛市妇联、青岛市红十字会、青岛市公安消防局共同策划推出，剧情融入交通安全、消防安全、防溺水等方面的应急安全知识10余处，通过演员的倾情表演，结合舞美、道具、灯光、音乐、动漫等表现形式，达到了寓教于乐的效果。

20. 香港儿童发展基金协助超过1.7万基层儿童学习成长

关键词：儿童发展基金、香港、儿童福利

事件简介：2019年3月9日，香港儿童发展基金举行新一批计划启动礼，包括新计划在内，该基金已在全港各区推行193个计划，有82家非政府机构及学校参与计划，让超过1.7万名儿童获得学习及成长的机会。每个计划为期3年，结合"个人发展规划""师友配对"及"目标储蓄"三个主要元素，以便有效运用从家庭、社会、私人机构及政府所得的资源。香港儿童发展基金已成立10年，是改善儿童福利的一个崭新尝试，以引导儿童"正面发展"为目标，鼓励孩子建立自信心，并"未雨绸缪"，从根本上提升弱势儿童的抗逆力，期望有助于解决跨代贫穷问题。

三、儿童与社会环境领域舆情呈现趋势与特征

（一）媒体来源情况：微博平台信息最多

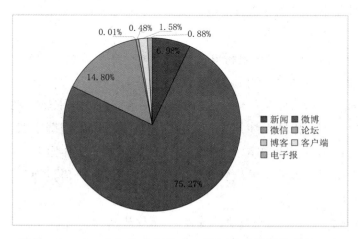

图2-4-1 2019年儿童与社会环境领域舆情媒体来源分布

由图 2-4-1 来看，儿童与社会环境领域舆情媒体来源情况：微博是最大的信息源，舆情事件信息占比为 75.27%，其次是微信，占比为 14.8%，新闻占比为 6.98%。可见，在儿童与社会环境领域的舆情信息上，微博、微信是绝对主流的媒体信息源，其余渠道均是次要的媒体信息源。因此，作为社交媒体的微博已成为儿童与社会环境领域的主要舆论阵地。

（二）月度分布趋势：年末与第一季度分布最多

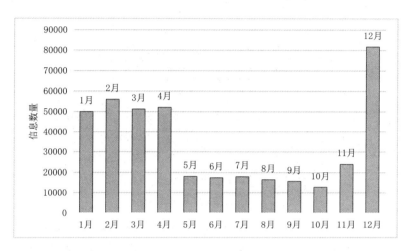

图 2-4-2　2019 年儿童与社会环境领域舆情信息月度分布趋势

从图 2-4-2 中可以看出，2019 年全年儿童与社会环境领域舆情信息较为集中，舆情信息月均 34465 条。年度舆情最高点在 12 月。就其他月份而言，前四个月舆情信息较多，均在 50000 条以上，是舆情信息的高发期，2019 年全年儿童与社会领域舆情信息呈逐步发展的态势。

（三）内容呈现特征

1. 人物高频词：涉及政府机构、校外教育机构负责人与专家学者

图 2-4-3　2019 年儿童与社会环境领域舆情信息人物高频词

由图2-4-3可见，2019年全年儿童与社会环境领域舆情信息涉及较多人物。既有政府职能部门负责人，如教育部部长陈宝生，也有儿童相关领域的专家学者，如朱永新、张铁刚、周洪宇、郑功成、孙云晓等，以及校外教育机构的相关人员，如俞敏洪等，还有领域内舆情事件的相关人物，如宇通集团总裁汤玉祥，以及宇通＆壹基金儿童交通安全公益行的主持人段鸿、李锐等。

2. 地域高频词：聚焦一二线城市和省会城市

图 2-4-4　2019 年儿童与社会环境领域舆情信息地域高频词

从图2-4-4可以看到，2019年儿童与社会环境领域舆情地域词汇出现频率最高的是"中国"，同时其他出现的高频词包括很多一二线城市和省会城市，如"北京""上海""深圳""成都""广州"，以及港澳台和粤港澳大湾区等，说明社会环境相关问题是各地都在关注，尤其是一些发达城市更关注的与儿童相关的重要领域。

3. 机构高频词：政府、企业、校外教育机构为高频词

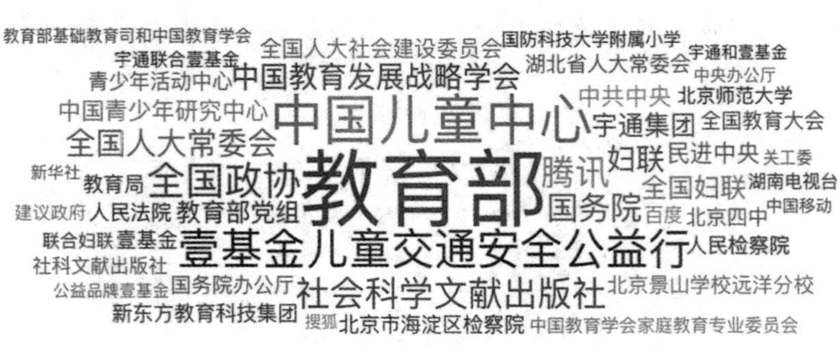

图 2-4-5　2019 年儿童与社会环境领域舆情的机构高频词

儿童所处的社会环境涉及多个层面，政府、企业、研究机构、社会组织，等等。由图2-4-5可见，教育部、中国儿童中心、壹基金、全国政协、腾讯、妇联、中国教育发展战略学会、中国青少年研究中心、新东方等都是2019年度儿童与社会环境领域舆情的机构高频词。可见，除了行政管理部门以外，还涉及企业、校外教育机构、社会组织等各类机构。对于儿童的保护、资助和教育等工作的开展，都离不开上述机构的工作。

四、儿童与社会环境领域重点舆情事件分析

（一）腾讯测试游戏"儿童锁模式"

1. 总体概述

2019年3月，腾讯游戏宣布测试"儿童锁模式"，13周岁以下新用户在首次登录游戏之前，将被强制要求进行"儿童锁"的登记认证。只有其监护人完成"解锁"后才能进入游戏。4月22日，腾讯又宣布将启动"16+"试点，"儿童锁"功能对未成年人的限制范围进一步扩大。登录新游戏的基础准入年龄从13周岁提升至16周岁。

在对2019年1月1日0时—2019年12月31日24时"腾讯测试游戏儿童锁模式"的相关舆情信息进行数据统计后，得到主题相关信息21926条，具体数据如图2-4-6所示。

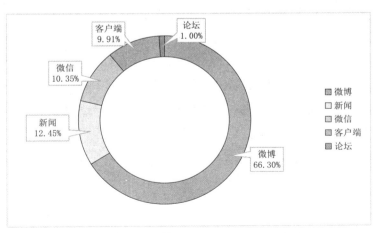

图2-4-6 "腾讯测试游戏儿童锁模式" 信息来源分布

由图可知，微博和新闻网站是该舆情事件的主要场域，信息占比分别达66.3%和12.45%。其次占比较高的为微信信息，占比为10.35%，客户端信息

略低于微信信息，占比为9.91%。

2. 新闻、微博、微信热点分析

表2-4-2　"腾讯测试游戏儿童锁模式"新闻热点

序号	标题	热度	来源	时间
1	腾讯游戏防沉迷年龄提高到16岁	51	今日头条	2019-04-24 10：55：13
2	探访游戏成瘾的青少年治疗区：家庭教育问题多	31	游戏产业网	2019-06-17 08：47：00
3	"组合拳"推动游戏行业健康发展	28	快资讯	2019-12-18 17：12：10
4	游戏业在改变！家长请保管好你们的身份证和脸	24	搜狐网	2019-04-25 10：21：00
5	腾讯将在一款新游戏上启动新试点满16周岁才能玩	21	中国经济新闻网	2019-04-23 15：40：27
6	游戏防沉迷系统如何智斗"熊孩子"	20	星辰在线	2019-07-22 11：00：23
7	中国游戏分级制度离我们还有多远？	16	zaker新闻	2019-11-09 18：02：04

对"腾讯测试游戏儿童锁模式"的相关信息分别进行新闻、微博、微信的热点分析。

在新闻热点方面，具体情况如表2-4-2所示。自2019年3月，腾讯游戏宣布测试"儿童锁模式"以来，13周岁以下新用户在首次登录游戏之前，将被要求进行"儿童锁"的登记认证。新闻报道聚焦于"保护未成年人健康上网的新尝试"、如何防止游戏沉迷"智斗熊孩子"，以及游戏分级制等话题。此外，由于设置"儿童锁"需要提交家长的身份证正反面、手机号码，以及人脸认证等，也有媒体呼吁请家长"请保管好身份证和脸"。

表2-4-3　"腾讯测试游戏儿童锁模式"微博热点

序号	正文	热度	来源	时间
1	转发微博@时尚科技馆：4月22日，腾讯宣布将启动"16+"试点，依托健康系统与游戏开发结合，并在其新游戏中运用。用户登录游戏时，根据健康系统的公安实名校验，年满16周岁及以上的未成年人每日限玩两小时，未满16周岁的未成年人将无法获得系统授权，无法进入游戏。今年3月，腾讯就曾推出"儿童锁"，未满13周岁的未成年人必须登记认证。	363	用户7092124678	2019-04-23 12：52：23

序号	正文	热度	来源	时间
2	#腾讯满16岁才能玩游戏#【腾讯保护未成年人健康上网新尝试：将启动"16+"试点】继今年3月推出并测试"儿童锁"后，腾讯将依托健康系统开始一项新尝试：在未来一款新游戏上启动"16+"的试点。	133	加得商业	2019-04-23 20：59：54
3	转发微博@超凡电竞LOL：#腾讯未成年保护体系#继今年3月推出并测试"儿童锁"后，腾讯将依托健康系统开始一项新尝试：在未来一款新游戏上启动"16+"的试点。未成年人健康上网是腾讯的一项长期重点工作	84	IL8616530	2019-04-22 18：00：03
4	转发微博@雪球：【腾讯：登录新游戏的基础准入年龄从13周岁提升至16周岁】腾讯称，"儿童锁"功能对未成年人的限制范围进一步扩大。登录新游戏的基础准入年龄从13周岁提升至16周岁。	12	馥–陈涛	2019-04-22 22：34：42
5	不会做家长，建议不要生。免得害人害己。@浪玩堂：#浪玩读报#【游戏业在改变 所有家长请保管好你们的身份证和脸】继3月推出并测试了"儿童锁"后，4月22日，腾讯宣布将依托健康系统做一项新尝试：在未来一款新游戏上启动"16+"的试点。	9	挥手千金自己散	2019-04-25 20：01：33
6	转发微博@老板联播：【腾讯：满16岁才能玩游戏，将启动"16+"试点】继今年3月推出并测试"儿童锁"后，腾讯将依托健康系统开始一项新尝试：在未来一款新游戏上启动"16+"的试点。	6	朴在伊伊伊	2019-04-23 09：25：07
7	早就该一刀切放弃小学生了@杉果娘Sonkwo：【腾讯游戏计划试点将登录准入年龄提高到16岁】腾讯游戏官方今日发文表示，继今年3月推出"儿童锁"后，腾讯将依托健康系统开始新尝试：在未来一款新游戏中启动"16+"试点。	5	Will_缚乐天	2019-04-22 21：37：56
8	#腾讯测试儿童锁模式#腾讯加大未成年健康上网保护力度 测试"儿童锁模式"，13周岁以下想玩游戏须家长先"开锁"。	5	简葬心	2019-12-16 10：54：27

续表

序号	正文	热度	来源	时间
9	转发微博 @腾讯公司：#腾讯未成年保护体系#【腾讯测试"儿童锁模式"：13周岁以下想玩游戏须家长先"开锁"】今天，我们要开始测试一项全新的未成年人保护功能："儿童锁模式"——就像车门、电器上的"儿童锁"一样，只有监护人才能开门。	5	不晓得 hiuming	2019-06-14 18：00：15

微博也是该话题相关信息的主要媒体来源。从表2-4-3中可以看出，微博转发较多的大V为腾讯公司、雪球以及电竞类账号；微博热点多为带微博话题的信息，如#腾讯未成年保护体系#、#腾讯测试儿童锁模式#等话题，这些话题下的内容引起了民众较为广泛的关注和讨论。

表 2-4-4　"腾讯测试游戏儿童锁模式"微信热点

序号	标题	热度	来源	时间
1	年满16岁才能玩游戏上热搜，网友点赞：希望能好好实施！	14	游戏汇	2019-06-09 00：00：00
2	你真的懂得怎么爱孩子吗？腾讯给出的答案值得所有父母借鉴	10	桂林孕妈育儿宝典	2019-12-25 17：40：00
3	热点丨年满16岁才能玩游戏上热搜，网友点赞：希望能好好实施！	4	小意林成长微刊	2019-04-24 17：46：29
4	腾讯：年满16岁才能玩游戏，网友点赞：希望能好好实施！	3	鲁科版小学英语	2019-04-29 11：50：00
5	腾讯未成年保护体系新增16+试点：你支持满16岁才能玩游戏吗？	3	丢丢说游戏	2019-04-23 10：32：17

在微信热点方面，具体情况如表2-4-4所示，整体来看，微信来源的信息量较少。热度最高的则是"年满16岁才能玩游戏上热搜，网友点赞：希望能好好实施"，表达了网民对该事件的主流看法。

3. 网站来源分析

对"腾讯测试游戏儿童锁模式"相关信息的网站来源进行数据分析，具体情况如图2-4-7，今日头条报道最多，有82条，其次东方头条网25条、搜狐网23条、时讯网14条，多为商业类网站。此外，新华每日电讯、大公报、北京青年报、证券时报、人民政协报等也对该事件进行了报道。

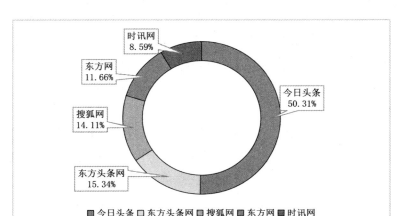

图2-4-7　"腾讯测试游戏儿童锁模式"网站来源

4.活跃用户分析

对"腾讯测试游戏儿童锁模式"相关信息的微博账号活跃用户进行数据分析，具体情况如图2-4-8所示。由图可知，微博用户在该话题下的整体活跃度相差不大，活跃账号多为游戏类账号，如"新浪游戏频道""游戏智库""游戏美工大平台"，以及大数据法律研究类账号，如"大数据法律研究""深圳大数据研究和应用协会"等。

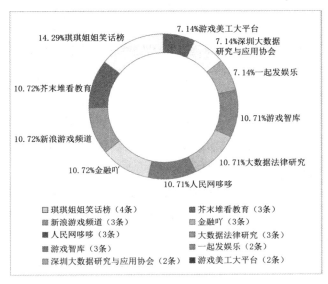

图2-4-8　"腾讯测试游戏儿童锁模式"微博活跃用户

5. 舆情地域分布

对"腾讯测试游戏儿童锁模式"的相关信息进行全国地域分布分析发现，该话题相关信息热点地域分布主要集中于北京、上海、广东、湖南、香港，关注度较高的前五名信息量分别是248、81、73、54、25条，以北上广等一二线城市为主。

6. 情感分析

由图2-4-9可知，对"腾讯测试游戏儿童锁模式"的相关信息进行情感分析，其中正面情感占比为15.37%，中性情感占比为9.35%，负面情感占比为75.29%。

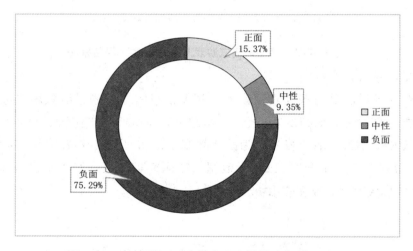

图2-4-9 "腾讯测试游戏儿童锁模式"情感分析

（二）山东两女孩模仿网红视频自制爆米花被烧伤事件

1. 总体概述

对2019年1月1日0时—2019年12月31日24时"山东两女孩模仿网红视频自制爆米花被烧伤"的相关信息进行数据统计后，得到主题相关舆情信息13809条，具体数据如图2-4-10所示。

由图2-4-10可知，微博是该舆情事件的主要场域，信息数量为11708条，信息占比达84.90%；微信信息排在第二位，占比为7.79%；新闻信息排在第三位，占比为4.27%。

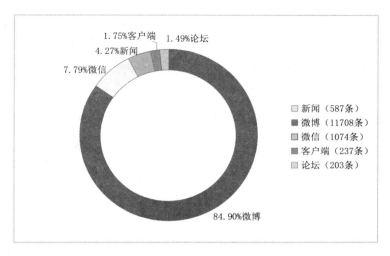

图 2-4-10 "山东两女孩模仿网红视频自制爆米花被烧伤"信息来源分布

2. 新闻、微博、微信热点分析

表 2-4-5 "山东两女孩模仿网红视频自制爆米花被烧伤"新闻热点

序号	标题	热度	来源	时间
1	新奇短视频隐患可不少 专家提醒：家长及儿童慎模仿	30	杭州网	2019-10-15 09:33:41
2	女孩模仿自制爆米花离世 续:"办公室小野"团队解散	14	南昌科技信息	2019-09-24 16:53:00
3	"女孩模仿自制爆米花离世"和解，"办公室小野"团队解散	12	ZAKER	2019-09-22 04:05:34
4	"女孩模仿自制爆米花离世"事件追踪:传"办公室小野"团队解散	9	众诚商务网	2019-09-20 13:54:55
5	离世女孩父亲回怼"办公室小野":小孩曾确认是模仿她	6	重庆晚报第一眼	2019-09-11 11:37:55
6	新奇短视频引青少年跟风 专家:隐患可不少	5	江苏网络电视台	2019-10-15 11:36:28
7	女孩模仿短视频易拉罐自制爆米花 被严重烧伤	5	cnBeta.COM_ 中文业界资讯站	2019-08-27 21:57:00

对"山东两女孩模仿网红视频自制爆米花被烧伤"的相关信息分别进行新闻、微博、微信的热点分析。

在新闻热点方面，具体情况如表2-4-5所示。自2019年8月22日女孩烧伤事件发生之后，媒体报道多以事实报道和专家建议相结合为主，如《新奇短视频隐患可不少，专家提醒：家长及儿童慎模仿》。后续新闻以关注事件发展为主，如女孩最终因感染过重离世，双方达成和解，"传'办公室小野'团队解散"等。

表2-4-6 "山东两女孩模仿网红视频自制爆米花被烧伤"微博热点

序号	正文	热度	来源	时间
1	【#女孩学网络视频自制爆米花伤重离世#转！别再让悲剧重演！】山东枣庄14岁女孩哲哲模仿网络短视频，用易拉罐制作爆米花被烧伤。今天，因感染过重，哲哲最终没有抢救过来，不幸离世。	809	潞窝窝丶扁	2019-10-06 17：11：08
2	转发微博 @澎湃新闻：#模仿短视频被烧重伤女孩离世#【山东一女孩模仿易拉罐爆米花被烧重伤，今日不幸离世】9月5日下午，记者获悉，山东枣庄因模仿网络短视频用易拉罐制作爆米花被烧伤的女孩哲哲，因感染过重于5日上午11时左右不幸离世。	803	Jurist翔	2019-11-14 16：34：14
3	#女孩模仿短视频被重度烧伤#为爱前行，我一直在路上。我在"14岁女孩模仿短视频做爆米花被严重烧伤"项目捐款成功！@9958儿童紧急救助中心	802	何承轩	2019-09-05 07：21：45
4	转发微博 @新浪财经：【#办公室小野联系烧伤离世女童父亲#：想把问题解决】9月12日，@紧急呼叫 从模用易拉罐炸爆米花烧伤离世女童的父亲处获悉，短视频机构 @办公室小野一方主动给他打电话商谈女儿善后问题。	616	陌M笙s	2019-10-17 16：31：34
5	就是找了个网红博主背锅……请不要网络暴力好吗…… @荔枝新闻：【#离世女孩父亲回捍办公室小野#：小孩曾确认是模仿她】8月22日，山东两个女孩模仿短视频"易拉罐制爆米花"被烧伤，其中一女孩哲哲不幸离世。	445	耶比er	2019-12-07 17：43：46
6	#女孩模仿短视频被重度烧伤#小善意，大温暖。我在"14岁女孩模仿短视频做爆米花被严重烧伤"项目捐款成功！愿点滴之举温暖更多心灵。@9958儿童紧急救助中心	274	双鱼座麦琪	2019-09-04 10：49：50

序号	正文	热度	来源	时间
7	#女孩模仿短视频被重度烧伤#涓滴之水成海洋，颗颗爱心变希望。我在"14岁女孩模仿短视频做爆米花被严重烧伤"项目捐款成功！@9958儿童紧急救助中心	266	诗中伏笔却未有续49760	2019-09-05 01：03：27
8	#女孩模仿短视频被重度烧伤#希望在大大的世界里，付出一点点温暖。我在"14岁女孩模仿短视频做爆米花被严重烧伤"项目捐款成功！@9958儿童紧急救助中心	265	维妮三分三	2019-09-05 00：42：02

微博是该话题相关信息的主要媒体来源。从表2-4-6中可以看出，微博热点多关注为烧伤女孩捐款献爱心的公益活动，很多网友纷纷@9958儿童紧急救助中心，表达其关怀和善意。#女孩模仿短视频被重度烧伤#成为微博热度话题，引起了民众较为广泛的关注和讨论。

表2-4-7 "山东两女孩模仿网红视频自制爆米花被烧伤"微信热点

序号	标题	热度	来源	时间
1	ICU内她说："爸爸我不想死"……俩花季少女模仿短视频内容烧伤，一人生命垂危！	60	保定市涿州消防	2019-09-07 05：00：00
2	中国第一网红遭遇最大危机！14岁女孩之死，全怪这个网红？	49	我的剑会笑	2019-10-12 14：50：00
3	网红视频致14岁女孩丧命引争议：到底谁在吃人血馒头？	31	致我们的友谊	2019-11-25 21：23：34
4	俩女孩用易拉罐自制爆米花致爆炸，一人重度烧伤！	24	保定涞源消防	2019-09-10 15：42：22
5	切勿模仿|俩女孩用"易拉罐自制爆米花"致爆炸，一人特重度烧伤	23	金川公安	2019-09-06 11：38：44
6	痛心！两女孩跟网红视频学"易拉罐制爆米花"被炸伤，一人烧伤面达96%！	23	连江商圈	2019-09-01 17：00：00
7	痛心！14岁女孩模仿"用易拉罐炸爆米花"视频烧伤离世……	22	家长优学宝典	2019-09-18 20：45：00
8	切勿模仿|山东俩女孩用"易拉罐自制爆米花"致爆炸，一人特重度烧伤	20	火调哥	2019-09-24 14：41：27

续表

序号	标题	热度	来源	时间
9	俩女孩跟网红视频学"易拉罐制爆米花"被炸伤！1人烧伤面积达96%，生命垂危……	19	华丽映像传媒	2019-08-31 18∶00∶00
10	女孩全身96%烧伤，进了ICU！罪魁祸首是它	16	南宁华侨消防	2019-09-04 09∶49∶41

在微信热点方面，具体情况如表2-4-7所示，整体来看，微信来源的信息较多为标题党，即标题多用反问句、感叹句，多用如"罪魁祸首""痛心！""人血馒头"等词汇，一方面吸引读者的眼球，另一方面也让公众对于事件的严重性予以警觉。

3. 网站来源分析

对"山东两女孩模仿网红视频自制爆米花被烧伤"相关信息的网站来源进行数据分析，具体情况如图2-4-11所示。由图可知，网站来源居首位的是搜狐网，为51篇，澎湃新闻和央广网次之，第六位新京报网，均为社会公信力较高的媒体。客户端中今日头条、Zaker也都对于这一事件进行了关注。

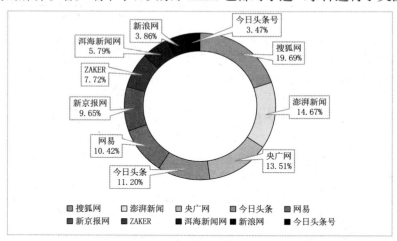

图2-4-11　"山东两女孩模仿网红视频自制爆米花被烧伤"网站来源

4. 活跃用户分析

对"山东两女孩模仿网红视频自制爆米花被烧伤"相关信息的微博活跃用户进行数据分析，具体情况如图2-4-12所示。

由图2-4-12可知，微博活跃用户中居首位的是"4157tudou"，为9篇，其次为"见客-即刻观点"和"精彩渝水"。

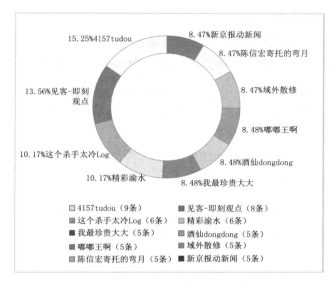

图2-4-12   "山东两女孩模仿网红视频自制爆米花被烧伤"微博活跃用户

对"山东两女孩模仿网红视频自制爆米花被烧伤"相关信息的微信活跃用户进行数据分析，具体情况如图2-4-13所示。其中《海峡都市报》公众号"海都微漳州"发表文章59篇，其次为"同城十堰"和"襄阳文教"，均为机构类账号；事件发生地山东枣庄的媒体公众号"枣庄那些事儿"也对于该事件给予了关注。

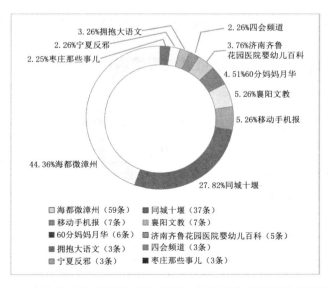

图2-4-13   "山东两女孩模仿网红视频自制爆米花被烧伤"微信活跃用户

5. 舆情地域分布

对"山东两女孩模仿网红视频自制爆米花被烧伤"的相关信息进行全国地域分布分析发现，该话题相关信息热度最高的地区热点地域分布为山东、北京、江苏、四川、安徽。山东作为事件发生地，其关注度最高，信息量高达7738。其后关注度量较高几个省市信息量分别为341、170、144、114。

6. 情感分析

由图2-4-14可知，该事件情感分析居首位的绝大多数是负性信息，为13658篇，占比为98.91%，表现了公众对于该事件的愤慨、惋惜和警醒。

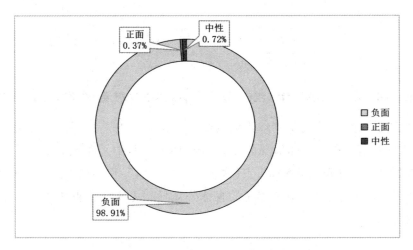

图2-4-14 "山东两女孩模仿网红视频自制爆米花被烧伤"情感分布

五、儿童与社会环境领域其他舆情事件

（一）其他舆情事件排行

表2-4-8 2019年儿童与社会环境领域其他舆情事件

序号	事件	总分
1	惠普《亚洲儿童学习白皮书》发布	2.99
2	小型游乐设施国家标准宣贯会在郑州召开，规范小型游乐设施保障儿童游乐安全	1.91
3	《与你童行》儿童性教育家长手册启用	1.82

（二）其他重要舆情事件回顾

1. 惠普《亚洲儿童学习白皮书》发布

关键词:《亚洲儿童学习白皮书》、数字化学习方式、纸质文本

事件简介: 2019年8月27日，惠普"学习更出色，未来更闪耀"《亚洲儿童学习白皮书》发布。调查显示，中国父母最重视孩子的诸多品质中，"思维活跃""听话"和"抗压能力强"排在前三位，相较于亚洲父母最重视的品质，"思维活跃"的孩子更加符合未来中国父母的期待。调查还显示，亚洲父母普遍认为"数字+纸质文本"的学习方式更利于孩子成长。数字化的学习方式帮助孩子培养面向未来的思维，而打印文本学习为孩子夯实知识基础，二者结合能够为孩子带来更好的学习效果。

2. 小型游乐设施国家标准宣贯会在郑州召开，规范小型游乐设施保障儿童游乐安全

关键词: 小型游乐设施、儿童游乐安全、国家标准

事件简介: 2019年4月18日，小型游乐设施国家标准宣贯会在郑州市召开。此次会议由全国索道与游乐设施标准化技术委员会主办，河南省游乐协会和北京市特种设备信息技术研究中心协办。通过宣贯培训，对游乐设施制造企业增强质量安全意识、加强质量安全管理、提高质量安全水平、促进产业健康有序规范快速发展具有十分重要的意义。小型游乐设施国家标准的出台，填补了我国小型游乐设施领域标准规范的空白，有助于推动我国小型游乐设施行业健康有序发展，保障儿童游乐安全。

3.《与你童行》儿童性教育家长手册启用

关键词:《与你童行》、儿童性教育、家长手册

事件简介: 为帮助儿童树立正确的性别意识，让家长掌握儿童成长过程中的心理及身体发展动态，2019年12月22日，石龙家健青少年成长教育资源中心（以下简称"家健中心"）编撰的0～6岁儿童性教育家长手册《与你童行》正式启用。《与你童行》是根据联合国教科文组织发布《国际性教育技术指导纲要》，结合家健中心社工多年的儿童性教育服务经验，为家长量身定做的儿童性教育"教学宝典"。手册共有7个篇章，内容涵盖认识身体、性别平等、消除性别刻板印象、预防性侵害等儿童性教育内容，通过设计生动的图片及游戏互动，推荐优秀性教育资源，让家长轻松地将性教育融入家庭教育中。

分报告五：儿童与法律保护领域舆情分析

一、儿童与法律保护领域舆情总体状况

儿童安全健康的成长离不开法律的保护。由于儿童的身心发展都还不成熟，因此其权益很容易受到侵害，建立法律保护网络，保障儿童权益，是社会文明和法治程度的体现。儿童的法律保护涉及立法、执法、司法和守法的全过程，涉及政府、社会、家庭等多个领域。根据对2019年全年儿童与法律保护领域热点舆情的分析与总结，我们发现其总体状况主要呈现以下特征。

（一）舆情格局：儿童受侵害事件成为该领域舆情热点

2019年儿童与法律保护领域的热点舆情事件中，占比最大的是儿童受侵害事件，占九成以上。而在这其中，最多的是性侵或猥亵儿童事件。"新城控股原董事长猥亵女童案""山东青岛红黄蓝外教猥亵儿童案一审宣判""江苏女足青年队主教练涉嫌猥亵儿童被公诉"等事件都引发了强烈的舆论。值得注意的是，该领域热点舆情事件中还存在多起网络性侵事件，如"央视揭露多起网络性侵儿童案""网络QQ'隔空'猥亵儿童"等。除了猥亵与性侵事件以外，还有多个涉及虐童、欺凌、拐卖、突发性袭击等儿童受侵害事件。此类事件极易触发人们的神经，如何完善相应法律和保护体系，保护儿童不受侵害，更是每位家长都关心的。

此外，该领域舆情事件还涉及关于未成年人犯罪、童工现象等。值得一提的是，由于受侵害事件数量多且热度更高，受到业内人士关注的《未成年人保护法》修订事件没有进入本领域热点事件排行，但该事件在年度政策回顾中排在第三位，因此综合来看还是本领域所涉及的一件重要舆情事件。

（二）舆情特征：整体烈度高，舆情热度持续时间长

1. 整体烈度高，舆情信息数量多，影响力大

总体来说，2019年全年儿童与法律保护领域舆情整体烈度很高，舆情信息数量为5106698，是五个领域之最，其影响力非常大。可能是由于本领域的很多事件往往会触及法律与道德的底线，所以很多事件极易引发社会的大量关注和讨论。全年该领域舆情热点事件显现出以问题导向为主的特点，即公众主要聚焦于儿童受侵害事件，其中主要包括猥亵、性侵、虐童、欺凌、拐卖、突发性

袭击儿童事件等，受关注的儿童年龄主要集中在幼儿园和小学阶段。

2. 儿童法律事件舆情热度持续时间长

从时间热度上来看，本领域的很多事件，尤其一些儿童受侵害的法律事件的舆情持续时间都比较长。究其原因，可能是事件从爆出到随后的一系列发展，包括司法介入、各方回应等，再到后来的真相大白或宣判处理，这个过程可能会跌宕起伏、曲折反转，于是就会造成舆情的持续发酵，有时一个事件会由于多个节点性进展而出现多个舆情峰值。

3. 月度分布波动较大，7月和11月呈现峰值

2019年全年儿童与法律保护领域舆情信息月度分布波动较大，呈不断起伏状态。其中7月、11月儿童与法律保护领域舆情信息最多，均超过80万条。观察7月、11月儿童与法律保护领域舆情信息发现，两个月中均发生了儿童遭受侵害的重大社会事件。

4. 关涉主体较为集中，以司法部门为主，媒体次之

在儿童与法律保护领域舆情信息机构高频词中，以各级法院、检察院、公安系统为最多，媒体机构次之。除此之外，妇联、儿童医院、学校、消防队、律师事务所等也零星出现。可见在维护儿童权益的过程中，司法部门是绝对的主体，但同时也涉及社会领域的方方面面，介入维权的机构有很多，为儿童提供良好的法律保护氛围需要全社会的共同努力。

二、儿童与法律保护领域热点舆情事件

（一）热点舆情事件排行榜

表 2-5-1　2019 年儿童与法律保护领域热点舆情事件排行榜

序号	事件	总分（100）
1	新城控股原董事长猥亵女童案	100.00
2	台湾地区 7 天发生 3 起虐童案	99.12
3	电影《少年的你》上映，聚焦校园欺凌	78.15
4	山东青岛红黄蓝外教猥亵儿童案一审宣判：有期徒刑五年驱逐出境	77.98
5	央视揭露多起网络性侵儿童案	71.55
6	辽宁大连 13 岁男孩杀害 10 岁女孩案件	69.16
7	广东警方回应拐卖儿童"梅姨身份"：暂未查实	64.62
8	河南禹州 7 岁女孩眼睛被强塞几十张纸片	64.28

序号	事件	总分（100）
9	全国妇联权益部有关负责人就湖南祁东多人性侵未成年女孩恶劣案件表示：如此道德沦丧的恶行必须依法严惩	63.81
10	贵州公安机关：毕节、凯里未成年儿童被性侵系伪造	62.86
11	北京市西城区宣师一附小伤害学生者已被检方批捕，涉故意杀人罪	59.38
12	江苏女足青年队主教练涉嫌猥亵儿童被公诉	47.96
13	网络QQ"隔空"猥亵儿童被判刑11年	47.72
14	云南一男子闯幼儿园喷氢氧化钠，51名孩子3名老师被紧急送医	43.17
15	广西三江男子当街拐卖儿童？警方：涉猥亵儿童被控制	41.07
16	湖南宁远一小学发生砍人事件，致2死2伤	35.17
17	上海杀小学生致死凶犯被判死刑：砍杀无辜儿童以泄私愤	27.52
18	山西太原一幼儿园儿童遭教师锁脖掐下巴，涉事教师被行拘15日	26.82
19	浙江淳安女童章子欣被租客带走遇害	23.96
20	杭州女童模拍照被亲妈飞踹，童工现象引发关注	13.21

（二）热点舆情事件回顾

1. 新城控股原董事长猥亵女童案

关键词：女童、性侵、董事长

事件简介：2019年6月29日，57岁的江苏地产商、上市公司新城控股董事长王某，通过一周姓女子，将两个女童骗到上海。两个女孩的母亲为周某朋友。周某谎称带两女孩去上海迪士尼玩，从江苏带至上海后，当天王某对9岁女童实施犯罪。王某付给周某现金1万元。被猥亵女童事后向在江苏的母亲打电话哭诉，母亲即来沪报警，7月1日，王某被采取强制措施。该舆情引起全社会的关注并震惊全国舆论，《人民日报》、新华网等央媒密集发声，抨击事件的恶劣性质。

2. 台湾地区7天发生3起虐童案

关键词：虐童、案件、台湾地区

事件简介：2019年1月9日，台湾新北市一家私立托婴中心爆出虐童丑闻，该中心托育人员用木制锅铲打幼儿脚底，并将其上下摇晃，将其塞入柜子中。12日，新北市一林姓男子因12岁儿子为其买肉丸没有加辣椒，对其拳打脚踢，并以啤酒瓶伤人。15日，台南一名1岁半女童因不喝奶，被未成年生母伙同表姐等4人活活虐打致死。消息曝光后，涉事托婴中心大门及外墙遭人用大量鸡蛋丢掷，并被喷上写有"恶"字样的红漆；林姓男子则被人上门殴打，其住处所在的街巷被上百人包围抗议；台南虐童致死案也引发全台各地数百民众抗议。

3. 电影《少年的你》上映，聚焦校园欺凌

关键词：《少年的你》、校园欺凌、电影、未成年人

事件简介：电影《少年的你》于2019年10月25日全国上映，影片是根据玖月晞小说改编的电影，由曾国祥执导，周冬雨、易烊千玺主演。影片聚焦校园欺凌话题，讲述在高考前夕，被一场校园意外改变命运的两个少年，如何守护彼此成为想成为的成年人的故事。电影画面把校园欺凌给孩子造成的伤害直观地展现出来，直击人心。影片上映之后引发舆论对于校园欺凌现象的广泛关注。

4. 山东青岛红黄蓝外教猥亵儿童案一审宣判：有期徒刑五年、驱逐出境

关键词：猥亵儿童、幼儿园

事件简介：2019年8月2日，青岛市崂山区人民法院一审公开宣判青岛市市北区红黄蓝万科城幼儿园外教猥亵儿童案，以猥亵儿童罪判处被告人马约格·何瑞迪·丹尼尔·奥斯瓦尔多（以下简称"奥斯瓦尔多"）有期徒刑五年，驱逐出境。被告人奥斯瓦尔多，男，1984年9月19日出生。2019年1月25日14时许，被告人利用担任青岛市市北区红黄蓝万科城幼儿园外教之机，在幼儿午睡期间进入幼儿园教室对正在熟睡的一名幼儿进行猥亵。法院经审理认为，被告人利用教师的特殊身份，在公共场所当众对儿童进行猥亵，其行为构成猥亵儿童罪。法院依法从严惩处，遂做出上述判决。

5. 央视揭露多起网络性侵儿童案

关键词：儿童、性侵、网络环境

事件简介：2019年1月16日，由团中央维护青少年权益部指导、中央电视台社会与法频道制作推出的6集纪录专题片《呵护明天》第二季第四期"沉默的呐喊"播出，揭露三起利用互联网性侵儿童案件，分别是13岁花季少女遭陌生网友性侵致怀孕、10岁小学生被网友胁迫拍摄裸体视频、以星探名义骗百余名未成年人拍不雅视频上传网络。随着互联网的发展，通过网络对儿童实施性侵害成为一种新的犯罪形式，网络儿童性侵会对儿童的身心健康造成巨大危害。

6. 辽宁大连13岁男孩杀害10岁女孩案件

关键词： 未成年人、杀人事件、性侵

事件简介： 2019年10月20日，大连市沙河口区有一名10岁女孩被一名13岁男孩杀害，女孩身中7刀。男孩将美术班补课结束路过的女孩带至家中，想要与其发生性关系遭拒绝，便将女孩杀害，并抛尸在住处对面的灌木丛中。10月24日，警方向社会通报了关于对未成年杀人犯蔡某某的最后处理结果：依据《刑法》第十七条第二款规定，加害人蔡某某因未满14周岁，未达到法定刑事责任年龄，遂依法不予追究刑事责任。同时，公安机关依据《刑法》第十七条第四款规定：按照法定程序报经上级机关批准，已于10月24日开始依法对蔡某某执行收容教养。事件也引发了社会关于《未成年人保护法》等相关法律及对于"少年犯"如何界定其犯罪责任能力的广泛讨论。

7. 广东警方回应拐卖儿童"梅姨身份"：暂未查实

关键词： 拐卖儿童、"梅姨身份"、公安局

事件简介： 2019年11月，一张呼吁大家寻找人贩子"梅姨"的图片在朋友圈广泛流传，引发全社会关注，广东、湖南、四川、新疆等地均有举报及辟谣信息。主侦"张维平拐卖儿童系列案"的广州市公安局增城区分局主办民警表示，"梅姨"这一称呼最早出现在2017年年初，当时警方抓获了张维平团伙，据张维平供述其曾在2003年至2005年间拐卖9名儿童，均通过一名被称为"梅姨"的女子介绍和联系转卖，并支付对方介绍费。但是目前各地出现的"梅姨"信息均不属实。

8. 河南禹州7岁女孩眼睛被强塞几十张纸片

关键词： 儿童、校园欺凌、禹州市教育局

事件简介： 小花（化名）是禹州市磨街大涧学校小学二年级女生。2019年9月28日午饭后，课外活动期间与同学戏耍玩闹时，本班学生小强（化名）和小冬（化名）按住小花同学胳膊，本班学生小刚（化名）向起眼睛里塞纸片，对小花同学造成了伤害。11月12日，在确定小花同学眼睛没有异常情况后，经几方协商一致，各自按照应当承担的责任签订了赔偿协议。对于该校园欺凌事件，禹州市教体局发布事件处理结果，责令该校校长和该班班主任写出深刻检查，并全市通报。

9. 全国妇联权益部有关负责人就湖南祁东多人性侵未成年女孩恶劣案件表示：如此道德沦丧的恶行必须依法严惩

关键词： 未成年人、性侵、全国妇联权益部

事件简介： 2019年9月28日，周某婕被同年级不同班的同学王某茜以辅导作业为由从家中骗走，带至祁东县金樽KTV。随后，张某怡、陈某升、周某云等人以恐吓、威胁等手段，胁迫周某婕谎报年龄为异性陪酒伴唱。在接下来的9天时间里，在上述几人的逼迫和协助下，多名男子以灌酒、威逼利诱、强迫等方式对周某婕多次实施强奸，其中涉及两名祁东县公职人员。全国妇联权益部有关负责人在接受专访时表示，强烈谴责这一道德沦丧的犯罪行为，呼吁司法机关尽快查清事实，依法严惩，保障受害女孩的合法权益。

10. 贵州公安机关：毕节、凯里儿童被性侵系伪造

关键词： 儿童、性侵、幼儿园、福利院、伪造

事件简介： 2019年6月26日晚，有网友上传图片爆料称，贵州省某地疑似有幼儿园和孤儿院内的儿童被成人性侵。贵州省公安厅高度重视，迅速组织属地公安机关进行调查核实。经调查，均未发现网络所述情况。6月27日，在天津公安机关的支持下，贵州公安机关依法对在网上传播"毕节、凯里有儿童被性侵"照片及信息的发帖人赵某某进行了讯问，发现网上传播的照片，均为他从网上收集，而非在贵州毕节、凯里拍摄，信息系其编造。赵某某被依法采取强制措施。

11. 北京市西城区宣师一附小伤害学生者已被检方批捕，涉故意杀人罪

关键词： 小学、人身安全、侵害、未成年人

事件简介： 2019年1月8日上午11时17分左右，在北京市西城区宣武师范第一附属小学右安校区内发生犯罪嫌疑人贾某某（男，49岁）恶性伤害学生事件。宣师一附小有20名学生在此次事件中受伤。北京市公安局西城分局以涉嫌故意杀人罪将贾某某刑事拘留。1月21日，北京市西城区人民检察院经依法审查，以涉嫌故意杀人罪对贾某某做出批准逮捕决定。

12. 江苏女足青年队主教练涉嫌猥亵儿童被公诉

关键词： 猥亵儿童、案件、社会环境

事件简介： 2019年6月，江苏省女子足球青年队主教练陈广红对一名未满14周岁的球队队员进行猥亵。12月25日该案件由江苏省丹阳市人民检察院依法向丹阳市人民法院提起公诉。江苏省丹阳市人民检察院起诉书指控：

2011年至2019年7月，被告人陈广红在担任江苏省女子足球青年队主教练期间，曾对多名球队队员进行强制猥亵，情节恶劣。

13. 网络QQ"隔空"猥亵儿童被判刑11年

关键词：猥亵儿童、典型案件、网络环境

事件简介：2015年5月至2016年11月，蒋某飞虚构身份，谎称自己代表"星晔童星发展工作室""长城影视""艺然童星工作室"等单位招聘童星，在QQ聊天软件上结识女童，以检查身材比例、发育情况及需要面试等为由，要求被害人在线拍摄和发送裸照、通过QQ视频聊天并裸体做出淫秽动作。此外，其还以公开裸照相威胁，逼迫部分女童裸聊。至案发时查明被猥亵儿童多达31人。2019年，南京市玄武区人民法院经审理认为，被告人蒋某飞为满足淫秽欲求，利用网络平台对多名明知是不满14周岁的儿童实施猥亵，构成猥亵儿童罪并应从重处罚，遂依法判处其有期徒刑11年。这起案件入选了南京法院维护未成年人合法权益十大典型案件。

14. 云南一男子闯幼儿园喷氢氧化钠，51名孩子3名老师被紧急送医

关键词：幼儿园、侵害儿童、社会环境

事件简介：2019年11月11日，云南省开远市一名不明身份的男子剪断围墙铁丝网，攀爬进入开远市东城幼儿园，部分师生被该男子用氢氧化钠液体喷溅灼伤。当日16时10分民警在幼儿园后山将犯罪嫌疑人孔某涵（男，开远市人，23岁，无业）抓获。事后3名教师、51名学生被送往医院进行观察和救治。经过全面检查，其中轻度症状48人、中度症状4人、重度症状2人。

15. 广西三江男子当街拐卖儿童？警方：涉猥亵儿童被控制

关键词：拐卖儿童、猥亵儿童、社会环境

事件简介：2019年5月4日下午，网友传来的多段视频称：在广西三江县古宜镇街心公园路口，有一名男子拐卖儿童。后经警方调查显示：嫌疑人曹某（男，46岁，古宜镇文大村人）涉嫌猥亵儿童，有猥亵儿童前科，初步排除其拐卖儿童嫌疑，该事件中的儿童未受到身体伤害。网传视频"三江有一男子拐卖儿童"的消息不属实。

16. 湖南宁远一小学发生砍人事件，致2死2伤

关键词：侵害儿童、持刀伤人、校园安全

事件简介：2019年4月3日早上7时16分，湖南省宁远县柏家坪镇完全小学发生一起持刀砍伤学生事件，致2人死亡、2人受伤。随后犯罪嫌疑人郑某

军（男，31岁，宁远县柏家坪镇人）被公安机关抓获。

17. 上海砍杀小学生致死凶犯被判死刑：砍杀无辜儿童以泄私愤

关键词：侵害儿童、故意杀人、社会环境

事件简介：2019年5月23日，上海市第一中级人民法院依法公开宣判被告人黄一川故意杀人案，以故意杀人罪对被告人黄一川判处死刑，剥夺政治权利终身。黄一川曾于2017年3月至10月，先后在上海、广州等地拍摄多所小学、幼儿园照片，选择作案目标。2018年6月6日，他再次来沪，通过反复实地观察，最终决定以上海市世界外国语小学的学生作为作案目标。6月28日，黄一川尾随该校小学生谭某某、费某某、金某某、学生家长张某某等人，行至距校南门约130米处，拿出斩切刀进行砍杀，致2人死亡、2人轻伤。黄一川行凶后随即被群众和安保人员当场扭获。经鉴定，黄一川患有精神分裂症，在案件中具有限定刑事责任能力，但鉴于其罪行极其严重，人身危险性极大，且其精神疾病对其作案时辨认、控制自己行为能力没有明显影响，故应依法予以严惩。法院遂做出上述判决。

18. 山西太原一幼儿园儿童遭教师锁脖掐下巴，涉事教师被行拘15日

关键词：侵害幼儿、幼儿园老师、社会环境

事件简介：2019年4月，网传多段山西省太原市小店区某幼儿园老师打孩子的视频。视频内容显示：在幼儿园教室内，一名女老师将三名儿童拖拽出队列，并掐住其中一名儿童的脖子，一边对其训斥，一边将其向后摁。随后，该女老师又抬起第四名儿童的下巴，进行训斥。经审查，幼儿园老师任某对4月19日殴打幼儿的违法事实供认不讳，被太原市公安局小店分局依法行政拘留15日并处罚款500元。

19. 浙江淳安女童章子欣被租客带走遇害

关键词：儿童、侵害、租客、社会环境

事件简介：2019年7月4日，浙江淳安女童章子欣被租客梁某华、谢某芳以"去上海参加婚礼"为名带走，7日起失联。其中梁某华43岁，谢某芳46岁，两人均为广东茂名化州市人。两人于7月8日凌晨跳湖自杀。7月13日，章子欣的疑似遗体被发现，浙江省公安厅发布警方通报称，经刑侦技术鉴定，13日下午在象山县石浦海域发现的女孩遗体，确认系杭州市淳安县失联女孩章子欣。经公安机关调查，种种迹象反映出两人有携章子欣一起自杀的动机。浙江淳安女童章子欣被租客带走遇害事件带来了很大的舆论反响，这需要全

社会关注、加强少年儿童的安全教育，避免类似悲剧再次发生。

20. 杭州女童模拍照被亲妈飞端，童工现象引发关注

关键词：淘宝童模、家庭暴力、保护

事件简介：2019年4月9日，有网友称，杭州一女童模"妞妞"被一名成年女性踢踹。从网友拍摄的视频中可以看到，妞妞站在一旁，其背后的女子上前就往妞妞的背后踢了一脚。视频在网上流传后，瞬间引来了网友的热议。事后，据童模合作商家表示，该女子为女童妞妞的妈妈，妞妞是一位童装模特，与多家店铺合作，平时的接单量很大。事发当天，妞妞因为拍摄有点累，所以发了一点小脾气，但是惹得妈妈不满意，才导致这一幕的发生。杭州市妇联法律援助律师王楠称，该踢踹行为有可能涉嫌家庭暴力。该事件也引发社会对于童工现象的关注。

三、儿童与法律保护领域舆情呈现趋势与特征

（一）媒体来源情况：微博是主要媒体信息源

为了说明儿童与法律保护领域舆情事件的媒体来源情况，对所有事件发布媒体进行统计划分，结果呈现如图2-5-1所示。

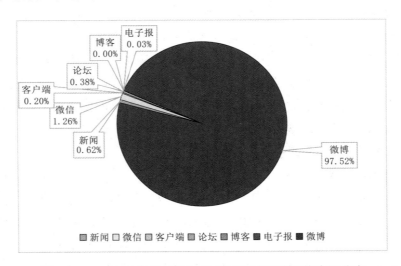

图 2-5-1　2019年儿童与法律保护领域舆情媒体来源分布

由图2-5-1来看，儿童与法律保护领域的媒体来源情况：微博是最大的信息源，舆情事件信息占比高达97.52%，处于垄断地位。另一方面，微信、电子报、博客、论坛、客户端、新闻等其他信息源总占比为2.48%，影响力较

弱。其中微信占比为1.26%，新闻占比为0.62%，客户端占比为0.20%，论坛占比为0.38%，电子报占比为0.03%。可见，在儿童与法律保护领域的舆情信息上，微博是绝对主流的媒体信息源，其余渠道均是次要的媒体信息源。因此，作为社交媒体的微博已成为儿童与法律保护领域的主要舆论阵地。

（二）月度分布趋势：波动较大，7月和11月舆情信息最多

为了从时间线上分析儿童与法律保护领域的舆情趋势，对所有事件的发布月度进行统计，结果呈现如图2-5-2所示。

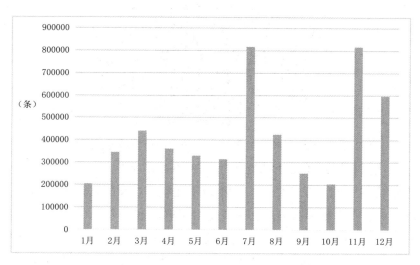

图2-5-2 2019年儿童与法律保护领域舆情信息月度分布趋势

从图2-5-2中可以看出，2019年全年儿童与法律保护领域舆情信息月度分布波动较大，呈不断起伏状态，且前6个月起伏波动较小，后6个月起伏波动较大。其中7月、11月儿童与法律保护领域舆情信息最多，分别为806989条、817072条。1月、10月舆情信息最少，分别为204268条、204267条。观察7月、11月儿童与法律保护领域舆情信息发现，两个月中均发生了儿童遭受侵害的重大社会事件，如新城控股原董事长猥亵女童案和广东警方回应拐卖儿童"梅姨身份"事件等。舆情信息会受到社会事件的影响，月度分布趋势图显示出2019年儿童与法律保护事件多集中在7月、11月、12月。

（三）内容呈现特征

1. 人物高频词：以该领域热点事件当事人为主

对舆情信息中所有人物名字进行高频词统计制作词云图，结果呈现如图

2-5-3所示。由图可知，2019年儿童与法律保护领域舆情信息人物高频词以儿童侵害类事件中当事人的化名为最多，如李某、王某、林某、刘某等。此外，还有司法系统等政府部门工作人员、法律工作者、新闻记者等，如最高人民检察院第九检察厅厅长史卫忠、中国关心下一代工作委员会副秘书长李国强、全国人大社会建设委员会社会事务室副主任刘新华、律师陈天鹏、全媒体记者赵红旗等人。

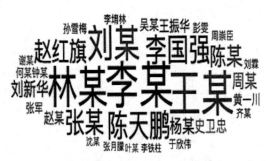

图2-5-3　2019年儿童与法律保护领域舆情信息人物高频词

2. 地域高频词：覆盖全国范围，聚焦事件发生地

从地域高频词中可以看出，在2019年儿童与法律保护领域舆情信息里除中国外，大连市出现频次最高，主要是由于该地2019年发生"辽宁大连10岁女孩被13岁男孩杀害"事件，引起社会各界的广泛关注。此外，出现频次较高的省市为北京市、山东省、上海市等地。值得注意的是，地域高频词中出现了一些如祁东县、白塔村这一类的区县乃至更具体化的地名，这些地方多为儿童与法律保护领域重点舆情事件发生的具体地点。

图2-5-4　2019年儿童与法律保护领域舆情信息地域高频词

3. 机构高频词：公检法系统以及媒体机构居多

由图2-5-5可见，2019年儿童与法律保护领域舆情信息机构高频词数量很多，总体是由各级法院、检察院、公安系统和知名媒体机构构成的。详细

来看，出现频次最高的是法院和派出所，最高人民检察院、最高人民法院，和法制日报、新华社、新京报等媒体次之。可见儿童与法律保护领域主要关涉主体是司法体系以及媒体机构，这说明在维护儿童权益的过程中，司法部门是绝对的主体。要实现保障儿童合法权益，主持公平正义，更加需要立法、执法、司法全流程的协作。除此之外，妇联、儿童医院、学校、消防队、律师事务所等也成为儿童与法律保护领域舆情信息的机构高频词。可见，儿童与法律保护领域舆情的发生发展，涉及社会领域的方方面面，介入维权的机构有很多，为儿童提供良好的法律保护氛围需要全社会的共同努力。

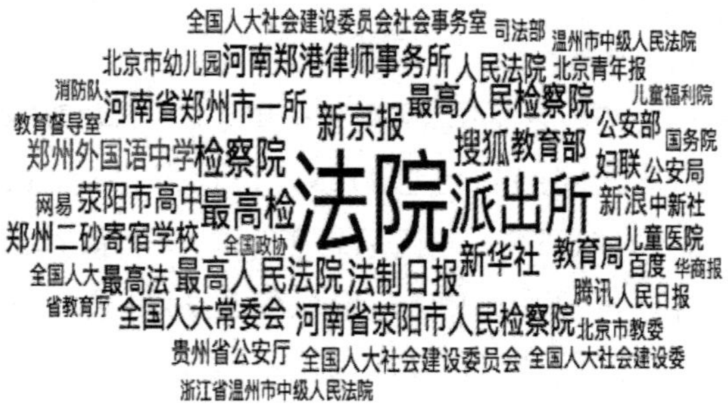

图 2-5-5　2019 年儿童与法律保护领域舆情信息机构高频词

四、儿童与法律保护领域重点舆情事件分析

（一）新城控股原董事长猥亵女童

1. 总体概述

2019年6月29日，57岁的江苏地产商、上市公司新城控股董事长王某，通过一周姓女子，将两个女童骗到上海。两个女孩的母亲为周某朋友。周某谎称带两女孩去上海迪士尼玩，从江苏带至上海后，当天王某对9岁女童实施犯罪。王某付给周某现金1万元。被猥亵女童事后向在江苏的母亲打电话哭诉，母亲即来沪报警，7月1日，王某被采取强制措施。该舆情引起全社会的关注并震惊全国舆论，《人民日报》、新华网等央媒密集发声，抨击事件的恶劣性质。对于事件的关注点主要在，是否存在病态利益链条、呼吁一查到底严厉惩处以及如何防范未成年人被侵害、如何处置"恋童癖"犯罪人员等方面内容。

近年来，猥亵、性侵儿童是舆情重点关注的违法犯罪行为之一，该事件也处于儿童与法律保护领域热点舆情事件首位。对2019年1月1日0时至2019年12月31日24时期间该主题进行数据统计，得到主题相关舆情信息190403条。

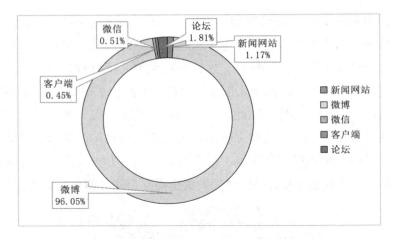

图 2-5-6　"新城控股原董事长猥亵女童"信息来源分布

由图 2-5-6可知，新闻网站信息2228条，信息占比为1.17%；微博信息182889条，信息占比为96.05%；微信信息970条，信息占比为0.51%；手机客户端信息866条，信息占比为0.45%；论坛信息3450条，信息占比为1.81%；由此可见，微博信息数据量最多，其次为论坛数据。

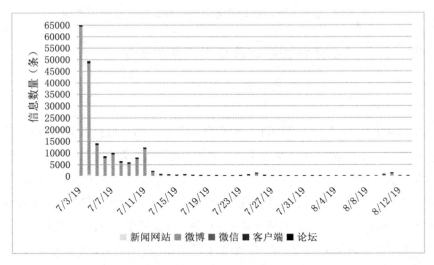

图 2-5-7　"新城控股原董事长猥亵女童"信息趋势图

如图 2-5-7所示，在事件被爆出后的最初几天，是舆论爆发时段，其中微博是主要的舆论阵地，信息量明显多于其他来源的信息量。随着时间的推移，舆情信息数量整体下滑，且出现波动，除微博外，还有来自论坛等其他媒体场域的信息。在事件爆出两周后，舆论逐渐平息，但在接下来的一个月左右的时间仍时有波动。

2. 新闻、微博、微信、热点分析

对"新城控股原董事长猥亵女童事件"的相关信息分别进行新闻、微博、微信的热点分析发现，在7月1日王振华被捕后，各个场域中热点开始出现。在新闻热点方面，来源于"富商网"的"百亿地产富豪王振华涉猥亵女童被刑拘，其子接任董事长"的热度最高。

表 2-5-2　"新城控股原董事长猥亵女童"新闻热点

序号	标题	热度	来源	时间
1	百亿地产富豪王振华涉猥亵女童被刑拘，其子接任董事长	87	富商网	2019-08-28 00：00：00
2	首次披露！王振华涉嫌猥亵女童被拘后的24小时	42	搜狐焦点网	2019-07-11 13：27：06
3	涉嫌猥亵女童 王振华被撤销上海市政协委员资格	25	广西新闻网	2019-07-10 09：29：00
4	王振华陷猥亵案 新城系上市公司市值蒸发约290亿	24	意境资讯网	2019-07-05 19：04：00
5	新城董事长猥亵女童，应彻查到底	19	地方网	2019-07-05 06：26：00
6	涉嫌猥亵儿童罪 新城控股董事长王振华被批捕	15	汉丰网	2019-07-11 01：51：23
7	王振华猥亵女童案"牵线人"，母亲：谁做的事谁负责	14	网易	2019-07-12 16：19：26
8	猥亵女童案 周某疑为王振华情妇 其被爆有吸毒史	14	十堰秦楚网	2019-07-11 08：45：00
9	"猥亵女童案"周某疑为王振华情妇，知情人士称其有吸毒史	13	凤凰房产	2019-07-08 08：20：00
10	新城控股A股开盘直封跌停，逾280万手封单！王振华涉嫌猥亵被刑拘	13	北方网	2019-07-04 11：56：59

新闻和微信场域发布与该事件相关信息的时间主要为7月中旬，均是对事件的报道。相比之下，微博场域中，多来源于个人账号，热度较高，内容也和微信、新闻场域不同，不仅有对事件的报道也有对事件的追问和讨论，发布时间多集中于7月底甚至更靠后的时间。相关信息如表2-5-3所示。

表2-5-3 "新城控股原董事长猥亵女童"微博热点

序号	正文	热度	来源	时间
1	后续呢 @头条新闻：【上海警方确认#新城控股董事长猥亵女童案#】7月3日，上海警方称，新城控股董事长王振华涉嫌猥亵9岁女童属实。据媒体报道，6月29日，女童在一家五星级酒店被猥亵。	17379	咩扣麻麻	2019-12-27 10：27：29
2	@我不是谦哥儿：上海警方已证实，上市公司新城控股董事长王某涉嫌猥亵女童一事属实。根据新城控股官网，其董事长为王振华，男，1962年3月生。王振华让一女子带了9岁和12岁的两名女童到一家五星级酒店，并对9岁女童实施了侵犯，导致女孩下体撕裂伤，构成轻伤。	3726	饼干要努力变强o	2019-07-30 01：53：40
3	转发微博 @碎叫：涉嫌猥亵儿童的新城集团董事长 王振华，还亲自关心指导了集团大型公益项目"七色光计划"，接触了到了大量贫困地区的儿童。细思极恐、极怒。	2149	月薪2300	2019-08-16 18：50：46
4	转发微博 @侯虹斌：鳄鱼小毛毛早期的一个微博。看看今天新闻里，市值3000多亿的新城集团董事长王振华性侵9岁女童，就明白了。	1748	只愿光明能抵抗黑暗	2019-11-26 14：58：08
5	@凯雷：@小黑超乖：@种花家的白白：@顾惜之：@蓝紫青灰：@海飘雪的树洞子：@我不是谦哥儿： 肯定是惯犯 @陈如是说：@EricTsui	1425	蓝烟啼枫	2019-07-09 19：56：31
6	转发微博 @Kevin在纽约：不断收到私信问新城控股董事长王振华涉嫌猥亵9岁女童在美国怎么判？刚看到新浪财经的微博说可能判处5年以下。	1247	wanglner	2019-07-03 22：43：47
7	转发微博 @天眼查：【新城控股董事长猥亵女童案[怒]】6月29日下午，一家五星级酒店里，被"猥亵"的9岁女童向母亲求救，母亲当即报警，王某被采取强制措施。	1200	你的生物学剩母	2019-07-30 14：01：04
8	转发微博 @侠客岛：#岛叔微评#现在大家的目光都集中在新城董事长王某身上，其实，不妨也好好查查拿了1万元好处费的嫖客周某。[怒]#新城控股董事长猥亵女童被刑拘#	1191	陈禾菓	2019-07-30 10：35：34

在微信热点方面,具体情况如表2-5-4所示。微信场域与新闻场域热点几乎一致,均是对事件的报道,具有最高热度的是标题为《亿万富翁王振华涉嫌猥亵女童被刑拘》的文章。

表 2-5-4　"新城控股原董事长猥亵女童"微信热点

序号	标题	热度	来源	时间
1	亿万富翁王振华涉嫌猥亵女童被刑拘	31	百家爆料史	2019-07-11 07:41:00
2	王振华猥亵女童案关键人物身份曝光,幕后细节流出	22	万象评论 APP	2019-09-19 17:00:45
3	新城董事长性侵案中的周某到底是谁	18	热点汇聚	2019-07-11 00:00:00
4	首次披露!王振华涉嫌猥亵女童被拘后的24小时	16	特别会做人	2019-07-10 19:00:38
5	"猥亵女童案"周某疑为王振华情妇:知情人士称其有吸毒史!	15	真理二踢脚	2019-11-06 19:49:39
6	负债3133亿!从公益斗士到性侵恶魔,狠人王振华夺命狂奔	15	苏盛集团	2019-07-12 20:03:13
7	涉嫌猥亵儿童罪!新城控股原董事长王振华今日被批捕!	14	宁化检察	2019-07-11 12:30:57
8	"好人""暴发户""猥亵女童",王振华不为人知的三副面孔	12	万圈	2019-07-09 16:30:00
9	董事长猥亵儿童案:中间人周某疑为王振华情妇,更多细节曝光	11	青岛交通广播 FM897	2019-07-10 13:39:17
10	新城董事长涉嫌猥亵9岁女童,比想象可怕一万倍的数据	11	8090 创业学堂	2019-07-09 20:40:00

3. 网站来源分析

对发布"新城控股原董事长猥亵女童"相关信息的网站来源进行数据分析,具体情况如图2-5-8所示。由图可知,网站来源居首位的是今日头条,为251条,金融界、网易、新浪、搜狐、中国新闻网、中国网等成为主要的网站来源。

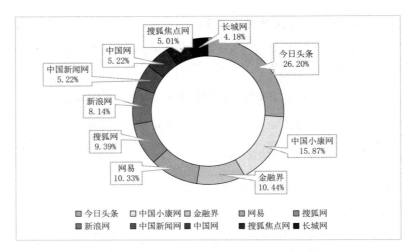

图 2-5-8　"新城控股原董事长猥亵女童"网站来源

4. 活跃用户分析

对"新城控股原董事长猥亵女童"相关信息的微信活跃用户进行数据分析，其中最为活跃的是"万象评论APP"和"人物people"，发布信息数均为15条。整体来看，微信活跃用户以评论类账号为主，发布条数在3～15条不等，具体情况如图2-5-9所示。

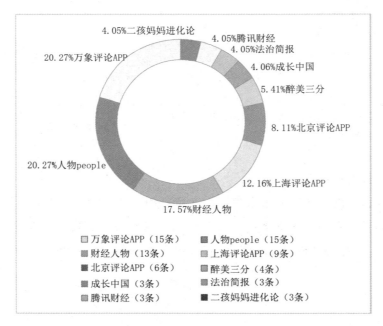

图 2-5-9　"新城控股原董事长猥亵女童"微信活跃用户

5. 舆情地域分布

对"新城控股原董事长猥亵女童"事件的相关信息进行全国地域分布分析可知,热点地域分布主要集中于北京、上海、江苏、贵州、香港,信息量分别是94171、90891、16583、10424、5458条。

6. 情感分析

"新城控股原董事长猥亵女童"事件相关信息中,99%以上为负面情感,其余几条信息为介绍相关公司、人物的背景信息,情感偏中性。

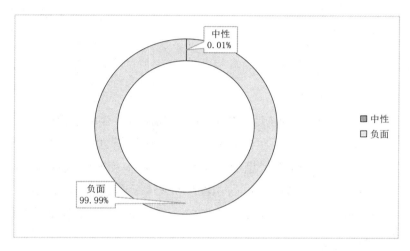

图 2-5-10　"新城控股原董事长猥亵女童"情感分析

（二）台湾地区7天发生3起虐童案

1. 总体概述

2019年1月9日,台湾地区新北市一家私立托婴中心爆出虐童丑闻,该中心托育人员用木质锅铲打幼儿脚底,并将其上下摇晃,将其塞入柜子中。12日,新北市一林姓男子因12岁儿子为其买肉丸没有加辣椒,对其拳打脚踢,并以啤酒瓶伤人。15日,台南一名1岁半女童因不喝奶,被未成年生母伙同表姐等4人活活虐打致死。7天3起虐童案,这些事件通过社会化媒体平台的传播,如微博,引起人们大量的关注。消息曝光后,涉事托婴中心大门及外墙遭人用大量鸡蛋丢掷,并被喷上写有"恶"字样的红漆;林姓男子则被人上门殴打,其住处所在的街巷被上百人包围抗议;台南虐童致死案也引发全台各地数百民众抗议。这样一来,无疑会引起更多对于此次事件的关注和讨论。

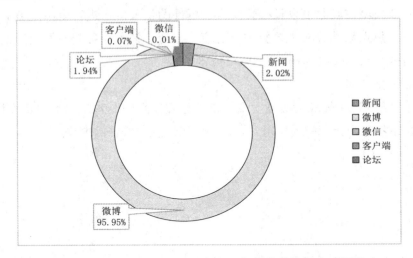

图 2-5-11 "台湾地区 7 天发生 3 起虐童案"信息来源分布

由 图 2-5-11可 知， 在 2019年1月1日0时 至 2019年12月31日24时期间，与主题相关的舆情信息有160369条。其中新闻信息3243条，占比为2.03%，微博信息153872条，占比为95.95%；微信信息20条，占比为0.01%；客户端信息119条，占比为0.07%。由此可见，微博报道数据量最多，其次为新闻数据。

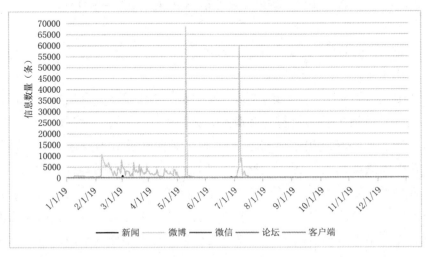

图 2-5-12 "台湾地区 7 天发生 3 起虐童案"信息来源及变化

如图2-5-12所示，在事件发生之初，微博是主要的舆论阵地，信息量明显多于其他来源的信息量。随着时间的推移，微博来源的信息开始出现周期性波动，并呈整体下滑的态势。不过在5月中旬和7月初，微博上关于"台湾地区7天发生3起虐童案事件"的信息量出现了两个峰值，甚至超越事件刚发生时的信息量。这可能主要是由于"台湾地区'修法'：虐童致死者最重可处无期徒刑""台湾地区保姆虐童，500民众主张'乡民正义'围攻保姆家，领头者被抓"等后续事件的发生。整体来看，除微博以外，其他媒体来源的信息量不多。

2. 新闻、微博热点分析

在新闻热点方面，具体情况如表2-5-5所示。热度最高的新闻热点来源于宿迁都市在线于2019年3月23日发布的，标题为《台湾地区近期虐童事件频传》的文章，主要是对台湾地区3起虐童案件进行描述报道，同时还有虐童事件引发的后续新闻，如"台湾地区'修法'：虐童致死者最重可处无期徒刑""台湾地区保姆虐童，500民众主张'乡民正义'围攻保姆家，领头者被抓"等。

表 2-5-5   "台湾地区 7 天发生 3 起虐童案"新闻热点

序号	标题	热度	来源	时间
1	台湾地区近期虐童事件频传	47	宿迁都市在线	2019-03-23 22：18：24
2	标签：虐童台湾卫福部门 责任编辑：台海相关新闻 台湾连爆多起重大虐童事	45	宿迁都市在线	2019-03-23 22：18：20
3	台湾新北一私立托育中心涉虐童案引爆关注	26	南平都市网	2019-04-07 21：59：35
4	台湾保姆疑虐童网友讨伐爆警民冲突 警方承诺严办	20	华夏经纬网	2019-06-28 15：50：15
5	台湾修法：虐童致死者最重可处无期徒刑	14	华夏经纬网	2019-05-17 12：59：50
6	台湾"教师法"修正通过 狼师虐童最重终身不得任教	2	华夏经纬网	2019-03-07 14：02：42
7	视频-台湾男子街头虐童：猛踹4岁儿子腹部！	1	国搜新闻	2019-02-12 12：32：07
8	台湾保姆虐童，500民众主张"乡民正义"围攻保姆家，领头者被抓	1	一度君	2019-07-02 21：11：00
9	台湾虐童致死者最重可处无期徒刑 2019年05月11日	1	台海网络广播电视台	2019-05-11 00：00：00

序号	标题	热度	来源	时间
10	台湾新北一私立托育中心涉虐童案引……	1	南昌在线	2019-04-02 13：06：32

在微博热点方面，其热度要比新闻和微信场域高出很多。其中热度最高的是来自个人账号"冷月轻吟_kang"的一条的微博，比"台湾地区7天发生3起虐童案"事件时间靠后。相关信息如表2-5-6所示。

表2-5-6　"台湾地区7天发生3起虐童案"微博热点

序号	正文	热度	来源	时间
1	据台湾《联合报》报道，台东一名妇女教养孩子方式很"特殊"，孩子非正餐时间喊饿，被她载到离住家5公里处"野放"；日前6岁女儿哭闹不休拒看牙医，这名妈妈不但拿刀威胁，还硬把孩子关进后车厢，台东县社会处认定虐童，须接受50小时以下亲职教育。	7643	冷月轻吟_kang	2019-12-31 21：34：42
2	据台湾《联合报》报道，台东一名妇女教养孩子方式很"特殊"，孩子非正餐时间喊饿，被她载到离住家5公里处"野放"；日前6岁女儿哭闹不休拒看牙医，这名妈妈不但拿刀威胁，还硬把孩子关进后车厢，台东县社会处认定虐童，须接受50小时以下亲职教育。	70	程前一道1166	2019-11-18 13：09：44
3	转发微博@综艺推荐小姐姐：发布了头条文章：《台湾一幼儿园虐童视频被曝光，幼童被粗暴摇晃，被打小孩哭声凄惨！》	37	娇娘日记	2019-08-29 01：01：02
4	转发微博@极品特长生：【男童全裸被吊阳台，饿到吃粪便！】《法律与生活》综合报道，台湾新竹传出虐童案，3岁男童遭到不人道虐待，不仅全裸被吊在阳台，瘦到皮包骨，甚至还吃地上的排泄物。受虐男童生母洪女士回想起儿子遭虐待一事，相当自责。	35	红糖小姜	2019-06-16 14：39：33
5	《台湾一幼儿园虐童视频被曝光，幼童被粗暴摇晃，被打小孩哭声凄惨！》http：t.cn/Ai3qXsXG 台湾一幼儿园虐童视频被曝光，幼童被粗暴摇晃，被打小孩哭声凄惨！	30	跟达人学化妆	2019-10-19 13：07：38

3. 网站来源分析

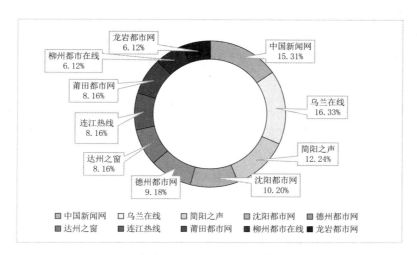

图 2-5-13 "台湾地区 7 天发生 3 起虐童案"网站来源

由图 2-5-13可知，网站来源居首位的是乌兰在线，其次为中国新闻网和简阳之声。

4. 舆情地域分布

由数据分析可知，热点地域分布主要集中于台湾地区、北京、上海、云南、河北，信息量分别是10330、589、519、513、44。

5. 情感分析

"台湾地区7天发生3起虐童案"事件信息中，99.90% 均为负面情绪。

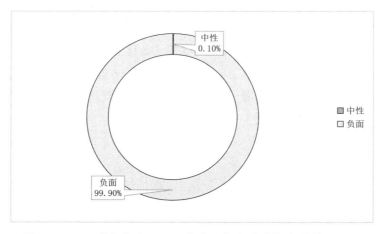

图 2-5-14 "台湾地区 7 天发生 3 起虐童案"事件情感分析

（三）浙江淳安女童章子欣被租客带走遇害事件

1.总体概述

2019年7月4日，浙江淳安女童章子欣被租客梁某华、谢某芳以"去上海参加婚礼"为名带走，7日起失联。其中梁某华43岁，谢某芳46岁，两人均为广东茂名化州市人。两人已于7月8日凌晨跳湖自杀。7月13日，章子欣的疑似遗体被发现，浙江省公安厅发布警方通报称，经刑侦技术鉴定，13日下午在象山县石浦海域发现的女孩遗体，确认系杭州市淳安县失联女孩章子欣。经公安机关调查，种种迹象反映出两人有携章子欣一起自杀的动机。由于最初并未找到女童踪影，整个事件扑朔迷离，引发社会广泛关注和讨论。

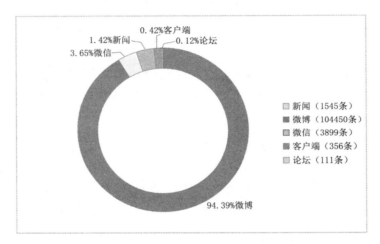

图2-5-15 "浙江淳安女童章子欣被租客带走遇害事件"信息来源分布

在2019年1月1日0时至2019年12月31日24时期间，主题相关舆情不排重信息有110361条，其中新闻信息1545条，占比为1.42%；微博信息104450条，占比为94.39%；微信信息3899条，占比为3.65%；客户端信息356条，占比为0.42%；论坛信息111条，占比为0.12%。由此可见，关于此次事件微博数据量最多，微信数据次之。

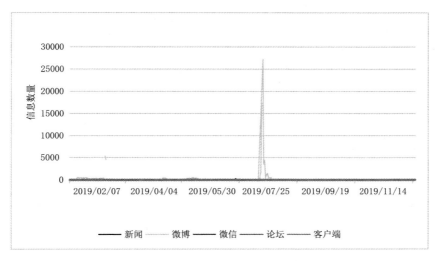

图2-5-16 "浙江淳安女童章子欣被租客带走遇害事件"信息趋势

从图2-5-16中可以看出，该事件的舆情信息主要集中在事件被爆出后的半个月左右的时间，微博是其主要舆论阵地，其次还有部分微信等其他来源的信息。随着事件的发展，在章子欣确认被害后，信息达到峰值，后慢慢回落。

2. 新闻、微博、微信、热点分析

对"浙江淳安女童章子欣被租客带走遇害事件"从新闻、微博、微信三个场域进行舆情热点分析结果如下。

在2019年7月事件发生后，各个场域中热点开始出现。在新闻热点方面，来源于"浙江都市网"标题为《杭州多部门紧急开展暑期留守儿童安全隐患排查》的文章热度最高，为102。其次为来源于"数据新闻网"的标题为《浙江淳安女童章子欣遗体已火化，家人发文表示感谢》的文章，热度为51。热点文章的主要内容除了对事件进展的报道，还有关于此事件延伸出来的关注留守儿童安全的内容。在微博场域中，该事件总体热度很高。最高的是来源于"小河静流娅点翠"发布的与事件相关的信息，热度为11086。其次是"莉莉是个小太阳_"发布的内容为"警方查死因！ 杭州女童章子欣死亡真相正待揭晓"的微博，热度为8484。总体是对"央视新闻""头条新闻""1818黄金眼"等官方新闻平台账号发布文章进行转发，讨论事件的真相。新闻和微博场域热点发布时间均主要为7月中旬，比较及时。具体情况如表2-5-7、表2-5-8所示。

表 2-5-7　"浙江淳安女童章子欣被租客带走遇害事件"新闻热点

序号	标题	热度	来源	时间
1	杭州多部门紧急开展暑期 留守儿童 安全隐患排查	102	浙江都市网	2019-07-17 08：59：00
2	浙江淳安女童章子欣遗体已火化 家人发文表示感谢	51	数据新闻网	2019-08-16 13：08：00
3	杭州失联女童确认身亡：事件疑点诸多 调查难度较大	50	溧阳市资讯网	2019-07-15 01：51：00
4	9 岁女孩被租客带走轨迹渐清晰！章子欣，你在哪里？	45	大众网	2019-07-12 08：41：00
5	浙江警方：初步判断章子欣非失足落水	45	南昌科技信息	2019-08-26 04：41：00
6	杭州失联女童仍未找到父亲对大海呼喊女儿名字	39	欧塞经济信息	2019-07-14 01：22：36
7	6 问杭州女童案：俩嫌疑人有携章子欣一起自杀动机	37	中工网	2019-07-15 19：55：26
8	被租客带走女孩失联前一天： 行程过千里 经 4 站中转到宁波	35	微信头条	2019-07-15 11：25：55
9	杭州 9 岁女童被两名租客带走失联	32	大众新闻网	2019-07-12 09：57：01
10	警方释疑杭州女童失联案 两租客有携章子欣自杀动机	31	新浪江苏	2019-07-15 18：00：21

表 2-5-8　"浙江淳安女童章子欣被租客带走遇害事件"微博热点

序号	正文	热度	来源	时间
1	挺好奇租客发来的那段数字 @新浪新闻客户端：【杭州＃失联女童和父亲最后通话＃：爸爸 我回不来了】＃失联女童曾说我要回家＃7 月 7 日，女孩失联当天，两名租客未按约定把章子欣送回家，章军和女儿通过最后一个电话；章父回忆孩子只说了两句话。	11086	小河静流娅点翠	2019-08-12 13：11：41

序号	正文	热度	来源	时间
2	转发微博 @ING 直播：【警方查死因！ 杭州女童章子欣死亡真相正待揭晓】昨天，宁波象山石浦海域发现的遗体被确认系杭州失联女童章子欣。警方通过尸体解剖进一步查明死因。7月4日，章子欣被家中两名租客梁某华、谢某芳带走，7日起失联。	8484	莉莉是个小太阳_	2019-08-27 16：50：08
3	转发微博 @1818 黄金眼：【记者联系上子欣父亲 搜救中发现孩子的市民卡】7月4日，杭州淳安9岁女童章子欣被家里两名租客带走，谎称带孩子去上海当婚礼花童，结果租客带着孩子出现在了宁波。7月7日，女孩失联。	5368	一杯从别后风月不相闻	2019-08-23 12：10：49
4	转发微博 @央视新闻：【#寻找杭州9岁女童章子欣#：被租客带走 至今下落不明】章子欣，9岁，浙江杭州淳安千岛湖镇青溪村人。7月4日早，家中租客梁某华、谢某芳谎称带孩子喝喜酒，将孩子从家中带走。	3636	可乖宝宝k	2019-07-17 11：56：40
5	[蜡烛][伤心]@头条新闻：【#杭州失联女孩遗体被发现#】据 @都市快报，下午3时左右，在象山松兰山景区海里发现了失踪女孩子欣的遗体。7月4日早上，杭州女孩章子欣被家中租客以当花童为由带走，3天后失联。#杭州失踪女童遗体被找到	2085	NovJia	2019-07-16 10：42：25
6	转发微博 @梨视频：【搜救画面曝光！ #杭州失联女童失踪区域锁定#，200余人参与搜救：山上水里同时搜[话筒]】7月4日，浙江杭州9岁女童章子欣被家中俩租客带走，未按约定带回孩子，8日凌晨，两租客在宁波自杀身亡，女童至今下落不明	2034	感受司法案件迟来的正义YJ	2019-08-12 21：00：04
7	转发微博 @ING 直播：【警方查死因！ #失踪女童案件调查情况# 杭州女童章子欣死亡真相正待揭晓】昨天，宁波象山石浦海域发现的遗体被确认系杭州失联女童章子欣。警方通过尸体解剖进一步查明死因。7月4日，章子欣被家中两名租客梁某华、谢某芳带走，7日起失联。	1999	鸡蛋少女ing	2019-07-15 09：07：58

续表

序号	正文	热度	来源	时间
8	转发微博@浙样红TV：【最新披露！#失联女童曾说我要回家#】7月7日，女孩失联当天，两名租客未按约定把章子送回家，而是打网约车从宁波老外滩到长城风景区。这名网约车司机被找到了，司机称自己在车上听到女孩父亲跟租客的微信语音。	1834	巴黎巷尾的樱花R	2019-08-23 17：33：18
9	转发微博@安徽反邪教：【#失踪女童确认曾在漳州出现#停留2天左右】浙江杭州9岁女童被两名租客带走后失联一事持续发酵。记者从漳州东山县公安局相关人士获悉，据调查章子欣曾在福建省漳州市东山县出现。7月4日，章子欣与两位租客到达东山县，其去过东山马銮湾，与网传在东山海滩边出现的视频吻合。	1798	宿州正道	2019-08-08 17：31：55
10	转发微博@安徽反邪教：【杭州#10岁女童被租客带走#事件：租客被发现自杀身亡女孩至今下落不明】7月4日，杭州淳安千岛湖镇清溪村10岁女童章子欣被家中租客梁某华、谢某芳谎称带孩子赴上海喝喜酒为由从家中带走。	1107	宿州正道	2019-08-07 10：03：45

在微信热点方面，热度最高的是来源于"祝福短信大全"的标题为《被租客带走遇害的章子欣，我曾在2年前遇到过她》的文章，热度为154。其次为来源于"萌娃说秀"的标题为《杭州失联9岁女童遗体找到：做父母的永远不要高估人性》的文章，热度为134。微信热点内容同样主要围绕着事件本身，但时间上多集中在9月，相较于微博和新闻场域来说比较滞后，如表2-5-9所示。

表2-5-9 "浙江淳安女童章子欣被租客带走遇害事件"微信热点

序号	标题	热度	来源	时间
1	被租客带走遇害的章子欣，我曾在2年前遇到过她	154	祝福短信大全	2019-09-04 13：00：48
2	杭州失联9岁女童遗体找到：做父母的永远不要高估人性	134	萌娃说秀	2019-09-07 17：30：13
3	杭州失联9岁女童遗体找到，整个事件令人不寒而栗：拿什么保护你，我的孩子……	107	小学语文教辅班	2019-10-28 09：00：00

序号	标题	热度	来源	时间
4	李彦宏救不了百度	107	紫一山人	2019-11-29 00∶00∶00
5	9岁女孩被租客"借走"后失联，爸爸崩溃：宁愿女儿被卖，只求她还活着	98	优雅的女子会讲话	2019-12-10 20∶02∶10
6	杭州失踪女童遗体找到了，整个事件令人不寒而栗	94	领导高参	2019-07-24 00∶02∶00
7	杭州9岁女童遇害事件：请告诉孩子，这个世界真的有坏人！	88	轻轻家教家课堂	2019-09-23 17∶35∶23
8	杭州失踪女童遗体找到了，背后的真相更可怕……	72	自信女士会讲话	2019-11-18 20∶04∶38
9	杭州女孩失踪案：越看越像邪教作案！	71	寰宇民族复兴日刊	2019-09-21 19∶46∶03
10	马化腾：是一起死，还是改一改？	70	和庆企管爱投资	2019-12-27 00∶06∶31

3. 报道来源

对"浙江淳安女童章子欣被租客带走遇害事件"的数据来源进行数据分析，具体情况如图2-5-17所示。由图可知，来源居首位的是今日头条，占42.35%，中国小康网、大众网、搜狐网、ZAKER新闻、人民网等媒体均有报道。

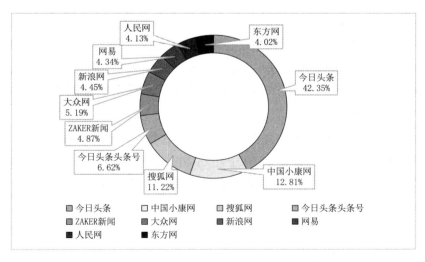

图2-5-17 "浙江淳安女童章子欣被租客带走遇害事件"报道来源

4. 论坛活跃度分析

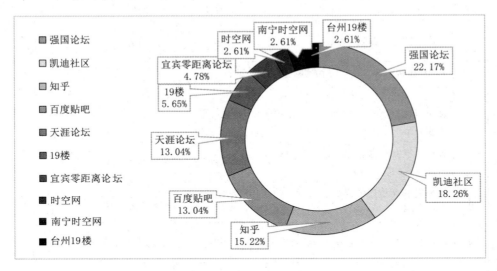

图 2-5-18　"浙江淳安女童章子欣被租客带走遇害事件"论坛活跃度

对"浙江淳安女童章子欣被租客带走遇害事件"相关信息的论坛活跃度进行数据分析，其中活跃度为前五的分别是"强国论坛"（占22.17%）、"凯迪社区"（占18.26%）、"知乎"（占15.22%）、"百度贴吧"（占13.04%）和"天涯论坛"（占13.04%）。这五个论坛均为知名互联网社区，除此之外，还有"南宁时空网""台州19楼""宜宾零距离论坛"等地方社区都对此事进行了讨论，可见该事件引发的社会讨论之广。

5. 舆情地域分布

对"浙江淳安女童章子欣被租客带走遇害事件"的相关信息进行全国地域分布分析可知，热点地域分布主要集中于浙江、北京、上海、广东、福建，信息量分别是26323、19761、18477、9577、5041。事件发生地浙江关注度最高。

6. 情感分析

由图2-5-19可知，情感分析居首位的是负面，为109858条，占99.54%，其次为正面（283条，占0.26%）和中性（220条，占0.20%）。可见，关于"浙江淳安女童章子欣被租客带走遇害事件"的报道几乎都抱有负面情绪。

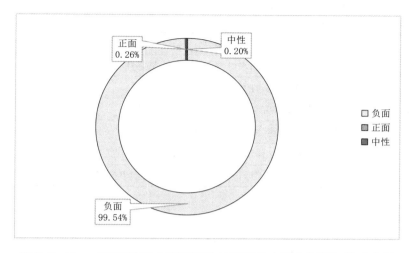

图 2-5-19 "浙江淳安女童章子欣被租客带走遇害事件"情感分析

五、儿童与法律保护领域其他舆情事件

（一）其他舆情事件排行榜

表 2-5-10 2019 年儿童与法律保护领域其他重要舆情事件

序号	事件	总分
21	杭州警方通报：外省发现无名尸体系杭州失联女孩，初步排除刑事案件	12.95
22	北京一听力康复中心被指虐待儿童，2 人被刑拘	11.85
23	北京一中院发布《未成年人权益保护创新发展白皮书》：校外培训机构人员侵害未成年人权益犯罪明显增加	8.76
24	安徽马鞍山市一幼儿园儿童疑似遭针扎，嫌疑人被控制	8.49
25	北京通州一幼儿园被爆多名儿童有针刺伤，警方介入调查	8.11
26	内蒙古幼教虐待儿童，获刑 1 年半禁止从业 5 年	7.74
27	西安碑林区检察院批捕一起猥亵儿童案嫌疑人	6.92
28	福建省泉州市 5 岁男孩被后妈虐打致死	6.90
29	北京首例上学高峰期向幼女伸"咸猪手"男子获刑三年	4.09
30	江苏常州溧阳 2 岁男童疑遭虐打生命垂危，生父和后妈已被刑拘	3.90
31	山西太原一"小饭桌"老板多次猥亵儿童被刑拘	2.14
32	上海市首例因公共交通性骚扰而受到刑事处罚：地铁"咸猪手"强制猥亵案，其中有未成年人	1.72
33	贵州省贵阳中加新世界国际学校（民办）教师刘某某猥亵学生	1.70

续表

序号	事件	总分
34	辽宁省葫芦岛市绥中县高台镇水口村小学校长王某某性侵学生	1.37
35	浙江舟山一托管班经营者强奸女童获刑七年	0.71
36	西南科技大学某学生涉嫌在火车上猥亵一名9岁女童	0.40
37	汉中一60岁保安猥亵女童20余次被起诉	0.34
38	山东泰州48岁男子假借"作法"猥亵13岁女童	0.22
39	江苏沛县一小学60岁男门卫涉嫌猥亵9岁女学生被刑事拘留	0.11

（二）其他重要舆情事件回顾

1. 北京一中院发布《未成年人权益保护创新发展白皮书》：校外培训机构人员侵害未成年人权益犯罪明显增加

关键词：未成年人权益保护创新发展白皮书、校园欺凌、校外培训机构

事件简介：北京市第一中级人民法院发布《未成年人权益保护创新发展白皮书（2009—2019）》（以下简称《白皮书》）。《白皮书》显示，校园欺凌问题已经成为校园伤害案件的重要诱因之一，近半数的校园欺凌案件都发展为网络欺凌、网络恶意传播、网络暴力。近七成的未成年人犯罪案件与近六成的未成年人被害刑事案件都存在未成年人不正常接触网络不良信息的问题。未成年人网络犯罪与网络被害形成"双刃危机"。《白皮书》表明，近年来教育从业人员等与未成年人密切接触人员犯罪增加，其中校外培训机构的从业人员侵害未成年人的犯罪案件呈现明显上升趋势。

2. 西安碑林区检察院批捕一起猥亵儿童案嫌疑人

关键词：猥亵儿童、未成年人健康成长

事件简介：2019年11月，西安碑林区检察院批准逮捕一起猥亵儿童案件嫌疑人。嫌疑人李某利用自己在路边摆放小黄车的便利，在碑林区某中学门口多次诱骗多名男生到自己家中玩电脑游戏，游戏期间利用初中生年纪小、不敢反抗等特点，猥亵多名男生，给受害人及家庭造成了很大的伤害。碑林区检察院提醒：为避免类似事件发生，政府、企业、社会、学校和家长须携手合作，通过加强管理、行业自律等多种途径，共同为未成年人成长营造安全、健康的环境。

III 专题报告

专题一："小眼镜"：儿童近视问题的舆情分析

近视已经成为危害儿童身体健康的重要因素之一。世界卫生组织的一项研究报告显示，目前，我国近视患者达6亿人，青少年近视率居世界第一，小学生的近视率也接近40%。全国近视眼中，中小学生超过1亿人。2019年教育部等8部门联合印发《综合防控儿童青少年近视实施方案》表示，防控儿童青少年近视需要政府、学校、医疗卫生机构、家庭、学生等各方面共同努力，需要全社会行动起来。教育部、国家卫健委与各地签订的《全面加强儿童青少年近视防控工作责任书》明确，要设置专项资金、配备设施设备、建立电子档案、强化户外体育锻炼等，切实降低儿童青少年总体近视率。儿童近视防护已被提到了重要位置。

一、"小眼镜"舆情研究的数据说明

研究以"儿童；青少年；近视；视力不良"等相关词汇为关键词，共抓取从2019年1月1日到2019年12月31日的相关舆情信息742003条。其中微博信息697241条，信息占比最高，达到93.96%；微信信息25162条，占比为3.39%；新闻网站信息9849条，占比为1.33%；论坛信息4786条，占比为0.65%；客户端信息3812条，占比为0.51%；电子报信息1153条，占比为0.16%。由此可见，社交媒体场域中的微博报道数据量最多，其次为微信数据。

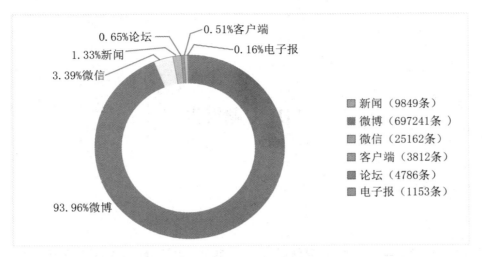

图 3-1-1　"小眼镜"相关信息数据来源对比

二、"小眼镜"舆情的报道热点

（一）新闻热点：聚焦各省市儿童视力防控措施

由表3-1-1可知，2019年儿童近视问题相关新闻热点事件聚焦在各省市对儿童视力的防控。其中热度排名前三位的新闻事件依次是"首届儿童青少年近视防控高峰论坛在济南召开""浙江省儿童青少年近视综合防控爱眼日暨师生健康中国健康主题活动在杭举行""我省2019年第一次儿童青少年近视调查工作顺利完成"，均由浙江省疾病预防控制中心发布，热度分别为1030、903、509；排名第四至第九位的"视力健康有了档案 广东防控青少年近视出新招""22省份签青少年近视防控责任书""2018年全国儿童青少年总体近视率为53.6%"等事件热度较高，均在100以上。

表 3-1-1　新闻热点

序号	标题	热度	来源	时间
1	首届儿童青少年近视防控高峰论坛在济南召开	1030	浙江省疾病预防控制中心	2019-07-03 00：00：00
2	【目浴阳光 你我同行】浙江省儿童青少年近视综合防控爱眼日暨师生健康中国健康主题活动在杭举行	903	浙江省疾病预防控制中心	2019-05-30 00：00：00
3	我省2019年第一次儿童青少年近视调查工作顺利完成	509	浙江省疾病预防控制中心	2019-07-02 00：00：00

序号	标题	热度	来源	时间
4	视力健康有了档案 广东防控青少年近视出新招	174	中国未成年人网	2019-10-05 09:05:31
5	22省份签青少年近视防控责任书	125	中国经济网	2019-06-06 10:29:00
6	2018年全国儿童青少年总体近视率为53.6%	124	东莞时间网	2019-11-07 00:00:00
7	国家卫健委调查：全国儿童青少年一半以上近视	123	松原新闻网	2019-07-28 07:33:52
8	作为一名眼科医生 我这样让自己的孩子远离近视	122	中国山东网	2019-06-06 11:06:54
9	北京市十部门联合制定"近视防控十条"保护青少年视力	119	成都市就业新闻网	2019-12-21 00:29:00

（二）微博热点：个人账号现身说法，介绍儿童近视预防的亲身经验

由表3-1-2可知，2019年儿童近视问题相关微博中，热度最高的是微博用户"@emma_liu1983"发表的"孩子近视不敢说，7招教你辨真假"，该微博热度为23272，主要介绍了7个辨别儿童近视的方法；"3岁女儿趴窗台上1小时没动＃爸爸走近后哭笑不得""趴桌子睡觉有何危害？""护眼灯玩概念：近视度数月涨250"热度排名在第二至第四位，热度均在10000以上。从信息来源来看，微博热点事件的发布主体均为个人用户；从内容来看，与新闻热点不同，微博热点事件聚焦于儿童近视防护相关的具体案例。

表3-1-2　微博热点

序号	正文	热度	来源	时间
1	【孩子近视不敢说，7招教你辨真假】随着电脑、游戏机的普遍化、低龄化，小孩早早地就患上了近视眼，而且患近视的小孩数量逐渐增多。得了近视的小孩因为心理上的原因，喜欢隐瞒自己得了近视的真相，父母不能及时发现，从而使得近视度数加深。将教给家长七招，使得小孩"假近视"无处遁形。	23272	emma_liu1983	2020-01-01 23:17:22

序号	正文	热度	来源	时间
2	小孩子的世界咱不懂 @人民视频：【#3 岁女儿趴窗台上 1 小时没动＃爸爸走近后哭笑不得】近日，辽宁葫芦岛，为了预防孩子近视，邓先生每天严控 3 岁女儿看电视的时间。一次他关掉电视后，发现女儿趴到窗台上一个多小时纹丝不动。	17831	那片在未来的海	2019-12-31 20：41：54
3	＃【养生讲堂】趴桌子睡觉有何危害？趴睡时压迫的眼球，使眼球涨大、眼轴增长，很容易损伤眼角膜和视网膜，引起角膜变形、弧度改变，还可能导致眼压升高，诱发青光眼。除了会影响视力，形成高度近视，增加青光眼发病率，很可能加速散光。这可能是很多学生近视原因之一。	12356	雪晨 chen 桓	2019-12-25 23：14：00
4	【护眼灯玩概念：近视度数月涨 250】李女士为孩子买盏护眼灯，没多久发现孩子近视度数从 200 度涨到 450 度！护眼灯真能预防近视吗？记者调查发现，护眼灯更多是商家玩的概念。	10345	颜若熙 jiaoliao	2019-12-31 09：50：52
5	转发微博 @迷途前往围脖：＃近视孩子不戴眼镜＃	8197	用户 6782591330	2019-02-12 16：00：16
6	【孩子近视早期通常会有这些表现】1. 频繁眨眼，可以增加视力清晰度，因此孩子看不清东西时，会频繁眨眼。2. 看东西时爱眯眼睛或者歪头，眯眼时眼睑可以遮挡部分瞳孔，能减少光线的散射，暂时提高和改善视力，歪着头看物体可以减少散射光线对视力的影响。3. 喜欢拉扯眼角。4. 看东西时眼睛与东西贴得很近。	6689	潮妈育儿指南	2019-12-29 05：04：05
7	【甜食】大多数孩子都喜欢吃甜食，不仅符合孩子的口味，而且可以让孩子的心情变得更好，但是多吃甜食对眼睛却是有伤害。过量吃甜食，会导致体内维生素 B_1 缺乏，从而导致孩子容易患上近视眼。	6011	Ruby_ 要坚定要快乐要思考要进步	2019-12-28 09：44：12

序号	正文	热度	来源	时间
8	【假性近视】孩子近视了，别急着配眼镜，要考虑是否为假性近视。有的孩子是因为用眼疲劳造成的假性近视，如果因此就戴上眼镜，久而久之，就变成了真的近视。	4721	薄稀空气	2019-12-28 04：42：11
9	转发微博 @人民日报：【2 岁半宝宝近视 900 度！别再给幼儿玩手机】江苏扬州 2 岁半的女童小曼看人总习惯皱着眉头、眯着眼睛，家人带她到医院检查，孩子双眼竟然近视 900 度且不可逆。	4467	薇笑 cici	2019-09-30 16：18：27

（三）微信热点：机构账号居多，聚焦儿童近视防控具体措施

由表 3-1-3 可知，2019 年儿童近视相关微信事件中，热度排名第一位的是由微信公众号"童趣聊"发表的文章《如何预防近视？保护孩子视力，这些对眼睛好的食物，记得多吃》，介绍有利于预防近视的食物，热度为 246；此外《2 岁半女童双眼近视 900 度！这个东西，别再让孩子碰了！》《我国儿童青少年一半以上近视！这样控制、预防最有效》等微信文章热度较高，均在 100 以上。不同于新闻热点中对各省市地区的宏观防控措施和微博热点事件的具体防护案例，微信热点事件聚焦在儿童近视防控的具体措施。

表 3-1-3　微信热点

序号	标题	热度	来源	时间
1	如何预防近视？保护孩子视力，这些对眼睛好的食物，记得多吃	246	童趣聊	2019-12-30 00：00：00
2	2 岁半女童双眼近视 900 度！这个东西，别再让孩子碰了！	160	风车知道	2019-12-09 20：30：00
3	我国儿童青少年一半以上近视！这样控制、预防最有效	152	眼视光学工作站	2019-12-16 19：17：07
4	【一图读懂】致公众：儿童青少年近视防控健康教育核心信息	147	浙江省儿童青少年近视防控中心	2019-12-30 14：00：00
5	儿童青少年近视防控健康教育核心信息	145	大城县疾控中心	2019-12-30 09：23：52
6	暑期是近视高发期！眼科医生带你了解孩子近视的 10 个真相	144	池州青春派研学旅行	2019-12-30 06：02：21

续表

序号	标题	热度	来源	时间
7	【陶云】8月23日一种专门针对青少年近视眼预防与控制的"三梯度疗法"	118	惠泽国医	2019-08-07 06：30：00
8	5岁以上近视人口将达7亿！保护青少年视力要警惕这些"大忽悠"	118	完全眼镜杂志	2019-12-12 20：30：00
9	天哪！孩子近视的罪魁祸首，原来不是电子产品！	112	快乐父母成长学院	2019-12-13 14：17：44
10	严禁使用APP布置作业！各地出台护眼政策，预防孩子近视，你还有哪些高招？	95	成绩查询网络查分入口	2019-04-07 12：54：16

三、"小眼镜"舆情的报道来源

（一）网站来源：以资讯类新闻网站客户端为主

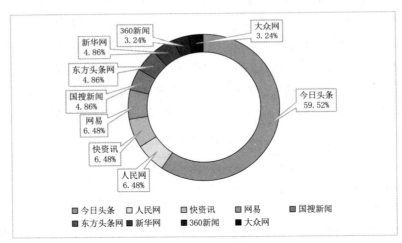

图 3-1-2　网站来源

由图3-1-2可知，网站来源信息居首位的是今日头条，为1838篇，高于其他网站；其次为人民网和快资讯，信息量均在300以下。人民网、新华网等媒体对儿童近视问题均有大量报道。在主要网站来源中，今日头条作为头部门户网站，网站信息总量大，因此儿童近视相关报道数量也高于其他网站。

（二）微信账号：商业自媒体和科普账号较为活跃

由图3-1-3可知，微信活跃用户居首位的是视觉健康顾问，为301篇，占发布文章总量的17.02%；其次为眼视光E生和视防眼健康，发布文章数量分别为263篇、210篇。此外，爱眼E生、成向眼视光、眼镜验配师、名镜庭眼镜等发布文章数量较多，均在100篇以上。在微信活跃用户中，眼镜验配师、名镜庭眼镜、天门新潮眼镜等9个微信用户为眼镜验配机构的运营推广账号，属于类商业自媒体，青少年护眼知识为近视防护类科普账号。

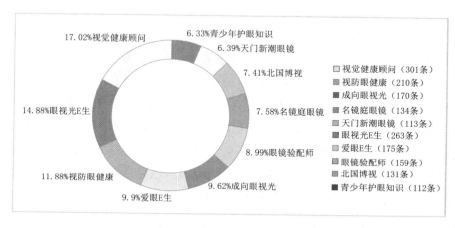

图3-1-3　微信活跃用户

四、"小眼镜"舆情的全国地域分布：关注度全国覆盖，北京较高

由数据可知，热点地域分布主要集中于北京、辽宁、广东、江苏、台湾地区，信息量分别是51013、39621、21101、18371、17094。北京作为我国政治、经济、文化中心，对儿童近视问题的关注度居首。

五、"小眼镜"舆情的情感分析：负向为主，凝聚家庭与社会关切

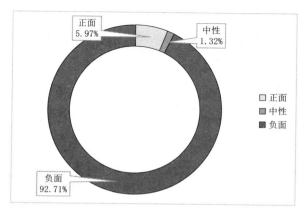

图3-1-4　情感倾向

　　通过样本内容分析，可以从中发现网民的情绪偏向。本研究将2019年"儿童近视"相关信息的情感倾向细分为正面、中性、负面三种类型，由图3-1-4可知，情感分析居首位的是负面，为687925条，占相关信息总量的92.71%，其次为中性和正面，所占比重分别为1.32%和5.97%。

　　可见，对于儿童近视问题，负面情绪占据着舆论的主导位置。孩子是每个家庭关注的焦点，孩子的健康问题是家长关注的重中之重。世界卫生组织的一项研究报告显示，目前，我国近视患者达6亿人，青少年近视率居世界第一。高中生和大学生的近视率均已超过七成并逐年上升，小学生的近视率也接近40%。全国近视患者中，中小学生预估超过1亿人。[①] 近年来，学校教育或多或少都存在重智育、轻体育的现象，孩子近距离学习时间过长、学习强度和频率过大，加之日常用眼习惯不良，导致了近视的早发、高发。除此之外，学业压力过重、学习用品质量不合格等因素也导致儿童近视数量的不断上涨。《2岁半女童双眼近视900度！》《5岁以上近视人口将达7亿！》等新闻受到家长、老师等关注。

　　在儿童近视的相关舆情信息中，课业压力过重、孩子沉迷电子游戏、家长引导缺位、教育功利化等负面情绪占据了绝大部分，这也在一定程度上反映出我国儿童近视问题形成的复杂原因。

六、"小眼镜"舆情的报道热点

　　关键词：孩子、儿童、青少年、近视、防控等

　　为进一步挖掘2019年"儿童近视"相关报道的主题与热点，对样本关键词进行聚类分析得到图3-1-5，如图所示，关键词可分为"孩子""近视""视力""儿童青少年""近视防控"五个词团。"家长""父母""老师"等关键词反映孩子生活中发生联系的群体；"户外""视网膜""度数""角膜"等关键词涉及与近视有关的专业术语；"手机""维生素"等关键词反映影响视力的因素；"眼镜""医生"等关键词表明改善视力的方法；"儿童青少年"词团涉及青少年儿童、学生、未成年人、新时代、公益、课程关键词；"幼儿园""中小学生""保健操""学校""教育局"等关键词反映与近视防控有关的群体和措施。

---

① 我国近视患者已达6亿，青少年近视率居世界第一，《光明日报》，2018-08-20，http://education.news.cn/2018-08/20/c_129935722.htm.

由此可见，儿童近视相关的群体、影响因素、控制近视方法引发热烈讨论。

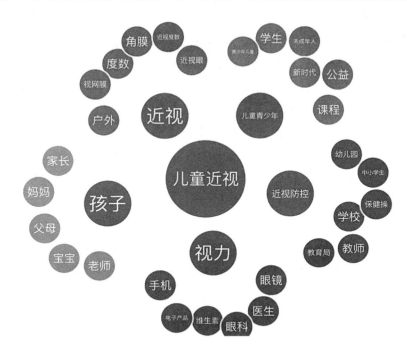

图 3-1-5　舆情关键词

七、"小眼镜"舆情的媒体报道特征

（一）媒体报道总量大，且具有明显周期性特征

2019年儿童近视问题的相关信息总量为742044条，在儿童与健康领域的相关主题的报道中位居前列，可见社会各界对于"小眼镜"问题有着很高的关注度。此外，儿童近视问题的相关报道有明显的周期性特征。

一是报道数量的峰值出现在暑假、寒假结束之后的"开学季"。每逢开学，"近视"都是一个绕不开的话题。孩子们会发现，身边有的同学新戴上了"小眼镜"，有的同学"小眼镜"又变厚了。2019年3月开学季，全国29个省份超1000所中小学校园掀起"爱眼护眼"热潮。各地卫生、教育、妇联、关工委、慈善总会等多部门，联合专门的眼科医院，为学生、老师、家长带来超过500场的眼健康科普讲座。二是同类事件在多地重复出现。面对儿童近视问题，为进行儿童近视的防护，不同地区纷纷出台了不同的防控举措，比如，广东为防控青少年近视建立视力健康档案、北京市十部门联合制定"近视防控十条"保护青少年视力、浙江省出台新规"严禁使用 APP 布置作业"等。不同地区出台近视防控的不同措施以响应国家的相关政策要求，可以看出从中央到地方各级组织、各个部门对儿童近视问题的关注与重视。

（二）微博、微信等自媒体平台传播量远高于传统媒体

网络媒介的出现打破了传统的信息传播流程，网民可以通过微博、微信等形式直接发表观点和见解，及时且通畅的沟通渠道赋予了民众更多的话语权。儿童的健康问题一直是学校、家长、老师关注的重点，而随着电子产品的过度使用、学业压力日益繁重等原因，儿童近视问题呈现越来越明显的低龄化趋势。因此，儿童的近视问题近年来逐渐跃升为儿童与健康领域关注重点问题。

对于"小眼镜"问题，人们利用微博、微信等社交平台发布、获取儿童近视的相关信息，以社交关系为纽带的信息传播具有更好的传播效果。传统媒体由于受报道选题的限制、版面位置的取舍、报道内容的平衡、媒体性质的制约等主客观因素影响，对于儿童近视问题的报道数量较少，因此微博、微信等自媒体平台对儿童近视问题的相关报道量要明显高于传统媒体。

（三）主流媒体的报道质量高于微博、微信等自媒体平台

对于儿童近视问题的相关报道中，主流媒体虽然从传播量上看明显弱于微博、微信等自媒体平台，但从传播内容的质量上看，深度报道、评论、观点性文章还是以主流媒体信息为主。

2019 年 4 月 3 日，搜狐网发布时评《一亿"小眼镜"背后是严重的教育问题》，文章中写道"防控儿童青少年近视，是牵一发而动全身的问题。所以，重视学生体质问题，需要加大对学生综合素质的考核，学校教育要重视学生健康素养，要改变教育功利化倾向，真正对包括儿童青少年近视发生率高企等学生体质方面的问题重视起来"。2019 年 3 月 31 日，新华网发布通讯文章《"小眼镜"人数超 1 亿，如何守护好"未来之光"？》，对儿童近视问题提出对策与建议，文章指出"儿童青少年近视成因复杂，这也意味着防控近视需要教育主管部门、学校、家长、孩子、医疗机构形成合力，才能营造健康的用眼环境"。相比于主流媒体的高质量评论与深度报道，自媒体平台的文章质量良莠不齐，如《天哪！孩子近视的罪魁祸首，原来不是电子产品！》等文章利用抓人眼球的标题获取点击率，但文章内容往往名不符实，甚至不少眼镜验配等商业机构利用相关文章贩卖焦虑，获取商业利益。

（四）主流媒体关注儿童近视的宏观防控，自媒体关注近视防控的具体措施

在对儿童近视问题的相关报道中，主流媒体的报道重点在于对儿童近视问题的宏观防控，比如，"首届儿童青少年近视防控高峰论坛在济南召开""北京市十部门联合制定'近视防控十条'保护青少年视力""国家卫健委调查：全国儿童青少年一半以上近视"等，这些来自主流媒体、官方媒体的报道着重于国家对儿童近视的相关调查与统计、国家出台的对儿童近视的宏观防控措施、各省市对儿童近视的防控措施等信息，为儿童近视问题形成相关的各主体提供了行动指南。

自媒体对儿童近视的报道则关注对儿童近视的具体案例以及对儿童近视防控的具体措施。自媒体是人们发表观点、获取信息的重要渠道之一，人们利用微博、微信、短视频等自媒体平台发布、转载儿童近视问题的相关信息，获取儿童近视防控的具体举措，发表对儿童近视问题的看法与建议。儿童近视的具体防护措施更符合家长、老师们的现实需求，自媒体平台大众传播与人际传播相结合的属性，也使得具体举措类的信息有更好的传播效果。

专题二："立德树人"新闻媒体报道的舆情分析

党的十八大报告首次提出"把立德树人作为教育的根本任务"。近年来，"立德树人"的教育指导思想也多次出现在各类教育领域相关的政策条文中。2019年以来，《关于深化新时代学校思想政治理论课改革创新的若干意见》和《关于深化教育教学改革 全面提高义务教育质量的意见》相继印发，这是对习近平总书记关于教育工作的重要论述的贯彻落实。本专题以"立德树人"为核心关键词，收集并分析与其相关的新闻媒体报道，试图呈现媒体报道中的立德树人的相关信息及舆情特征。

一、"立德树人"报道研究的数据说明

研究以"立德树人"为核心词并进行拓展搜索，收集到从2019年1月1日到2019年12月31日的舆情数据136506条。其中新闻媒体层面，网站新闻信

息34813条，占比为25.58%；客户端信息5869条，占比为4.32%；电子报数据量5149条，占比为3.87%。社交媒体层面，微信信息79412条，信息占比最多，达到57.68%；微博信息10381条，占比为7.80%，论坛信息882条，占比为0.75%。由此可见，社交媒体层面微信报道数据量最多，网站新闻和电子报数据次之。

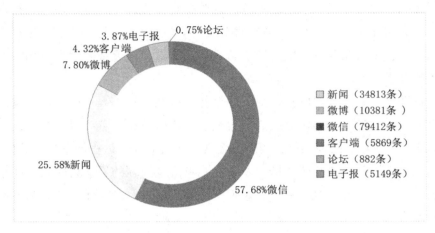

图3-2-1　"立德树人"相关信息数据来源对比

二、"立德树人"报道的新闻来源

（一）"立德树人"报道网站来源

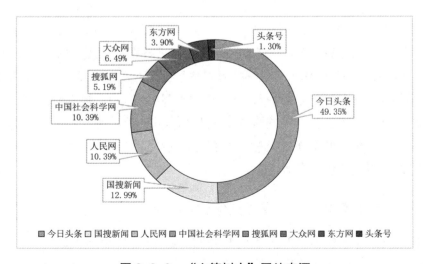

图3-2-2　"立德树人"网站来源

由图3-2-2可知，"立德树人"报道主要网站来源居首位的是今日头条，为3667篇，远高于其他网站，第二位为国搜新闻，人民网与中国社会科学院网的报道数量并列第三位。在网站来源中，今日头条作为头部门户网站，网站信息总量大，因此相关报道数量也高于其他网站。

（二）"立德树人"报道的报纸来源

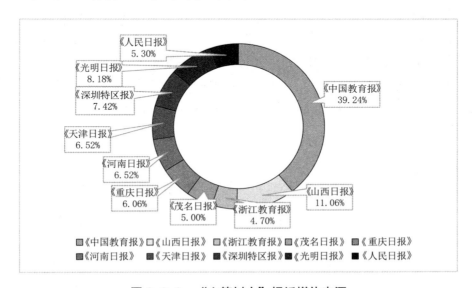

图3-2-3　"立德树人"报纸媒体来源

由图3-2-3可知，2019年"立德树人"相关报纸报道中，教育类报刊为报道的主要来源，相关报道数量占比远高于其他类型报刊；其中《中国教育报》作为我国全国性核心教育类刊物，在2019年刊发的"立德树人"相关报道文章数量居首位，占比为39.24%，远高于其他教育类报刊。此外，《光明日报》作为我国重要的综合性报刊对"立德树人"也有较高关注，报道数量占相关报道总量的8.18%；《山西日报》《深圳特区报》《天津日报》《河南日报》等作为省市级地方党报，对本地区"立德树人"主题的相关政策规章、案例事件也均有较多关注。

从报道时间上看，11月"立德树人"相关主题文章数量最多，为857篇，占全年报道总量的17%。11月26日，习近平总书记主持召开中央全面深化改革委员会第十一次会议，会议强调"深化新时代教育督导体制机制改革，要紧紧围绕确保教育优先发展、落实立德树人根本任务，以优化管理体制、完善运行机制、强化结果运用为突破口，不断提高教育督导质量和水平，推动各类主体切实履行教育职责"。为深入学习贯彻落实习总书记对新时代教育立德树人的根本要求，各省市均进行了相关的会议内容报道与政策解读。9月"立德树人"相关报道数量排在全年第二位，为721条，占全年报道总量的15%。9月10日教师节前后，教师队伍建设问题再次受到普遍关注，《凝心铸师魂 立德育新人——以习近平同志为核心的党中央关心教师队伍建设纪实》相关文章作为新时代教师队伍建设的重要指导思想在各省市报刊中被广泛报道。此外，各地区的特色教师队伍建设活动、优秀教师先进事迹等也被大量报道。6月"立德树人"相关报道数量也较多，排在全年第三，为634条，占全年报道总量的13%。"国办印发《关于新时代推进普通高中育人方式改革的指导意见》""2022年前普通高中全面实施新课程使用新教材"两则改革方案的发布受到了广泛关注。

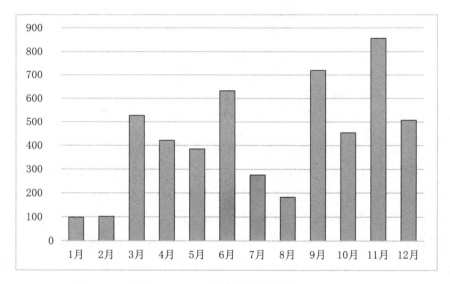

图 3-2-4 报纸报道时间分布

从报纸所属地域上看，全国各省市报刊对"立德树人"问题均有所关注，其中北京地区报刊对"立德树人"领域关注最多，全年共发布相关报道469篇，占全国报道总量的16%。与其他地区相比，北京市报纸的相关报道聚焦于相关政策的发布、教育教学改革方案的发布等。广东省对"立德树人"领域也有大量关注，全年共发布相关报道406条，占全国报道总量的14%；此外，山东、河南、安徽、江苏等省份对"立德树人"相关主题均有较多关注。

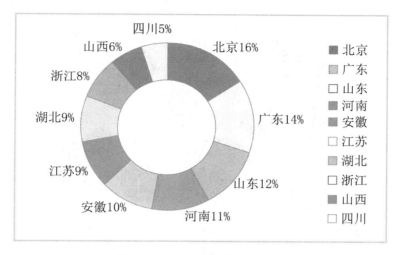

图 3-2-5　报纸报道地域分布

从报纸级别上看，全国性报刊对"立德树人"领域相关报道的数量为349条，占全国报道总量的8%，报道内容主要为中央在德育建设领域的相关重要政策、教育教学改革方案等指导性文件的发布以及各地区先进教育案例、教学改革试验的报道。各地方性党政报刊对"立德树人"均有所关注，报道内容主要为"立德树人"主题相关的政策报道及本地区的相关事件报道；除教育类报刊，其他地方性专业刊物对"立德树人"相关话题关注甚少。

三、"立德树人"报道的关键词聚类分析

关键词： 围绕学生、教师、课程、新时代、中国特色社会主义

为进一步挖掘2019年"立德树人"相关报道的主题与热点，对相关传播文本内容进行提取，并对文本关键词进行聚类分析得到图3-2-6。如图所示，关键词可分为"学生""教师""课程""新时代""中国特色社会主义"五个关键词群。其中"学生""教师""家长"等关键词反映出"立德树人"所涉及的核心群体；同样，"学校""幼儿园""教育局"等相关德育教育的单位也引起了广泛的关注与持续的讨论。此外，"中国特色社会主义""新时代""初心""使命"等作为德育教育的指导思想与精神内核受到广泛的学习与讨论；而"课程"作为"立德树人"教育的重要载体，其需求与形式的不断变化也成为教育领域的焦点议题。从上述关键词中可以看出，目前我国的德育教育已经基本形成从主体到客体、从形式到内容的全方位布局。

图 3-2-6 关键词聚类

四、"立德树人"报道的新闻热点：聚焦国家相关政策纲要

由表 3-2-1 可知，2019 年"立德树人"主题相关新闻报道热点集中于国家相关政策领域，热度排名前 9 名的新闻报道聚焦于《新时代公民道德建设实施纲要》发布、习近平主持召开中央全面深化改革委员会第十一次会议、国务院办公厅印发《关于新时代推进普通高中育人方式改革的指导意见》、习近平总书记主持召开学校思想政治理论课教师座谈会等事件，与中央最新发布的相关政策紧密关联。

表 3-2-1 新闻热点

序号	标题	热度	来源	时间
1	【转】中共中央 国务院印发《新时代公民道德建设实施纲要》	348	头条号	2020-01-01 11：44：28
2	习近平主持召开中央全面深化改革委员会第十一次会议强调 落实党的十九届四中全会重要举措 继续全面深化改革 实现有机衔接融会贯通	304	运城生态环境局	2019-12-10 11：30：55
3	立德树人，习近平这样阐释教育的根本任务	276	58 新闻网	2019-04-10 19：58：39

序号	标题	热度	来源	时间
4	习近平主持召开中央全面深化改革委员会第十一次会议	274	太原文明网	2020-01-01 17:39:05
5	国务院办公厅印发《关于新时代推进普通高中育人方式改革的指导意见》	271	中国教育在线	2019-07-09 08:37:44
6	凝心铸师魂 立德育新人——以习近平同志为核心的党中央关心教师队伍建设纪实	267	溧阳市资讯网	2019-09-17 23:35:00
7	打牢学生成长成才的科学思想基础——全国高校思想政治工作会议以来学校思想政治理论课建设综述	197	嘉峪关新闻网	2019-03-19 10:00:06
9	一堂特殊而难忘的思政课——习近平总书记主持召开学校思想政治理论课教师座谈会侧记	195	58新闻网	2019-04-11 18:06:06

五、"立德树人"报道的全国地域分布：北京、上海居多

对于2019年"立德树人"相关主题的信息量依照不同发生地域进行统计划分，由数据可知，热点地域分布主要集中于北京、上海，信息量分别为17718条、13173条，远高于其他省（市、区）；河北、山东、浙江也有较高关注度，信息量分别是3828条、3464条、3439条。

不同区域间经济、教育及媒体发展水平差异较大，人们对教育的关注点又各有不同，使得"立德树人"相关舆情热点事件的不同地区关注度存在一定的差异。北京作为我国的政治、文化中心，政府部门集中，政策发布数量多，学校、科研院所众多，教育资源丰富，民众普遍受教育程度较高，重视教育问题，媒体数量多，因此在教育方面新闻报道数量多，网民关注度高，相关信息量大。例如《中共中央、国务院印发〈新时代公民道德建设实施纲要〉》《一堂特殊而难忘的思政课——习近平总书记主持召开学校思想政治理论课教师座谈会侧记》等新闻报道在北京地区具有最高关注度。上海作为全国改革开放排头兵、创新发展先行者，人口素质较高，教育资源丰富，对"立德树人"相关主题的报道数量仅次于北京。

河北、山东作为人口大省，高考人数在全国位居前列，加之省内高校数量有限，优质教育资源供不应求，激烈的教育竞争迫使这些省域的人密切关注教育的最新态势。例如"凤凰网河北频道"发布《教育部再读公安曝光6起教

师违规违纪案例》，"长城网"发布《立足岗位为国育才》等新闻报道。浙江经济发达、教育水平良好，民众对教育相关问题有较高关注。例如《国办：要逐步改变单纯以考试成绩评价录取学生的取向》《教育部考试中心命题专家解析：高考作文题背后的语文教改新走向》分别发布在"浙江新闻客户端""浙江24小时客户端"，并受到了广泛的关注与讨论。

综合分析可以发现，2019年"立德树人"相关报道的全国地域分布情况呈明显的阶梯形，且与各省份经济、文化发展水平紧密相关。北京和上海作为我国经济、文化发展的排头兵，人口素质和受教育水平显著高于其他地区，加之媒体数量优势与政策出台的地缘优势，因此"立德树人"相关报道量多，且远高于其他省份；其次以浙江、江苏等为代表的教育资源丰富的东部沿海地区省份和以河北、山东、河南等为代表的教育资源竞争激烈的中部省份位于第二梯队；西藏、内蒙古、青海、甘肃等人口数量少、经济发展欠发达地区位于第三梯队。教育问题相关新闻报道信息量的全国地域分布情况也在一定程度上反映了我国教育资源的分布情况，可见教育资源如何优化配置仍然是我国当前教育事业发展亟待解决的重要问题。

六、 "立德树人"报道的情感分析：以正面报道为主

本研究对样本内容进行细粒度情感分析，将情感极性分为非常积极、积极、中性、消极、非常消极五个等级。由图3-2-7可知，2019年"立德树人"相关报道的情感倾向以正面（非常积极、积极）为主，占比为63%，其中积极情感占比为53%，非常积极情感占比10%；其次为中性报道，占比为34%；负面（消极、非常消极）报道数量寥寥，仅占报道总量的2%。

综合主题内容分析，中性报道主要为对教育管理、政策法规等相关内容的报道，如《落实党的十九届四中全会重要举措，继续全面深化改革实现有机衔接融会贯通》《全面贯彻党的教育方针率先高水平实现教育现代化》等报道对党的相关德育教育政策进行客观化呈现，保障教育领域各主体单位对相关政策的知晓，为更好地开展德育教育工作提供指导性方针。

正面报道的内容以学生表现、普惠措施、教师发展内容为主。学生表现类、普惠措施类等报道是积极情绪的主要来源，如《小学生书写文明养狗倡议书获点赞》《小学生拾金不昧传承美德暖人心》等文章报道学生的先进事迹，为青少年学生树立道德榜样；"让困难学生暖心更暖胃""把思政课讲得有滋有

味"等利好措施对于学生的教育与成长颇有益处，也获得大量的正面报道。

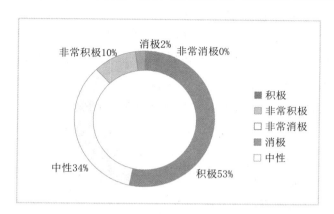

图 3-2-7 情感倾向

在情感倾向为非常积极的报道中，教师发展类报道是主要来源。如《海宁日报》发表文章《退而不休，用爱照亮孩子》，讲述了一群退休老教师"退而不休"讲授公益课程的事迹，文章大量使用"无私""榜样""模范"等正面词汇，致敬退休教师。《2019年河南省最美教师评选》《叶慧玲：用青春和爱追梦》等报道树立优秀教师榜样，引导青年教师的自我发展与成长。

负面情感倾向的报道主要来源于《教育部曝光6起教师违规违纪案例》报道，文章虽然在行文中出现诸如"谴责""违背师德"等负面词汇，但体现出国家对师德建设的重视以及对教师违规违纪现象严惩不贷的决心，对教师违规违纪事件的惩处对教师群体的发展也起到一定的警示作用。

七、"立德树人"媒体报道特征分析

（一）"立德树人"媒体报道中报道对象具有多元性

在2019年"立德树人"主题的相关媒体报道中，报道的对象是多元化的。学生、教师、家长、宿管、学校、培训机构、教育局等各类群体均在相关报道中有所呈现。他们或是教育工作直接或间接的参与者，或是涉及切身利益的相关者。总之，不同的报道对象在"立德树人"的过程中扮演着不同的角色，这些角色各司其职、各尽所能，构成了"立德树人"生态系统的基础性环节。"立德树人"媒体报道中对报道对象的多元呈现，体现出我国在"立德树人"的德育教育过程中对各主客体利益的关涉，是我国德育教育全方位发展的重要表现。

（二）"立德树人"媒体报道呈现周期性特征

纵观2019年"立德树人"主题的相关报道，不难看出报道事件的周期性特征。3月、9月正值开学季，不同媒体对"立德树人"相关主题的报道量大幅增加，而1月、2月和7月、8月时值寒暑假，"立德树人"的相关报道量较其他月份明显降低。教师节前后、国家有关政策发布之后媒体对"立德树人"主题的相关报道数量也会大幅增长。此外，同类的新闻事件也会在多地重复出现，比如，2019年教师节前后，全国各地市的报道中有关"优秀教师模范评选"的报道总共出现321次；与"一堂特殊而难忘的思政课"有关的教师学习活动在全国各地市的报道中出现578次，与"习近平总书记主持召开中央全面深化改革委员会第十一次会议"相关的教师学习及教育活动在全国各地市的报道中出现1258次。可见，各地方教育管理部门对国家的相关德育教育政策的贯彻与落实是主动的、及时的。

（三）教育类、党政类媒体是"立德树人"报道的主要来源

2019年"立德树人"相关报道中，教育类媒体为报道的主要来源，相关报道数量占比远高于其他类型媒体；其中《中国教育报》作为全国性核心教育类刊物，在2019年刊发"立德树人"相关报道文章数量居首位，占比为39.24%，远高于其他教育类报刊。"立德树人"是我国教育领域的重要问题，对儿童的德育教育更是整个儿童教育过程的首要问题与关键环节，教育类媒体对于"立德树人"的关注体现出我国教育领域对德育建设的重视与关切。此外，党报对"立德树人"相关主题也有较多报道。《山西日报》《深圳特区报》《天津日报》《河南日报》等作为省市级地方党报，对本地区"立德树人"主题的相关政策规章、案例事件也均有较多关注。党报对"立德树人"主题的关注，体现了国家与政府对儿童德育建设的重视与关切。

（四）央级媒体以政策导向类报道为主，地方媒体以具体事件报道为主

在对"立德树人"进行报道的过程中，中央级媒体报道重点在于对立德树人相关政策的发布、评论等，因为中央级媒体肩负着政策传达与解读、舆论引导与监督的重要职责。在立德树人的相关新闻报道中，中央级媒体聚焦于对国家出台的相关政策文件及重要会议精神、领导人重要讲话的报道。如《人民日报》发表新闻报道《中共中央国务院印发〈新时代公民道德建设实施纲要〉》，文中提出了新时代立德树人的总体要求。地方媒体由于以地方居民为传播对象的特征，对"立德树人"的相关报道侧重于本地区对相关政策的

贯彻与落实、本地区德育教育领域的先进事迹与重要成果等，更侧重于对具体事件的报道。如《成都日报》发表文章《构建大德育生态圈，推进立德树人系统落实——成都市成华区德育工作掠影》，以成都市成华小学、成都市双林小学、成都市成华实验小学等学校的德育教育实践为例，展现了成都市成华区的大德育生态圈理念。中央与地方的协同联动体现出"立德树人"的理念宗旨从顶层设计到贯彻实施的良好态势。

（五）政策类报道呈现中央级媒体率先发布，地方媒体转载报道的特征

"立德树人"主题相关政策类报道大多由中央级媒体率先发布，其后各地方媒体转载报道。《人民日报》、新华社、中央广播电视总台、《光明日报》等中央级媒体在立德树人相关主题的政策报道中率先发声，承担着政策的传达作用。各地市级的媒体在中央政策发布之后，结合各自地区的实际情况，再进行政策的传达，并因地制宜做出响应。如《人民日报》发表新闻报道《习近平：落实党的十九届四中全会重要举措继续全面深化改革实现有机衔接融会贯通》，其后《燕赵都市报》《保定晚报》《滁州日报》《太原日报》等各地方报刊进行了报道、转载。在人民网发布《人民日报人民论坛：把思政课讲得有滋有味》报道后，各地市纷纷学习中央精神，开展符合各地市情况的思政课教学改革实践，推动德育教育的发展创新。如《西宁日报》报道《以"四个走"为抓手力促主题教育取得实效》，分享西宁某学校的主题教育改革经验；《信阳日报》的《"出彩河南人"之2019最美教师候选人出炉》对河南省的立德树人教育活动进行了报道。中央与地方对相关政策的发布、解读与贯彻执行体现出我国目前"立德树人"政策的有效性。

专题三：学龄前儿童入园的舆情分析

2016年1月1日，《中华人民共和国人口与计划生育法》修正案开始实施，其中明确规定，"提倡一对夫妻生育两个子女"。自此，中国进入全面两孩时代。2019年，是"全面两孩"政策实施的第四年，也是不少家庭中二胎儿童入园的"元年"。学龄前儿童入园的资源问题成为家庭甚至整个社会关注的焦点。本专题就2019年学龄前入园问题的相关舆情进行分析。

一、"学龄前儿童入园"数据说明

研究以"儿童、入园、入托"等相关词语为关键词，收集从2019年1月1日到2019年12月31日的舆情相关信息636044条。其中新闻网站信息94271条，信息占比为14.89%；微博信息172546条，信息占比为27.12%；微信信息318108条，信息占比为49.76%；客户端信息29102条，信息占比为4.57%；论坛信息12344条，信息占比为1.94%；电子报信息9673条，信息占比为1.72%。由此可见，微信报道数据量最多，微博数据次之。

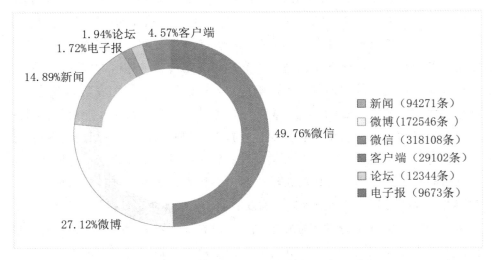

图 3-3-1　学龄前儿童入园舆情数据来源对比

二、"学龄前儿童入园"报道热点

（一）新闻热点：话题聚焦教师缺口、公办教育与普惠性幼儿园

表 3-3-1　学龄前儿童入园新闻热点

序号	标题	热度	来源	时间
1	首批二孩们该入园有地方幼儿园开启"摇号"模式	189	易通实业网	2019-08-27 00：00：00
2	"盖学校易，招老师难？" 100万幼教缺口拿什么填补	131	今日头条	2019-04-15 10：44：15
3	入托人数逐年增 师资出口不见涨 公办幼儿园师资供不应求	120	数据新闻网	2019-03-23 23：13：48

序号	标题	热度	来源	时间
4	南京幼儿园毛入园率达99.5% 家长仍觉"入园难"	110	新浪天津	2019-08-22 07:28:46
5	教育部聚焦学前教育 2018全国普惠性幼儿园增速超11%	98	新浪网	2019-03-05 12:37:27

研究就以上热点对新闻媒体"学龄前儿童入园"的舆情关注加以分析，发现以上新闻主要涵盖包括学位短缺、师资缺口、公办教育、普惠园在内的四个重要议题。

（二）微博热点：话题聚焦人口、二胎、费用问题

表 3-3-2　学龄前儿童入园微博热点

序号	正文	热度	来源	时间
1	转发微博 @笔夫：入园人数与幼儿园数量已过均衡点。人口红利只能依赖人口质量了。有人提出给二胎进行补贴，这个也比较扯。	8779	爱自由的人	2019-08-05 18:02:29
2	@海滨政经述－橡谷智库：大约在2030年社会抚养比会降到1:1，2050年人口下降到12亿人。@笔夫：入园人数与幼儿园数量已过均衡点。人口红利只能依赖人口质量了。	8537	轻叹世事2014	2019-08-09 18:32:34
3	@海滨政经述－橡谷智库：@陆家嘴见闻－投资汇：比较扯的是目光短浅的。人口不是用天看的，是百年大计，一代人口下降30%，几代后人口就跌到你不敢想。	8523	Wanglner	2019-08-03 23:19:21
4	怎么办？@喷嚏网铂程：转发微博 @钱江晚报：【杭州二胎爸爸很苦恼：才两年幼儿园学费就涨了近三倍】这位爸爸说：大宝2014年入学，学费是4500，到了大班也就5000多，现在二宝要上学，才过两年，学费就涨到1.4万。	2884	守门员外	2019-06-18 09:08:57
5	不是不想生二胎，是实在养不起…… @育儿妈咪酱：#2018幼儿园入学儿童锐减74万#2017年首批"单独二孩"儿童到了入园年龄，全国入园人数再次增长，同比增加15.87万人。	2873	骄傲是女人的资本黔	2019-02-28 02:07:30

序号	正文	热度	来源	时间
6	@海滨政经述-橡谷智库：你看看欧洲，鼓励政策太多了，没人生。@CuCau 少了点什么：大家都在计算人口减少的趋势，有没有想过往后会有人口增加的趋势呢？既然有政策被人口减少，同样也会有政策让人口增加。@海滨政经述-橡谷智库：@笔夫：入园人数与幼儿园数量已过均衡点。人口红利只能依赖人口质量了。	2740	弥远新	2019-08-06 19：36：25
7	转发微博 @土豹子6139：@安徽省教育厅 @央视新闻 @大话芜湖 @大话芜湖 教育局针对配套园问题，没有提前进行排底，摸查，又开放二胎，造成了上学难，入学难的问题	2127	xiangzai_81043	2019-05-27 14：42：47
8	生二胎的都是在炫富 [嘻嘻] @中国经济网：【2018幼儿园入学儿童锐减74万 媒体：生育意愿较低】2017年，首批"单独二孩"儿童到了入园年龄，全国入园人数再次增长，同比增加15.87万人。	1976	Janes-珍	2019-02-27 15：24：48
9	之前专业课老师还说二胎政策慢慢放开了 [微笑][微笑][微笑] @育儿妈咪酱：#2018幼儿园入学儿童锐减74万# 2017年首批"单独二孩"儿童到了入园年龄，全国入园人数再次增长，同比增加15.87万人。	1684	夵泍4031	2019-02-28 06：55：32
10	身边大把生二胎的，我们三年后再见。@凤凰网财经：【#2018幼儿园入学儿童锐减74万#！我国处于入学人口下降期】教育部2月26日新闻发布会发布的最新数据显示，2018年全国幼儿园入园人数同比大幅下降，2017年，首批"单独二孩"儿童到了入园年龄，全国入园人数再次增长，同比增加15.87万人。	1419	噗姐_不高兴	2019-02-27 13：13：08

相较于新闻热点对政策和幼教机构整体态势的宏观解读，微博热点反馈的内容更微观，更贴近民众最真实的生活。对以上10条热门微博加以分析，研究发现微博讨论主要集中在人口和费用两个基本点上。

1. 围绕人口话题的微博探讨

（1）人口和生育话题

一部分用户主要就人口红利探讨了人口下降趋势下二孩生育的话题。就人口经济学角度和政策鼓励角度分析了"全面二孩"政策的相对必要性。另一部分用户则主要阐述了身边二孩生育的普遍现象。

（2）学龄前儿童入园人数话题

对于该话题的关注主要围绕微博话题"#2018幼儿园入学儿童锐减74万#"展开。但此数据一定程度上仅反映了"单独二孩"政策可能阻止了入园人数下降趋势的出现，但2019年秋季，首批"全面二孩"儿童入园并未能将此效应持续下去。所以对于不久的未来"全面二孩"政策依旧会给入园人数带来不小的人口压力。

2. 围绕费用话题的微博探讨

有关费用的话题是最贴近百姓真实生活的。除入园难话题外，入园贵、负担大也成为家长关心的重要话题。经济压力迫使家长在孩子的择校问题上格外慎重，价格相对低廉的公立幼儿园更是成为"一位难求"，从而一定程度上加剧了入园难的问题。

（三）微信热点：关注幼有所育和学前教育条例

微信热点在一定程度上与新闻热点有部分重叠，但是相对新闻热点来说有以下新的角度：第一，解读视角增多，有些报道关注"一老一小"即老有所养幼有所育问题，更多使用批判的视角，关注入园"难"和"贵"的问题。第二，兼顾地域与城乡二元性，更多关注到乡镇一级的幼儿园与托育机构，以及各个省（市、区）出台的学前教育条例。

表 3-3-3　学龄前儿童入园微信热点

序号	标题	热度	来源	时间
1	中国幼儿园大变局	437	园长社家	2019-09-28 05：00：00
2	好消息！今年新增七所幼儿园,涉及香洲、斗门和高新区	371	珠海中山房哥	2019-10-25 23：52：55
3	引进优质教育资源、改善医疗环境……你们关心的问题,镇党委副书记这样回应	319	天元一站通	2019-07-09 18：30：00
4	多地频发强迫幼儿园转普惠园,地方官员对中央精神的误读有多深！	300	众观幼师界	2019-10-18 11：14：29

序号	标题	热度	来源	时间
5	《山东省学前教育条例》全文公布，2020年开始执行！	219	山东菏泽牡丹区吴店镇中心幼儿园	2019-12-17 22：42：15
6	楚雄州：为"一老一小"撑起一片蓝天	212	姚安微播	2019-12-27 08：53：00
7	【向群众汇报】确保老有所养幼有所育	108	东丽区农经委	2019-11-25 09：06：03
8	保定：到2020年普惠性幼儿园覆盖率超80%	96	河北教育网官微	2019-05-08 16：09：08
9	【整改事项进展情况公布】让学前儿童入园不再"难"和"贵"	74	于都电视台	2019-11-07 21：47：44
10	浙江省学前教育条例	69	岱山县岱东镇中心幼儿园	2019-10-08 15：21：17

三、"学龄前儿童入园"舆情报道来源

（一）网站来源：地方性网站中，人口大省网站活跃度高

由图3-3-2可知，网站来源居首位的是今日头条，以17641条的庞大体量遥遥领先，在舆情中相较其他网站更据话语权。其次为人民网，为2367条，第三是大众网，有1617条文章聚焦学龄前儿童入园的热点事件。此外，排名前10的网站对学龄前儿童入园话题关注都很多，发表的新闻数量均在千条左右。

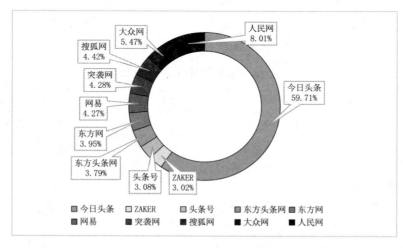

图3-3-2 学龄前儿童入园事件数据网站主要来源

就网站的服务范围而言，80%的网站侧重于全国范围内新闻产品的分发，在来源前10位中仅有3席被地方性网站占据，分别为第三名的大众网与第七、八名的东方网、东方头条网。依托于山东和上海的教育投入，其网站对关乎民生的热点教育话题始终有较高的参与度与活跃度。

（二）微信账号：活跃用户多为幼儿园与幼教商业机构账号

微信作为近年来流量最大的信息传播通道和平台，其传播形式兼具即时性、高交互性、发散性、跟随性等特点。用户既可以通过自己的朋友圈向外传播信息，同时也可以通过微信群和微信公众号从外界获取信息，从而达到信息良性沟通和交流的目的，为观点的输出提供更为广阔的空间。

由图3-3-3可知，微信活跃用户居首位的是"上海入园"和"深圳入园"，为儿童入园内容的社会类公众号，分享政策解读、园所介绍、补贴等资讯。其次是"幼儿园资源分享"，为个人公众号。相较于网站新闻，微信在"学龄前儿童入园"的热点信息总量大，但头部传播者所涉的信息量势均力敌，活跃用户在发布信息上的数量差距较为微弱，可见在"学龄前儿童入园"的话题上微信平台更多地呈现一种信息的百家争鸣与百花齐放之势。

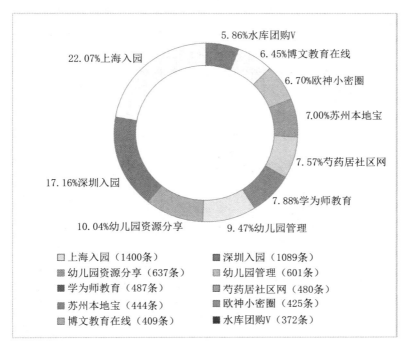

图3-3-3　学龄前儿童入园事件数据微信活跃用户

四、"学龄前儿童入园"舆情全国地域分布：东部居多，人口大省居多

由数据可知，较为重视"学龄前儿童入园"的用户集中在我国的中东部地区，对事件的关心程度呈现一种由东至西递减的大体趋势。从另外一个角度也反映出，尽管我国学前教育取得了长足发展，普及程度逐步提高，但在目前仍是一个薄弱环节，面临着许多困难和问题，集中体现在学前教育资源短缺、区域发展不平衡等方面。

最关注"学龄前儿童入园"的地区是北京（50064），其次是上海（23204）。北京与上海作为中国人才汇聚的重镇，在各阶段教育都是全国领先的，汇聚了全国最优质的教育资源，对教育的包容程度也远优于全国其他地市。学前教育阶段作为儿童学校教育的起点以及全面发展的一个关键阶段，更加受到关注。

位于三至十位的则是山东（10950）、河南（10331）、广东（9519）、四川（8465）、山西（8351）、浙江（8239）、河北（8217）、重庆（6611）。在中国这样人口密集的国家，竞争也就会更激烈，教育资源的分配压力也会变大。该问题在升学大省河南、山东、河北等尤为突出，学前教育在人口压力下不乏供应缺口，优质的资源供不应求，激烈的教育竞争迫使这些省域的民众密切关注教育的最新态势，从学前教育的关注入手，为儿童的长足发展奠定基础。

五、"学龄前儿童入园"舆情情感分析：流露紧张、焦虑、担忧等偏负向情绪

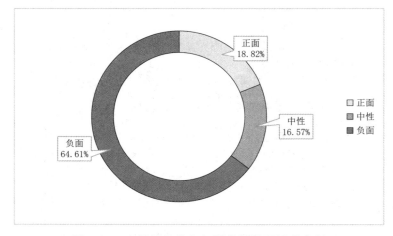

图 3-3-4　学龄前儿童入园事件网民情感分析

　　由图3-3-5可知，情感分析居首位的是负面，为410968条，占比为64.61%，其次为正面，占比为18.82%，最后是中性，占比为16.57%，分布较为均衡。更多的用户在舆论中表露出的情绪是紧张、焦虑、担忧等情绪。"全面二孩"政策实施三年以来，适值入园高峰期，学前教育资源与孩子入园需求的不对等成为亟待解决的社会难题。社会服务的缺位让绝大多数用户呈现负面情绪。

六、"学龄前儿童入园"舆情关键词：既关注幼儿园质量，也关心车位等配套基础设施

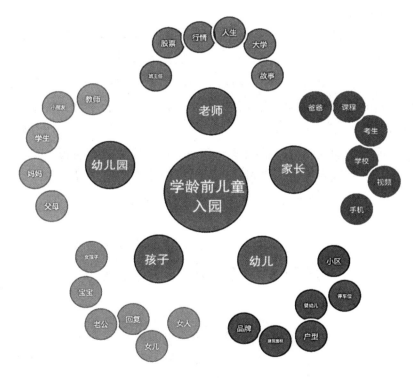

图 3-3-5　学龄前儿童入园事件热点关键词分析

　　围绕"学龄前儿童入园"的舆情热点涵盖内容广泛，研究利用词云工具总结出图3-3-5热点分布图，舆论中最频繁提及的关键词为"家长""幼儿""孩子"，主要关注的是"学龄前儿童入园"所涉及的核心群体；同样，"幼儿园""教师""教育局"等相关学前教育的客体单位也引起了广泛的关注和持续的讨论。此外，"小区""户型""楼盘""停车位"等一众与教育并无密

切关系的衍生类关键词也频频上榜，可见用户在讨论"入园"话题时，也不忘关注与幼儿教育配套的相关基础设施。从这些词可以看出民众对"学龄前儿童入园"的焦点议题仍基本围绕民众自身的日常生活。

七、"学龄前儿童入园"舆情专题总结

通过以上研究发现，针对"学龄前儿童入园"的舆情主要呈现以下特征：舆情信息主要来自以微博、微信为代表的社交媒体平台，网民讨论内容广泛，涉及学位短缺、师资缺口、普惠性民办园、人口及生育、费用及配套基础设施等多个话题，情绪表达虽流露出紧张、焦虑、担忧等负向情绪，但整体情绪分布相对均衡。

学前教育事关千家万户。"学龄前儿童入园"背后凝聚的是民众对于幼儿学前教育的关注与关心。根据对舆情热点话题以及网民的观点分析，我们可以总结出，目前学龄前儿童数量激增与公办幼儿园数量稀缺、民办幼儿园收费较高之间的诸多矛盾导致出现"入园难、入园贵"的现象，普惠性民办园等措施能够有效缓解入园难问题。同时，发展幼师队伍，补充师资缺口，能有效解决现有的幼儿教育难题。这些都是老百姓最关心的问题，如何回应民众的需求并做好相关舆情的应对与引导，既离不开政府主导，也离不开社会力量的参与，这样才能真正实现幼有所育、幼有所教。

专题四：儿童校外生活舆情分析

儿童课外生活中，形形色色的课外班、培训班所扮演的角色越来越突出。根据《中国儿童发展报告（2019）：儿童校外生活状况》显示，我国儿童参与课外班呈日常化，课外班已成为校外生活的重要组成部分。六成儿童参与课外班，上学日5天参与课外班的累计时间为3.4小时，周末两天参与课外班的累计时间为3.2小时。每个儿童平均每年课外班的花费为9211元，占家庭总收入的比例为12.84%。这一数据也引发舆论热议。本专题通过多样的数据收集分析不同时期、不同形式的儿童校外活动内容，呈现与儿童校外生活有关的舆情信息。

一、儿童校外生活舆情数据说明

研究以儿童、青少年、课外班、（青）少年宫、（妇女）儿童活动中心、科技馆等相关词语为关键词，排除无关信息与广告信息，收集到从2019年1月1日到2019年12月31日的相关舆情信息1395211条。其中新闻网站信息118938条，信息占比为8.51%；微博信息808841条，信息占比为58.12%；微信信息300366条，信息占比为28.57%；客户端信息35418条，信息占比为2.93%；论坛信息16506条，信息占比为1.18%；电子报信息16142条，信息占比为1.15%。由此可见，微博报道数据量最多，微信数据次之。

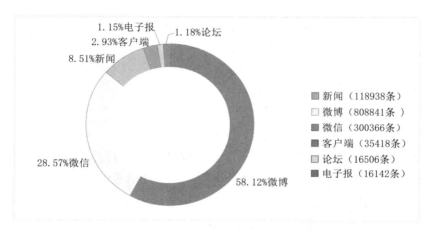

图 3-4-1　儿童校外生活数据来源对比

二、儿童校外生活舆情热点

（一）儿童校外生活舆情新闻热点：聚焦课外班与作业话题，呼吁学与玩的平衡

表 3-4-1　儿童校外生活新闻热点

序号	标题	热度	来源	时间
1	教育部：校外培训机构应明确四条规则红线	256	中国行业经济网	2019-12-26 14：58：53
2	暑假60天报了7个班 孩子的童年如何"荡起双桨"？	246	四川新闻网	2019-10-09 14：47：18
3	少儿编程班火爆，中国家长又犯"起跑线焦虑"？	244	今日头条	2019-07-25 18：49：55

序号	标题	热度	来源	时间
4	孩子们校外生活都在干啥？最多还是做作业	124	安溪信息港	2019-10-14 18：59：00
5	报告显示：六成儿童报课外班 平均每年花9211元	79	邯郸新闻网	2019-08-28 13：00：00
6	中国儿童上学日 日均作业时长近90分钟	70	邯郸新闻网	2019-08-25 10：50：00
7	有必要吗？六成孩子都上课外班，平均每年花9211元	68	深圳热线	2019-08-27 21：16：32
8	六成儿童报课外班 平均每年花9211元	40	凤凰网河北频道	2019-08-28 09：11：00
9	报告显示：六成儿童报课外班 平均每年花费9211元	23	消费商网	2019-08-27 08：49：23
10	童年生活不该被作业填满	13	抚州新闻网	2019-10-11 07：33：00

通过上面的表格可以发现，关于儿童校外生活的舆情新闻热点主要集中在课外班与作业这两个话题，并且其中超过一半的话题引用了《儿童蓝皮书：中国儿童发展报告（2019）——儿童校外生活状况》发布的研究结论。从新闻报道热点的内容可以看出，课外班以及作业已然成为儿童校外生活中分量最重的部分，但从"焦虑""有必要吗""不该"等关键词中，我们可以看到报道的观点多数偏向于不认可这样的现状。可见，媒体报道一方面在描述现状，另一方面也想对这种过于焦虑和"学业化"的儿童校外生活表示批评，并呼吁大众以及家长不要过分焦虑，应该注重学与乐的平衡。

（二）儿童校外生活舆情微博热点：聚焦校外生活的多样性，话题更贴近生活

表 3-4-2　儿童校外生活微博热点

序号	正文	热度	来源	时间
1	【课外活动让孩子找到自己感兴趣的事物】对于孩子们来说，想让他们在短短假期中找些不同寻常的且感兴趣的事儿挺好。课外活动有助于孩子们开阔自己的眼界，也会让孩子尽早意识到生活中的其他不同事情。	10841	嗯尔今夏壮	2019-12-31 21：04：45

序号	正文	热度	来源	时间
2	【寒假里陪孩子做的几件事】1. 年前，给女儿梳一次小辫子，或和儿子一起上理发店。2. 如果回老家过年，请老人讲你小时候的故事给孩子听。3. 不因春节应酬而中断亲子阅读和游戏时间。4. 带孩子去滑一次雪或去看一次海。5. 去趟科技馆和图书馆。6. 一起看一部精彩的动画片。7. 和孩子一起准备一顿晚餐。	10442	丶風輕氲 bobma	2019-12-31 17：57：03
3	说得对 @ 马库斯说：现在的城市小孩子，从生下来没几个月就开始上各种各样的班了，会走路，都要全世界各地的旅游了，他们的见识，他们学的知识，是很多农村孩子想都想不到的，去年厦门中招一模的时候，考全市数学第一的那个学生，我听有关的老师说，他高中数学都学完了。这个没有家长的提前教育补习是做不到的。	9992	昔伦 ing	2019-09-01 09：08：09
4	转发微博 -//@ 儿童营养师刘长伟：今天我在济南一个非常有意思的航天科普展上，与许多带孩子前来参展的家长朋友们面对面交流，并对他们最感兴趣的儿童营养知识进行了科普……这个展将持续到5月4日，有兴趣的家长可带孩子们去山东省科技馆体验体验哦。	5979	上智下愚小	2019-04-28 04：10：08
5	# 孩子要不要上兴趣班 # 这恐怕是很多家长和孩子们都很纠结的问题，有报告显示 #6 成孩子平均每年花 9211 元上课外班 # 也说明了孩子们上兴趣班的普遍性。兴趣不会说谎（ Interest will not lie ），兴趣是孩子最好的老师。有兴趣，学习是享受，没兴趣，学习似受刑。	5389	好爸爸陶功财	2019-08-27 11：25：58
6	但愿你的眼睛，只看得到这世上最好的风景。//@ 中华儿慈会爱健康专项基金：# 益起呵护未来 ## 童在蓝天下 # 在中国，乡村儿童不像城市儿童一样，有玩不腻的玩具和有丰富多彩的课外生活，甚至到了晚上漆黑一片，却没有一盏适合写作业的灯，连最基本的阅读都成了一种奢侈，更不用提爸妈对孩子的陪伴。为此，@ 中华儿慈会携手 @ 蚂蚁金服公益上线 # 为乡村教育撑起希望 # 项目，特邀演员、歌手、制作人 @JA 符龙飞 出任公益项目爱心大使。欢迎各位爱心伙伴参与进来，我们一起守护乡村儿童的读书梦。	4275	介士之 _XZz552_89977	2019-05-14 21：56：03

序号	正文	热度	来源	时间
7	@陈缘风：哈哈哈，我很能理解最后那只企鹅。//@日本沙雕日常：#单身企鹅的苦# 给大家介绍一下被称为是世界上最辛苦的育儿的帝企鹅，随着小企鹅的长大，父母双方都必须出海捕鱼，而小企鹅们则统一聚集起来，变成一个类似幼儿园，由年轻的单身企鹅照看。#六成中国儿童报课外班#	3900	宅猫77968	2019-08-24 13：50：09
8	提前看了《银河课外班》，本以为是个喜剧，原来是一部走心的教育题材电影。教育是经常被大家讨论的话题，高考、课外班、孩子上学都是大家经常提到的事，热搜上就见了很多次。电影里集中表现了@邓超 饰演的马皓文的教育理念，也就是鼓励孩子，培养孩子的独立思考能力。	1506	科技圈大佬	2019-07-17 18：12：52
9	自从发了有关教育的微博，收到的私信里大部分要么是学校五花八门的作业，要么是孩子拖拉写不完，还要相互比着上课外班……真的觉得现在的孩子累，家长更累。首先说说这作业拖拖拉拉的真的怪孩子吗？他们如果早点写完作业，还不是马上就安排上其他的补习，他们根本就没有自己可支配的时间。	907	闲人王昱珩	2019-10-21 21：05：17
10	【中国之声：六成孩子平均每年花9211元上课外班】中国儿童中心和社会科学文献出版社发布《中国儿童发展报告（2019）——儿童校外生活状况》，报告显示，有六成儿童都要上课外班，每名儿童六成儿童参与课外班，上学日5天参与课外班的累计时间为3.4小时，周末两天参与课外班的累计时间为3.2小时。每个儿童平均每年课外班的花费为9211元，占家庭总收入的比例为12.84%。	340	冰溪水吟	2019-08-30 10：16：26

相对于新闻的话题的严肃性和批判性，微博热点的诠释角度则更加贴近民众的真实生活，吐露微观个体最真实的看法。儿童校外生活舆情的微博热点话题中（见表3-4-2），有对校外生活的见闻的描述，也有对个人教育理念感悟的分享，还有对官方信息的转载和讨论，涉及兴趣、陪伴等核心关键词，

可以说从另一个侧面体现了儿童校外生活的多样性。其中，围绕"中国儿童发展报告：#六成中国儿童参与课外班#年均花费近万元"这一数据展开的相关讨论，民众主要持一种数据分享的态度，这一定程度上彰显了《儿童蓝皮书：中国儿童发展报告（2019）——儿童校外生活状况》在与儿童相关话题上的权威影响力，说明该数据在民众间有非常高的认知度。

（三）儿童校外生活舆情微信热点：与新闻热点类似，注重文章的互动性

表 3-4-3　儿童校外生活微信热点

序号	标题	热度	来源	时间
1	有必要吗？六成孩子都上课外班，平均每年花9211元	12	伊人私房话	2019-08-30 00：05：11
2	童年生活不该被作业填满	5	江尾楚人看世界	2019-12-03 07：30：00
3	中国儿童上学日 日均作业时长近90分钟	4	山东汇投北斗科技	2019-08-22 13：38：02
4	孩子们校外生活都在干啥？最多还是做作业	4	体育政策研究	2019-09-21 22：17：18
5	六成儿童参与课外班，平均每年花费9211元！	4	江干区统计局	2019-08-30 16：17：24

微信热点与新闻热点有部分重叠，但是相对于新闻热点来说增加了文章的互动性，这可以让更多的读者产生共鸣。

三、儿童校外生活舆情来源

（一）网站来源：涵盖全国与地方网站

由图3-4-2可知，网站来源居首位的是今日头条，为24824条，文章体量达到第二名的7倍。今日头条作为一个开放的去中心化的平台，是目前众多网络媒体从业者的首选内容分发渠道之一，其在文章的发布数量上遥遥领先于其他网站，中国大学网和教育联展网次之，各有3000条左右的新闻或文章聚焦儿童校外生活的话题，除今日头条之外的儿童校外生活新闻报道的头部梯队在数量发布上相对均衡，主要来源中不乏搜狐网、人民网等老牌门户类新闻网站，其内容可以更精准地达到更多的受众，把控话题导向，以形成话题

传播的优势。四川新闻网、突袭网等则更多服务于地方性民众，文章更具针对性，更贴近本地市的教育现状。总之，最关注儿童校外生活舆情的网站涵盖的门类丰富、性质多元，较好地体现出了社会对该事件的普遍关注。

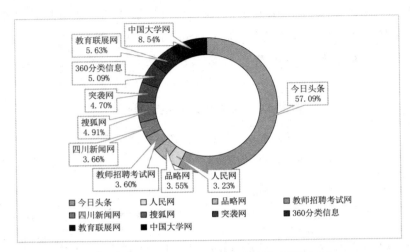

中国大学网 8.54%
教育联展网 5.63%
360分类信息 5.09%
突袭网 4.70%
搜狐网 4.91%
四川新闻网 3.66%
教师招聘考试网 3.60%
品略网 3.55%
人民网 3.23%
今日头条 57.09%

□ 今日头条　　□ 人民网　　□ 品略网　　□ 教师招聘考试网
□ 四川新闻网　■ 搜狐网　　■ 突袭网　　■ 360分类信息
■ 教育联展网　■ 中国大学网

图 3-4-2　儿童校外生活舆情数据网站来源

（二）微信账号：活跃用户以普通网民为主

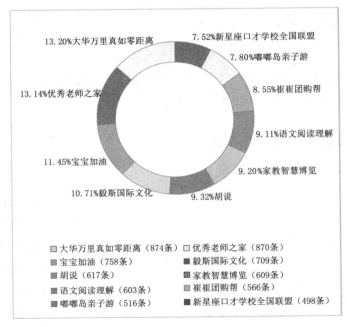

13.20%大华万里真如零距离
7.52%新星座口才学校全国联盟
7.80%嘟嘟岛亲子游
8.55%崔崔团购帮
13.14%优秀老师之家
9.11%语文阅读理解
9.20%家教智慧博览
11.45%宝宝加油
10.71%毅斯国际文化
9.32%胡说

□ 大华万里真如零距离（874条）□ 优秀老师之家（870条）
■ 宝宝加油（758条）　　　　　■ 毅斯国际文化（709条）
■ 胡说（617条）　　　　　　　■ 家教智慧博览（609条）
■ 语文阅读理解（603条）　　　□ 崔崔团购帮（566条）
■ 嘟嘟岛亲子游（516条）　　　■ 新星座口才学校全国联盟（498条）

图 3-4-3　儿童校外生活关注微信活跃用户

由图3-4-3可知，对于儿童课外班舆情关注的活跃用户集中为普通用户，鲜有知名大V或教育博主，不乏像"语文阅读理解""家教智慧博览"等专注于基础学科教育的公众号。在"儿童校外生活"话题下的微信文章多是对于学习、时间利用等话题的辩证思考和吐槽。可见该话题在普通民众间有极高的话题热度与讨论度。

四、儿童校外生活舆情全国地域分布：北京、上海、河南、山东、香港领先

由数据可知，北京、上海、山东、河南、香港为关注度较高的前五位，信息量分别是113422、44939、43121、28155、19484，呈现领跑全国的趋势，也凸显了这些地区对儿童校外生活的持续关注状态。全国其他省域则未呈现显著差别。北京和上海是我国素质教育推行的先行者，课程改革留给孩子们更多可支配的业余时间，而在学业竞争压力下，这些业余时间很多被分配给了形式与种类极为丰富的校外课程。教育资源优势地区的校外生活所涉范围不仅局限于学校的学科教育，更包含兴趣培养、技能锻炼、素质提升等诸多方面。课程形式的领航式创新使北京和上海在全国的数据格局中遥遥领先。而山东与河南则是我国传统的教育大省，人口压力相对较大，教育竞争空前激烈。其对儿童校外生活的上升空间要求也较高，教育压力转化为对儿童校外生活的合理关注。我国广大中西部地区，教育相对欠发达，社会资源配置相对滞后，校外课程市场相对低迷，对该舆情热点的关注也相对有限。

五、儿童校外生活舆情情感分析：负面情感居多

由图3-4-4可知，情感分析居首位的是负面，为992231条，占比为71.12%；其次为正面和中性，占比分别是18.41%和10.47%。负面情感在儿童校外生活舆情中占相对主导地位。因为作业和课外班在儿童生活中比重的提升，儿童的自由时间相对削减，快乐玩耍与学业竞争的矛盾愈加突出。负面情感的爆发一定程度上反映出民众对儿童校外生活的担忧。

当今社会，大多家长都存在不同程度的"教育焦虑"，怕孩子输在起跑线上的定式思维早已习惯，因此很多家长之所以对课外班趋之若鹜更多是被这种焦虑的氛围所裹挟，出于本能，更是无奈。这种盲从导致他们选择性地忽略了这种"疯狂"会令孩子以及大人都身心疲惫或是达不到预期效果的事实，

而当他们意识到这一点时，又无法果断退出或改变，这就令其负面情感一触即发，所以在情感态度上民众的负面情感居多。

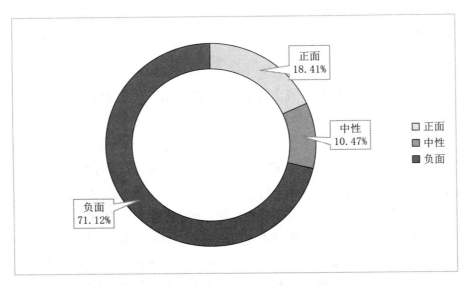

图 3-4-4　儿童校外生活舆情事件网民情感分析

六、儿童校外生活舆情

关键词：校外机构、课程

围绕"儿童校外生活"的舆情热点，研究利用词云工具总结出图3-4-5所示热点分布图。其中在舆论中最频繁提及的关键词为"家长""孩子""学生""老师"和"课程"，其中主要关注的是"儿童校外生活"所发生联系的群体和呈现形式。"家长"和"孩子"主要聚焦于关注群体本身以及亲子互动关系，而"宝典""品牌""软件""培训班"等课程衍生类关键词反映大众讨论校外课程时，侧重关注授课内容和授课机构。"课堂""视频""团队"等教师类衍生类关键词体现大众关注课外教师的教学方式。此外，学生的衍生词"大学""考生""大学生"中也可以看到应试教育的影子。从这些关键词中可以看出，儿童校外生活的参与者、参与内容是大众关注的主要方面。

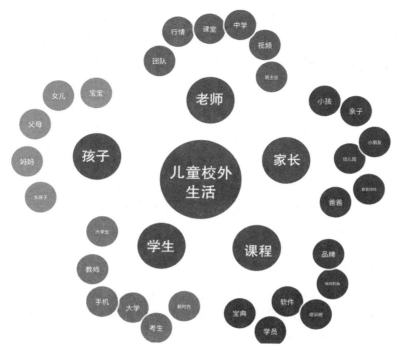

图 3-4-5　儿童校外生活舆情事件热点关键词

七、儿童校外生活舆情专题总结

通过以上研究发现，针对"儿童校外生活"的舆情主要呈现以下特征：网民讨论内容相对集中，主要聚焦于课外班和作业的话题，此外也有涉及校外生活的多样化讨论。从媒体来源来看，舆情信息的主要来源为微博，微信和新闻次之。其中，新闻和微信渠道的舆情信息比较类似，主要聚焦课外班与作业的话题，在描述现状的同时具有一定的批判性，并呼吁注重学与玩的平衡。而微博热点话题则更加贴近民众的真实生活，既有对校外生活见闻的描述，也有对个人教育理念感悟的分享，还有对官方信息的转载和讨论，涉及兴趣、陪伴等核心关键词，可以说从另一个侧面体现了儿童校外生活的多样性。从舆情信息地域分布来看，北京、上海、山东、河南等一线城市与教育大省出现频次最高，某种程度上也体现了儿童校外生活似乎与"学业""成绩"有着千丝万缕的关系。舆情信息的情感表达以负面为主，对于课外班和作业如此高的占比，无论是媒体的批评，还是作为家长本身的焦虑与无奈，负面情绪一触即发。

校外生活是儿童社会生活的主阵地，具有灵活性和自主性的特点。快乐的童年、丰富的校外生活不应只被课外班和作业占据，要看到学习之外更多的组合和可能。面对儿童校外生活的舆情引导，更是需要多方共同努力：政府出台宏观政策、媒体发挥正向引导的作用、校外机构要更多地尊重儿童发展特点而非营利，家长则应该保持理性、避免过分焦虑。这样才能共同创设一个健康的舆论场以及适合儿童身心发展的校外生活环境。

专题五：儿童性侵害舆情事件研究

近年来，在广受社会关注的舆情事件中，儿童性侵害类事件往往会快速聚集公众舆论，引发社会民众的义愤。此类事件既对于受害儿童及其家庭造成严重伤害，也容易引发社会恐慌，抑或造成谣言的传播，形成相关部门或者社会角色公信力的塔西佗陷阱。

儿童性侵害也是一个全球范围的问题。2014 年，世界卫生组织在《全球预防暴力状况报告》中指出，全球范围内有 20% 的女性以及 8% 的男性在 18 岁之前受到过性侵犯。在我国，一直以来非常重视对于儿童性侵害的防范。早在 2013 年，教育部、公安部等四部委下发《关于做好预防少年儿童遭受性侵工作的意见》；最高人民法院等四司法部门下发《关于依法惩治性侵害未成年人犯罪的意见》；2018 年，教育部下发《关于进一步加强中小学（幼儿园）预防性侵害学生工作的通知》。然而，如何有效预防儿童性侵事件的发生依然任重道远。

本研究从 2019 年儿童性侵类热点舆情事件出发，汇总儿童猥亵、性侵、伤害甚至致死类舆情事件 34 条，其中涉及儿童猥亵、性侵类事件 21 条，从中抽取事件发生地区、月份、时间、地点，涉事主体（侵害者与被侵害儿童）的相关信息以及案件侦破与宣判信息等。舆情事件情况等信息来源于新闻媒体报道与警方披露的案情通报，如文后附表中舆情事件列表所示。通过对案例进行分析，主要探讨以下几个问题：

1. 舆情事件样本案例的涉及事件有哪些特征？
2. 舆情事件样本群体中的涉事主体有哪些特征？

3.舆情事件样本中的案件响应与判决情况如何?

4.总结舆情事件特征,能提出哪些对策建议?

一、儿童性侵类舆情事件特征

（一）舆情案件发生月份:春夏季居多

2019年儿童猥亵和性侵类事件大多发生在春季和夏季,如图3-5-1所示。一般来说,夏季是性侵猥亵类事件的高发期,发生在6—8月间的舆情事件占比将近一半,达到41.67%。此外,持续作案也屡屡出现,如C7(辽宁省葫芦岛市高台镇水口村小学校长性侵学生)案件中,犯案人5—7月持续作案;C19地铁"咸猪手"案,嫌疑人5月、6月连续作案;C12、C18、C20犯罪嫌疑人全年多次作案。

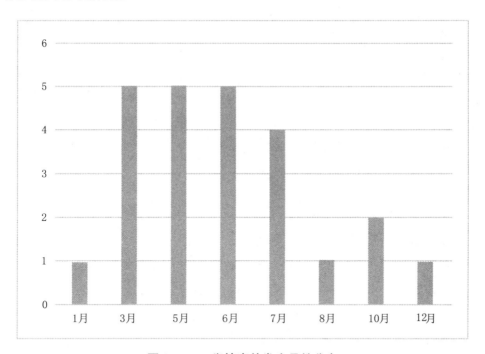

图3-5-1　舆情案件发生月份分布

（二）舆情案件发生省份:分布各地,江苏最多

儿童性侵猥亵类事件发生在全国各地,从2019年热点事件来看,江苏有4例,占比最多;上海、广东、广西、陕西各两例。其中上海、北京两起因公共交通性骚扰未成年人判刑的案件,均为该地首例。

（三）舆情案件发生的具体时间地点：上放学期间最多

表 3-5-1　舆情案件发生的具体时间地点

时间	地点
上午上学期间	校门口、国际学校内
中午午睡时	幼儿园（2起）
下午放学后	放学路上、酒店、儿童家中、小区保安室、学校传达室
凌晨	火车上

从表3-5-1中可见，C4和C10两起幼儿园猥亵事件都发生在儿童午睡之时，此外儿童上放学途中是最易遭到猥亵"黑手"的时间。其他事件中，儿童猥亵性侵类事件还发生在街心公园路口、地铁上，此类地点的案件大多是群众当场扭获，或者受害人或家长及时发现；而另一些案发地点如小饭桌、托管班（C11、C12）等儿童临时监护场所，以及KTV、宾馆、施暴人家中等，则更具有隐蔽性，潜伏时间更长。一些案例如C9（江苏泰州男子假借"作法"猥亵女童案）、C12（山西太原某"小饭桌"老板多次猥亵儿童案）中的某次侵害，均发生在受害儿童家中，甚至受害儿童监护人也在家，但由于防范意识薄弱，给了施害人可乘之机。此外，C8（西南科技大学某学生涉嫌在火车上猥亵一名9岁女童）事件较为特殊，发生在凌晨2时21分，成都开往深圳的火车上，一经媒体报道就引发舆论广泛关注。

二、被侵害儿童特征

从表3-5-2所统计的这些舆情事件中可以看到，被侵害儿童中以女童居多；年龄层覆盖幼儿园儿童、小学生、初中生，很多儿童未满12周岁；留守儿童和智力或者其他生理缺陷的儿童值得特别关注。

表 3-5-2　被侵害儿童基本情况（$N_{案件}$=21，$N_{人数}$=26-27+多名）

涉事侵害人基本信息		人数	涉及案例
性别	男	2+多名	C4，C12，C18（多名）
	女	24-25	其他
	未知	1	C1
年龄	未满14岁	2+多名	C14，C18（多名）
	未满12岁	6	C15，C16，C19（4名）

续表

涉事侵害人基本信息		人数	涉及案例
年龄	未满 10 岁	4	C3，C8，C13，C21
	未满 5 岁	2	C4，C10
	未知	13 ～ 14 名	其他
是否留守	是	2	C15，C16
	否	14 ～ 15 名	其他
	未知	9+ 多名	其他
是否健康	是	20	其他
	否	1	C16
	未知	3+ 多名	其他

注：在21例舆情事件中，涉及多名被侵害的儿童或未成年人，其中C7（辽宁省葫芦岛市绥中县高台镇水口村小学校长性侵学生案）中涉及4～5名儿童，C17（广西南宁马山县某村小学校长强奸猥亵儿童案）中涉及2名儿童，C18（西安碑林区猥亵儿童案）中涉及多名被侵害的初中生，C19（北京首例上学高峰"咸猪手"案）中涉及4名儿童。

（一）女童为主

被侵害儿童中以女童为主，保护女童是相关部门工作的首要任务。据"女童保护"基金统计的数据，被侵害者九成以上为女童。[1] 值得注意的是，现在越来越多的男童也成为受害者，如 C4，C12，C18 等案件中也涉及多名男性未成年人。男童被性侵现状同样不可忽视，也更具有隐蔽性；同时相关法律也存在缺失情况，[2] 维护权益面临更大的困难。因此，男童女童都需要保护，男童防性侵的意识和能力也亟须增强。

（二）幼童居多

受害儿童年龄层以小学生、初中生为主。仅有的两起幼儿园教师性侵案件中，其一 C4（内蒙古包头某男幼师疑似猥亵案），侵害人为男幼师，受害儿童为男童；其二是引起舆论关注较大的 C10（山东青岛红黄蓝幼儿园某猥亵幼童案），侵害者为外籍教师。

---

[1]　女童保护宣传（2019）."女童保护"2018年性侵儿童案例统计及儿童防性侵教育调查报告，2019-03-02.

[2]　徐思秋. 儿童性权利立法是否应当"男女有别"[J]. 青少年犯罪问题，2019（01）.

（三）需特别关注留守儿童与智力缺陷儿童

在这几起事件中，有2名未成年受害人为留守儿童，1名为智力有缺陷者，C15（湖南祁东多人性侵未成年女孩案）中受害人为留守儿童，C16（广东智障少女被两度性侵案）中受害人既是留守儿童，又是非健康儿童。有研究在进行全国分层基础上对1977名儿童进行调研发现，留守儿童达到48.91%，其中父母均不在身边的达到41.78%，这部分看护、教育和监管的空白地带使得儿童防范意识不足，而遭遇性侵害风险的概率也大为增加。[①]不过也有学者认为，留守状态并非留守儿童性被害风险的来源，也要防止过度夸大留守儿童性被害的严重程度造成性（侵害）恐慌的问题，必须把留守儿童性被害置于未成年人成长的大框架内，以系统化的思维展开针对性的治理。[②]

三、涉事侵害人特征

从表3-5-3可见，涉事侵害者的年龄以60后和90后为主；男性为主要犯案群体；职业覆盖教师、托管班老板、保安等，也有很多嫌疑人的职业信息尚未披露；学历普遍较低，有一些曾有犯罪前科甚至获刑。

表3-5-3　涉事侵害者基本信息（N$_{案件}$=21，N$_{人数}$=28）

涉事侵害人基本信息		人数	百分比（%）
性别	男	27	96.43
	女	1	3.57
年龄	60后	5	17.86
	70后	3	10.71
	90后	4	14.29
	未知	16	57.14
国籍	中国	26	92.86
	外国	1	3.57
	未知	1	3.57

---

① 王进鑫，刘旭. 6～9岁儿童性侵害现状调查与对策研究 [J]. 少年儿童研究，2019（9）.

② 赵军. 留守儿童性被害问题定量研究：以"猥亵型性被害"为中心 [J]. 东南大学学报：哲学社会科学版，2019（3）.

涉事侵害人基本信息		人数	百分比（%）
职业	老师/校长/教练	6	21.43
	托管班老板	2	7.14
	保安	2	7.14
	其他职业	5	17.86
	未知	13	46.43
学历	硕士研究生	1	3.57
	师范毕业	1	3.57
	本科在校生	1	3.57
	未知	25	89.29
（涉嫌）犯罪前科	是	4	14.29
	未知	24	85.71

注：C3涉嫌犯罪人为2人、C15为7人共同犯案。涉事侵害人职业中，"其他"包括上市公司董事长1人、在校大学生1人、"风水先生"1人、某协会市场开发部员工1人、摆放小黄车员工1人。涉事侵害人（涉嫌）犯罪记录中，"是"包括"有猥亵儿童前科""曾因涉嫌犯罪被判处有期徒刑""曾因强奸犯罪获刑4年""2011年开始多次酒后强制猥亵"。

（一）60后和90后男性为主

涉事侵害者的以60后和90后为主，男性为主要犯案群体，唯一一名女性出现在C3（新城控股原董事长猥亵女童案）中，非主犯。在2019年的热点舆情事件中，犯案者与被害儿童的关系以熟人为主，包括师长关系和一般熟人如保安、托管班老板等。

（二）反思教师群体和熟人作案

在涉事侵害者的职业中，有6名为教师，占比为21.42%。其中包括两名村小学的校长（C7、C17）、幼儿园外教（C10）、女足青年队主教练（C14）。不过，也有学者认为，虽然在公开曝光的熟人性侵案例中，师生关系占比最高，但这并不代表着实际性侵儿童案例中占比最多的施害人职业是教师，因为师生关系特殊且性侵发生在学校等场所，更容易被曝光。[①]2018年10月，最高人民检察院在办案和调研的基础上，向教育部发出《中华人民共和国最

① 杨茜茜.儿童性侵害防治：理论基础、基本原则及具体路径[J].科学·经济·社会，2019（4）.

高人民检察院检察建议书》，建议积极推动幼儿园、中小学校园安全建设，有效预防和减少教职员工性侵害幼儿园儿童、中小学学生违法犯罪案件发生。

（三）居住在农村地区较多

在以往的研究中我们发现，农村地区往往成为此类案件的高发区，原因在于乡村学校校园监管存在很大的问题，另外在我国一些农村地区无论是家长还是教师，法治观念均比较差，而且农村的留守儿童数量众多，当性侵行为发生后，儿童维权和获得救助具有一定的滞后性。[①] 此类事件中，由于教师在日常可以轻易接触儿童，且犯罪行为的发生具有隐蔽性和持续性，这就使得犯罪人有更多机会对多人实施长期性侵犯，[②] 如 C7 事件中，犯罪嫌疑人涉嫌侵害 4 ~ 5 名儿童，而潜伏期长达 6 ~ 14 个月。而在 C14 事件中，主教练于2011 年开始就多次酒后强制猥亵队员。

（四）一些涉事人有犯案前科

学校对教师的审核、监管不力，导致教师队伍参差不齐。如 C6（贵州省贵阳中加新世界国际学校教师猥亵学生案）中涉事人还有犯罪前科，曾因涉嫌犯罪被判处有期徒刑，此事也导致该涉事民办学校校长被撤职。值得一提的是，在我国，2019 年广东正式使用"未成年被害人已决案件查询系统"来一键查询有性侵儿童的前科人员，在招聘教师前对其进行入职查询，早在2017 年，上海也实施了类似的行业禁入制度，这有助于在源头上对教师性侵事件进行预防。

四、案件与相关判决情况

表 3-5-4　儿童猥亵或性侵案件情况（N$_{案件}$=21）

涉事侵害人基本信息		人数	百分比（%）
案发原因	群众现场发现	6	28.57
	儿童自我揭露	4	19.05
	家长发现	7	33.33
	未知	4	19.05

---

① 姜超 . 论构建农村留守儿童有效预防性侵害的切近途径 [J]. 继续教育研究，2011（11）.

② 常千里，郝英兵 . 教师性侵儿童犯罪问题及防控探析 [J]. 中国公共安全（学术版），2019（3）.

涉事侵害人基本信息		人数	百分比（%）
潜伏期	当场	6	28.58
	小于 1 天	2	9.52
	1 天	2	9.52
	2 ~ 30 天	3	14.29
	6 ~ 14 个月	2	9.52
	大于 1 年	2	9.52
	未知	4	19.05
嫌疑人与儿童关系	陌生人	8	38.10
	师长、教练	6	28.57
	一般熟人	5	23.81
	未知	2	9.52
犯罪频次	一次	11	52.38
	多次	9	42.86
	未知	1	4.76
（涉嫌）犯罪行为	猥亵儿童罪	18	75.00
	强制猥亵罪	1	4.17
	强奸罪	3	12.50
	其他（侦查中）	2	8.33
判决结果	已判刑	5	23.81
	已起诉	2	9.52
	已刑事拘留	9	42.86
	已依法批捕	3	14.29
	未知	2	9.52

注：在（涉嫌）犯罪行为中，C7、C13、C17 同时涉嫌强奸、猥亵罪。

（一）案发原因多为群众现场报警，潜伏期较短

2019 年热度较高的舆情事件中，大多是群众现场发现，并当场报警，潜伏期较短；另一些事件由儿童自我揭露，即儿童向家长倾诉，或者家长发现蛛丝马迹，向幼儿询问的方式披露，潜伏期大多为 1 天或者几天。有学者指出，儿童自我揭露的对象往往是直接照顾者，特别是女性照顾者如母

亲，① 这也和本研究的舆情事件特征相符。而此类事件的首发往往是由围观者或儿童家长披露到视频类平台或社交媒体平台，然后传统媒体和其他官方账号跟进。潜伏期大于1年的两起事件分别为 C13（浙江舟山某托管班经营者强奸女童案）和 C18（西安碑林区小黄车摆放员猥亵儿童案）。

（二）犯罪嫌疑人与儿童的关系：以熟人和师长居多

一般来说，熟人和亲属是儿童性侵的主要群体，比重很高。儿童性侵害是指侵害者为满足自己的欲望，通过武力、哄骗、讨好、物质利诱或其他方式，与儿童进行的性活动或性交往。② 在2019年的热点舆情事件中，犯案者与被害儿童的关系以熟人为主，占比为52.38%，包括师长关系和一般生活接触的熟人，如保安、托管班老板等。根据网易专稿对2014年公开报道的性侵儿童案件统计，熟人犯罪占 87.87%；"女童保护"2018年统计发现，熟人作案占比为66.25%。另外熟人犯罪具有更大的隐蔽性。因此，当前儿童防性侵害不仅要教会他们"不要和陌生人说话"，更重要的是如何防范来自身边一般熟人的性侵害。

（三）涉嫌犯罪行为与判决结果：强奸罪和猥亵儿童罪

我国《刑法》关于儿童性侵害犯罪主要体现在强奸罪和猥亵儿童罪这两个罪名中。根据《刑法》第237条对强制猥亵、侮辱罪的定义，以暴力、胁迫或者其他方法强制猥亵他人或者侮辱妇女的，处五年以下有期徒刑或者拘役。聚众或者在公共场所当众犯前款罪的，或者有其他恶劣情节的，处五年以上有期徒刑。猥亵儿童的，依照前两款的规定从重处罚。最高法等四部门《关于依法惩治性侵害未成年人犯罪的意见》第25条规定，对猥亵不满12周岁幼童的人应当从严从重处罚。

五、媒体报道与舆情呈现特征

在2019年已判决和起诉的舆情事件案例中，呈现这样一些特征。

（一）舆情集中于各地"首例"案件类型，如北京和上海公共交通性骚扰案

媒体报道与舆情集中于各地"首例"案件类型，如北京和上海公共交通

---

① 尚晓援，田甜，谈子敏. 他们为什么不说话：性侵犯受害儿童自我揭露的实证研究 [J]. 济南大学学报，2019（5）.

② 王进鑫，刘旭. 6～9岁儿童性侵害现状调查与对策研究 [J]. 少年儿童研究，2019（9）.

性骚扰案。C5（上海市首例地铁"咸猪手"强制猥亵案）犯罪嫌疑人因强制猥亵罪被判处有期徒刑6个月；类似案件中，C19（北京首例上学高峰期男子向幼女伸"咸猪手"案）当事人因猥亵儿童罪被判处有期徒刑3年；此类案件都引发舆情和媒体报道的高度关注。

（二）外籍幼教在中国境内实施儿童性侵害的判罚结果引发民众高度关注，如青岛红黄蓝案件

外籍幼儿教师的判罚结果引发民众关注，如在C10（山东青岛红黄蓝幼儿园某外籍教师猥亵幼童案）案件中，民众情绪震惊、愤怒，对于判决结果高度关注。最终，当事外籍教师因猥亵儿童罪被判处有期徒刑五年，驱逐出境；与此同时，当地教育部门约谈相关负责人，责令整改，要求该幼儿园规范办园行为，强化师德师风建设，严格规范教师尤其是外籍教师聘用程序，为幼儿健康成长提供根本保障；对涉事园园长予以辞退处理，撤销该幼儿园省级和市级示范幼儿园资格。

（三）社会民众对于儿童猥亵"新"渠道，即网络空间犯罪较为关注

近年来，利用网络性侵儿童呈高发严峻态势，触发舆论争议，也引起了公众的警惕。网络性侵害儿童隐蔽性强，受害儿童低龄化突出。在网络聊天平台、社交视频平台等虚拟空间，频繁发生不法分子诱骗儿童发送裸照、裸体视频聊天甚至猥亵动作等案件。有学者对于"女童保护"统计的2018年性侵儿童案例中发现，网友作案占比为18.57%。[①]2019年，有一起案例为2015年至2016年发生的事件进行宣判，故未加入编码列表，即南京QQ"隔空"猥亵儿童事件，犯罪嫌疑人被判刑11年。2019年10月，《未成年人保护法》迎来修订，在征求意见稿中新增了"网络保护"一章，也将为我国未成年人保护工作提供强有力的法制保障。

（四）量刑定罪方面，"从重"处罚往往在舆情声势上烈度更高

我国《刑法》规定对不满14周岁的幼女进行奸淫属于强奸罪从重处罚的情节，一般量刑在10年以上。如C17（广西南宁马山县某村小学校长强奸猥亵儿童案），案件在一审被判无罪的情况下，检察院提起抗诉。抗诉期间，南宁市检察院提出要把办理该案作为落实"一号检察建议"的关键之举，后二审改判犯罪嫌疑人因强奸罪、猥亵儿童罪有期徒刑12年，这也引发了舆论的

---

① 杨茜茜. 儿童性侵害防治：理论基础、基本原则及具体路径 [J]. 科学·经济·社会, 2019（4）.

场高度关注。

（五）媒体报道和舆情关注办案过程的新特征：如"零口供"判案

媒体报道和舆情对于公检法办案过程的新特征也较为关注，如儿童性侵类案件中的"零口供"。C13（浙江舟山某托管班经营者强奸女童案）犯罪嫌疑人因强奸罪、猥亵儿童罪被判处有期徒刑7年。此事之所以引发舆情热度，在于办案过程中值得注意的一点，即"零口供"判案。在性侵害低龄儿童案件中，除被害人陈述外无直接目击证人，如何构建证据体系，儿童案发后的指认及陈述能否作为定案的核心证据，成为定罪量刑的关键。然而，儿童与成人相比，因其无行为能力或行为能力有限，在面临性侵害事件后因认知的有限、语言完整表述困难，即"没有嘴巴的小孩"。[①]根据相关司法案件，对于"零口供"案件，本着无罪推定和不枉不纵的原则，可以通过加强间接证据的收集和使用、间接证据与直接证据的有效结合补强证明案件事实。[②]这也在一定程度上向民众普及了相关知识和素养，鼓舞人心，起到正面舆论导向的作用。

六、儿童性侵类舆情事件的应对建议

美国社会学家芬克霍尔（Finkelhor）提出解释"儿童性侵害"发生的四个条件，包括"加害者的侵害动机、加害者的内在控制力瓦解、社会外在控制力瓦解以及儿童的抵抗能力被瓦解"。当以上四个条件共同出现时就会产生儿童性侵害。也就是说，只要上述条件中的任何一道防线存在，便能使儿童免于侵害。下文将从对于侵害人的控制、法律的约束、未成年人性教育这几方面，来探讨预防儿童性侵害发生的可能措施和着手点。

（一）完善儿童性侵强制报告制度，社会舆情发布需起到重要的线索作用

我国《未成年人保护法》第6条第2款规定：对侵犯未成年人合法权益的行为，任何组织和个人都有权予以劝阻、制止或者向有关部门提出检举或者控告。这里对于责任主体缺乏明确界定，而且仅是授权性规范，而非义务性或更具强制性的规范。基于对儿童权益的保护，20世纪60年代，美国最早出现儿童保护强制报告制度，将儿童性侵害作为强制报告的重要内容，并明

---

① 谢儒贤. 发展儿童侵害社会工作处遇模式之初探 [J]. 朝阳人文社会学刊, 2016（1）.

② 吴海云，诸春燕. "零口供"性侵幼童案证据体系的构建——从吴某某猥亵儿童案展开 [J]. 法制与社会, 2019（11上）.

确了儿童性侵害的具体定义。政策立法制定的基本目标在于预防儿童性侵害的发生及其反复性，最关键的就是发现机制。我国一直在儿童保护领域探索建立相应的机制，在2016年全国妇女儿童工作会议上，国务院总理李克强在讲话中提出了建立"五位一体"的儿童保护机制的工作目标。在整个机制中，对于问题的识别和发现，是保护的关键环节，而舆情的表达有助于更快地发现和提供线索，成为从而有效减少儿童性侵害的潜伏期。

（二）加强法律法规的舆论宣传，增强对于潜在侵害人的管控和约束

如表3-5-5的整理，儿童性侵法规应当以事前预防与事后控制监督相结合，借鉴相关经验，完善对于儿童性侵者的管理措施。

表3-5-5　国外儿童性侵防控的法案汇总 ①

国家	颁布的法律	主要内容
美国	1996年《梅根法》	犯罪者在假释或者出狱后要向居住地警方登记。创建了一个全国性罪犯登记系统，一旦犯罪，终身记录，并且公民可以自助查询。
英国	1997年《性犯罪法案》《莎拉法案》	详细且实时记录性侵犯者的个人信息、住址及信息变动，并且建立了一个全国性的性侵犯者信息系统；对性罪犯的照片、姓名、住所等信息联网记录。
韩国	2010年《有关预防和治疗针对儿童实施的性暴力犯法案》	"性犯罪者公布栏"网站上线；强制对刑满释放的性罪犯建立统一资料库，公开有性侵儿童前科罪犯的姓名和住址等资料，避免罪犯与儿童接触；将带有定位系统的电子装置植入罪犯体内进行电子监督；实行化学阉割制度；教师性侵儿童行为处罚达100万韩元。
挪威	2013年"美好童年关照一生行动计划"	采取43项措施有效预防和打击虐待儿童及性侵害事件。

此外，有学者提出应该考虑把男性儿童也作为强奸罪的受害者列入刑法范畴。联合国在《儿童权利公约》中对所有儿童不分性别地给予同等保护。我国遭受性侵害男童的数量和比例均在不断上升，但在司法实践中男性儿童并不能成为强奸罪的受害者，而只能以猥亵儿童罪处罚，对潜在犯罪者的威慑力不强。

在2019年的热点舆情事件中，最高检公布的《2018—2022年检察改革工

① 常千里，郝英兵. 教师性侵儿童犯罪问题及防控探析 [J]. 中国公共安全（学术版），2019（3）.

作规划》提出，将建立健全全国性侵害未成年人犯罪信息库，推动形成涉及未成年人相关行业入职查询和从业限制制度，引发网民热议。8月，江苏无锡一校外培训机构辅导老师猥亵儿童案件宣判，对猥亵儿童机构教师首发"从业禁止令"，也引发网友纷纷点赞。法律法规的舆论宣传，有利于增强对于潜在侵害人的管控和约束，在促进未成年人健康、安全成长的进程中应当起到预防和警示的重要作用。

（三）加强儿童性教育舆论声势：提倡课程、绘本等多种呈现方式

儿童性教育的主体主要是家庭和学校。性教育在学校和家庭教育体系中的缺失，容易导致儿童群体对于危险状况的辨别能力和自我保护意识弱，使其更容易受到性侵害。目前，国外有许多成熟的儿童性教育绘本，如《小威向前冲》（英国）、《我的弟弟出生了》（韩国）等，国内也有北师大出版社出版、刘文利教授主编的《珍爱生命》系列。在2019年的热点舆情事件中，我们看到《与你童行》儿童性教育家长手册启用，中国大陆首部儿童性安全教育系列绘本《珍珠》发布，这让我们看到了国内儿童性教育的进步。加强儿童性教育舆论声势，采用多种方式对此进行呈现和引导，也有助于加强儿童自我保护意识，防范外界的侵害。

（四）提高民众媒介素养，及时有效应对儿童性侵舆情事件中的谣言传播

在2019年的儿童性侵类舆情事件中，还有一例谣言类舆情事件未加入编码列表，即6月的"贵州毕节、凯里未成年儿童被性侵"事件。贵州省公安厅发布通报称，网上传播的照片均为他人从网上收集，信息系编造。

此事传播和辟谣的信息和照片在网上传播，引起了网民广泛关注。谣言造成了社会恐慌，浪费了社会资源，影响了媒体公信力，同时造谣者也触犯了刑法。我国的《刑法》第291条第2款规定："编造虚假的险情、疫情、灾情、警情，在信息网络或者其他媒体上传播，或者明知是上述虚假信息，故意在信息网络或者其他媒体上传播，严重扰乱社会秩序的，处3年以下有期徒刑、拘役或者管制；造成严重后果的，处3年以上7年以下有期徒刑。"[①]此次事件引起的网络波澜，一方面反映了多地儿童性侵类案件发生后，容易引发"次生舆情"，伴随大量谣言或者流言产生；另一方面，流言更进一步引发社会民众

---

① 张强."儿童被性侵"谣言的根源在于没底线[N].深圳特区报，2019-06-28.

的负面情绪，反而妨害了民众对事件的客观判断。因此，提高民众媒介素养，及时有效应对儿童性侵舆情事件中的谣言传播也是非常重要的方面。

总之，善待儿童、保护儿童是全社会每一个公民的共同责任和需履行的义务，联合国《儿童权利公约》也规定了"儿童利益最大化"的原则。"未成年人是国家和民族的未来，对未成年人安全和权益的保护就是对国家和民族未来的保护。只有形成家庭保护、学校保护、社会保护和司法保护相衔接的合力，才能有效预防、减少性侵未成年人犯罪的发生。"[①]

媒体是社会前行的瞭望者，也是社会守护的看门人。舆论的力量，可以为弱小者凝聚保护，也可为心存侥幸者敲响警钟。舆论的作用，在于正能量的引导和鼓励，在于相关法律知识和健康知识的社会普及。营造一个清朗有序的网络空间，以及一个法治安全的社会环境，才能保护儿童健康成长。

附：

2019 年度涉及儿童性侵害的舆情事件列表

序号	舆情事件	参考媒体
C1	广西三江男子当街拐卖儿童？警方：涉猥亵儿童	环球网
C2	放学途中伸"黑手"江苏曾某涉嫌猥亵儿童罪被起诉	常州日报
C3	新城控股原董事长猥亵女童案	北京日报
C4	内蒙古包头某男幼师疑似猥亵男童	搜狐网
C5	上海首例地铁"咸猪手"强制猥亵案，其中有未成年人	中国青年网
C6	贵州省贵阳中加新世界国际学校（民办）教师刘某某猥亵学生	搜狐网、贵州都市报
C7	辽宁省葫芦岛市高台镇水口村小学校长性侵学生	央视网新闻
C8	西南科技大学某学生涉嫌在火车上猥亵一名 9 岁女童	陕西法制网、央视网新闻
C9	江苏泰州 48 岁男子假借"作法"猥亵 13 岁女童	搜狐网
C10	山东青岛红黄蓝幼儿园某外籍教师猥亵幼童案宣判	正北方网
C11	广东中山一男子混进儿童乐园意图猥亵女童	搜狐网
C12	山西太原一"小饭桌"老板多次猥亵儿童被刑拘	山西晚报

---

① 徐隽. 对性侵儿童的犯罪分子亮出利剑 [N]. 四平日报，2019-12-26.

序号	舆情事件	参考媒体
C13	浙江舟山某托管班经营者强奸女童获刑七年	澎湃
C14	江苏女足青年队主教练涉嫌猥亵儿童	新民晚报
C15	全国妇联权益部就湖南祁东多人性侵未成年女孩恶劣案件表示：恶行必须依法严惩	中国新闻周刊、北京青年报
C16	广东 12 岁智障少女被两度性侵	中国经济网
C17	广西南宁马山县某村小学校长强奸猥亵儿童获刑	中国妇女报
C18	西安碑林区检察院批捕一起猥亵儿童案嫌疑人	西安日报
C19	北京首例上学高峰男子向幼女伸"咸猪手"，获刑 3 年	北京日报客户端
C20	汉中 60 岁保安猥亵女童 20 余次被起诉	西安新闻网
C21	江苏沛县某小学 60 岁男门卫涉嫌猥亵 9 岁女学生	人民网

专题六：社交媒体领域中的未成年人犯罪的网民态度呈现

——以"大连 13 岁男孩杀害 10 岁女孩"事件为例

近年来，低龄化犯罪事件频发，也每每引发社会民众热议。此专题意图分析社交媒体领域中关于未成年人犯罪事件的网民态度。故选取 2019 年热点舆情事件中的"大连 13 岁男孩杀害 10 岁女孩"事件，通过抓取微博相关数据，分析事件脉络、核心博主以及言论相关内容，呈现网民对于未成年人犯罪、特别是争议性热点舆情事件的讨论议题以及态度呈现情况。

一、事件回顾

2019 年 10 月 24 日，大连市公安局发布警情通报：2019 年 10 月 20 日 19 时许，公安机关接到报警，沙河口区发生一起故意杀人案，受害者某某（女，10 岁）被害身亡。接警后，市公安局高度重视，立即组成专案组全力开展侦查。经连夜工作，于当日 23 时许，在走访调查中发现蔡某某（男，2006 年 1 月出生，13 岁）具有重大作案嫌疑。到案后，蔡某某如实供述其杀害某某的事实。

依据《刑法》第 17 条第 2 款之规定，加害人蔡某某未满 14 周岁，未达到法定刑事责任年龄，依法不予追究刑事责任。同时，公安机关依据《刑法》

第17条第4款之规定，按照法定程序报经上级公安机关批准，于10月24日依法对蔡某某收容教养。

二、微博信息搜索

研究通过微热点工具，从微博上采集2019年10月1日到2019年12月31日的该事件相关信息，共133644条进行分析。微博声量最高峰出现在2019年10月，共有117401篇相关微博言论，其中重要微博信息来源于大连公安、人民日报、央视新闻、新京报等账号。

三、舆情事件与信息特征

（一）事件趋势与信息特征：量级高，转发多

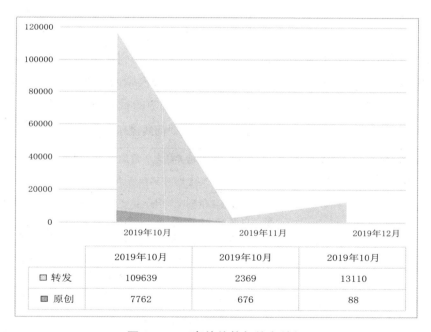

	2019年10月	2019年10月	2019年10月
☐ 转发	109639	2369	13110
▦ 原创	7762	676	88

图 3-6-1 事件趋势与信息特征

微博中转发的信息较多，占比为93.24%；原创信息占6.35%，其中媒体原创占比为0.41%。转发层级中，以一次转发居多，可见类似事件的转发层级偏少，涉及社交媒体圈层较为单薄。

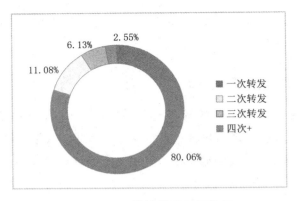

图 3-6-2　微博转发层级特征

（二）微博信息传播时间线梳理：官媒推动舆情阶段的发展

微博发文信息最早可以追溯到 10 月 24 日，某个人账号提及了相关事件。随后，认证账号"大连公安"对于该事件进行警情通报，很快被"澎湃新闻"转发。在舆情传播过程中，《人民日报》所提出的分级干预，宗柳伽对于之前未成年人犯罪案件的回顾和质问，澎湃新闻独家采访男孩邻居，《新京报》独家采访男孩亲属、制作 3D 视频还原案件过程，央视新闻两次呼吁找到未成年人保护和惩治的平衡点等言论，都成为事件传播中的重要节点。

表 3-6-1　微博信息传播时间线梳理

发博时间	发博账号	事件相关信息（具体内容见附表 3）
10 月 24 日 20:28	挑战者少校	大连 10 岁女孩被 13 岁男孩所杀
10 月 24 日 21:17	大连公安	＃警情通报＃依据《刑法》第 17 条第 2 款之规定，加害人蔡某某未满 14 周岁，未达到法定刑事责任年龄，依法不予追究刑事责任。同时，公安机关依据《刑法》第 17 条第 4 款之规定，按照法定程序报经上级公安机关批准，于 10 月 24 日依法对蔡某某收容教养。
10 月 24 日 21:48	澎湃新闻	@大连公安通报：杀害 10 岁女孩的 13 岁男孩不予追究刑责，对其收容教养
10 月 24 日 23:09	人民日报	预防未成年人犯罪法修订草案正在审议之中，必须早发现早预防，实行分级干预。
10 月 25 日 17:38	宗柳伽	因未成年而得到原谅的孩子，他们真的悔改了吗？
10 月 25 日 21:26	澎湃新闻	大连行凶男孩女邻居程，曾两次被他尾随拍肩。"一米七多，看不出是未成年，我和老公还堵过他。"

续表

发博时间	发博账号	事件相关信息（具体内容见附表3）
10月26日9:35	新浪新闻	大连被害女孩曾写信给父母，要好好学习。案件尚有疑团待解，女孩舅妈称警方先后两次告知的死亡时间不同
10月26日12:38	公路美学	法律只能保护正常的未成年人健康成长，而不能成为纵容"恶少"行凶的"保护伞"！
10月26日13:28	新京报	大连行凶男孩舅舅首次发声：不愿看到这结果正想办法补救。"网友对他的评价越传越邪乎，我不认为他不正常，谣传他看黄片是扯淡。"
10月26日22:12	央视新闻	央视主播谈未成年人犯罪：面对这样的凶手，除了严惩凶手外，最关键的是如何避免类似悲剧重演。一部公平的法律，不仅仅是一剂预防药，更是一服镇痛药。国家在行动，社会有期待！
10月26日22:30	新京报	3D视频梳理8小时案情
10月28日18:53	央视新闻	未成年人立法期待全民大讨论：如果"一个生命"和"三年收容教养"画等号，从根本上背离了人们观念中的公平，任其存在是危险的。保护和惩治都不能少，这是社会共识，分歧在于如何平衡。
12月20日17:37	人民日报	"从严惩处涉未成年人犯罪，加强未成年人司法保护"发布会。最高检：未达刑责年龄未成年人不能一放了之，必须依法予以一定的惩戒和矫治。

（三）微博信息关键词：凝聚负面情绪倾向

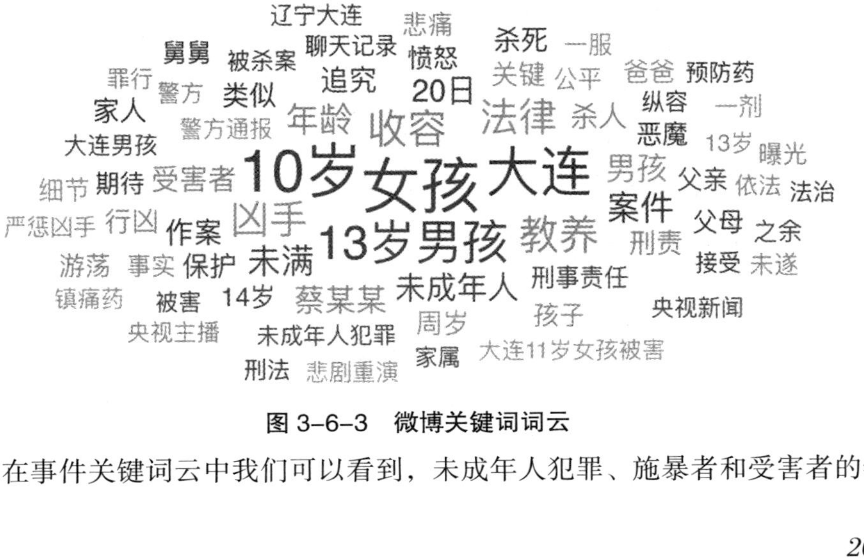

图 3-6-3 微博关键词词云

在事件关键词云中我们可以看到，未成年人犯罪、施暴者和受害者的年龄（13岁、10岁）、事发地点（辽宁大连）、涉事双方的家人曝光（舅舅、父母）等，都成为事件的关键词。此外，一些表达情绪尤其是负面情绪的词语频繁出现，如形容词类（悲痛、愤怒等）、动词类（严惩、杀死、纵容等），以及名词类（悲剧、公平、罪刑、恶魔、刑事责任）等，展示出网民对于该事件的情绪与情感倾向。

四、微博信息发布者特征

（一）微博核心信息发布者：公检法机构账号和主流媒体账号

微博核心信息发布者，可分为核心传播机构（表3-6-2）和核心传播网民（表3-6-3）两类。

公检法机构账号和主流媒体账号，成为该事件中的核心传播机构。在机构账号中，包含官方机构如警方机构"江宁公安在线""中国警方在线"等，以及核心传播媒体如"央视新闻""新京报""澎湃新闻"等。

表 3-6-2 核心传播机构

序号	核心传播机构	转发数	核心传播媒体	转发数
1	江宁公安在线	277	央视新闻	16306
2	江西反邪教	200	新京报	7191
3	上海铁路局	95	澎湃新闻	3367
4	宽窄有度	74	头条新闻	1785
5	中国警方在线	74	新浪新闻	1330
6	广东共青团	49	南都周刊	944
7	山东高法	43	环球时报	860
8	含山普法	42	新浪新闻客户端	769

表 3-6-3 核心传播网民

序号	核心传播媒体人	转发数	核心传播网民	转发数
1	田参军律师	13476	Tiger公子	5005
2	公路美学	12105	樱棋檀	2411
3	宗柳伽	6438	神经小榭	2409
4	惰小天	5671	魂儿在天上飘	2406
5	E伯爵	5560	珑若漾_原号已炸求回粉	2404

序号	核心传播媒体人	转发数	核心传播网民	转发数
6	顾惜之	5320	拉郎之神选中的少女	2291
7	暗子 Rickyl_ColdFlash	1806	Endorphin_Dopamine	2273
8	鸠也子	1749	专业补番二十年	2260
9	我是落生	1620	清欢重生于海伯利安	2252
10	猴淳良	13476	马仲蛋	2226

（二）微博发布者地域：事发地辽宁省与东部沿海省份居多

微博发布者较高的省份以事件发生地辽宁（7692）、北京（10535），以及东部沿海省份为主，如广东（14621）、江苏（11446）、浙江（9995）、山东（7981）、上海（6096）、福建（4110）等。

（三）微博发布者基本信息：女性占比稍多，以普通网民为主

在微博发布者中，去除明显水军账号，真实用户占比为91.59%；其中境内用户占98.36%，1.64%的博主认证地点来自海外。

从性别来看，普通账号中较多女性网民对于此事发声。数据显示男性用户为56660人，占比为42.4%；女性用户为76969人，占比为57.6%。

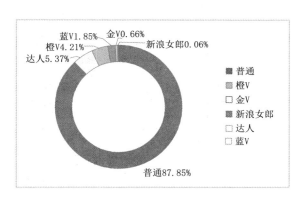

图 3-6-4 微博账号分布情况

从微博发布者认证情况来看，八成以上的用户为普通网民，草根达人账号占比为5.37%；在加V用户中，社会知名人士（橙V和金V）账号占比为4.87%，机构（蓝V）账号占比为1.85%，新浪女郎账号为0.06%。普通网民在事件中的发声居多，说明该事件的社会影响较为广泛，在民众中引发的话题度高，其激发的情绪引发了多数人的关注。

五、微博议题与情绪特征

（一）微博情绪特征:"愤怒""悲伤"比重最高

通过微博内容中表情符号的分析,可以从侧面管窥网民对于该事件的情绪表达。从图3-6-5可见,"愤怒"情绪占比最高,这也是词云图中形容词类的高频词。此外,"悲伤""疑惑""心碎""祈祷"等也体现了网民对于离世女孩及其家人的心痛与关怀。

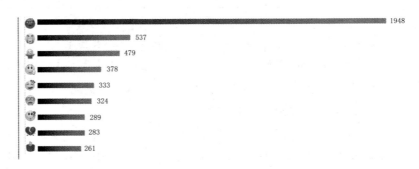

图3-6-5　微博表情使用情况

（二）微博网民议题:犯罪主体、判决结果与责任年龄

从图3-6-6可见,微博网友观点主要表现在如下几方面:

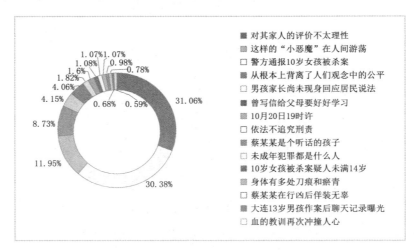

图3-6-6　微博网友议题汇总情况

第一,对于犯罪男孩的评价。

对于犯案的13岁男孩,有微博将其评论为"在人间游荡的小恶魔"（35.56%）,如央视新闻所言,这样的"小恶魔"在人间游荡,让人觉得悲痛

之余，也很愤怒；澎湃新闻报道称"大连男孩曾两次尾随女邻居"，但男孩家长尚未现身回应居民说法（1.46%）。不过，也有评论认为网民和相关负面信息"对其家人的评价不太理性"（6.07%），如《新京报》报道行凶男孩舅舅首次发声，"不愿看到这结果正想办法补救"，并认为网友的评论有点过火；凤凰网也报道其舅舅称"蔡某某是个听话的孩子"（2.72%）。

因此，对于犯罪嫌疑人，特别是未成年人的报道，面对"恶"的极端行为与"善"的人性侧面交织，以及当事人多重身份的重叠，如犯罪嫌疑人、未成年人、父母的儿子等，如何做到真实、客观和平衡报道，是长久以来摆在媒体和舆论面前的议题，也是舆情关注和争论的焦点。

第二，对于判决结果的争议。

判决结果为13岁男孩依法不予追究刑事责任，收容教养3年（19.25%）。有持反对观点的博主认为，免除刑事责任"从根本上背离了人们观念中的公平"（7.32%），如央视新闻所言，这是法治的要求，不过如果"一个生命"和"三年收容教养"画等号，从根本上背离了人们观念中的公平，任其存在是危险的。

但同样也如央视新闻另一条高转发度微博所言，"除了严惩凶手外，最关键的是如何避免类似悲剧重演。一部公正的法律，不仅仅是一剂预防药，更是一服镇痛药"。

第三，"未成年刑事责任年龄"是否需要调整。

如新京报等账号发出了"未成年人犯罪都是什么人""未成年人刑事责任年龄要调整吗？"的微博话题讨论。在2019年的全国两会上，也有全国人大代表建议将我国最低刑事责任年龄调整为12岁。所谓未成年人的刑事责任年龄，是指未成年人对其危害社会的行为承担刑事责任的年龄标准。我国目前采用"三分式"刑事责任年龄的制度。此外，部分国家在划分未成年人责任年龄上下限的基础上，还要再划分若干相对责任年龄段。14周岁仍然是大多数国家刑事责任起点年龄，以男童为例[①]：

---

① 蓝晓蓉.域外未成年人刑事责任年龄制度[N].人民法院报，2019–11–09.

表 3-6-4　各国未成年人刑事责任年龄的划分方法

划分方法	代表国家	刑事责任年龄
四分法	西班牙、菲律宾、巴拿马、智利、俄罗斯	不满 7 岁：完全无行为能力； 7 ~ 14 岁：有部分行为能力； 14 ~ 25 岁：有一定的行为能力； 年满 25 岁：完全行为能力。
三分法	保加利亚、意大利	不满 14 岁：无刑事责任能力； 14 ~ 18 岁：相对无刑事责任能力； 年满 18 岁：完全刑事责任能力。
	英国、瑞士、泰国、朝鲜	不满 10 岁：无刑事责任能力； 10 ~ 14 岁：相对无刑事责任能力； 年满 14 岁：完全刑事责任能力。
两分法	日本、匈牙利、德国、比利时、土耳其	不满 14 岁：无刑事责任能力； 年满 14 岁：完全刑事责任能力。

据此一些专家认为，对于"低龄作案者"，现阶段试图通过降低刑事责任年龄的做法来抑制是不现实的，但相应的法律责任必须承担，针对性的教育矫治措施必须跟上。此外，2019 年还有一项热点舆情事件值得关注，在年底"从严惩处涉未成年人犯罪，加强未成年人司法保护"发布会上，最高检表示，对一些涉嫌犯罪，但是没有达到刑事责任年龄的未成年人，绝不能一放了之，必须依法予以一定的惩戒和矫治。

总体来说，"大连 13 岁男孩"案在社交媒体特别是微博场域引发舆论热议。一方面，官方账号，如警方和主流媒体账号起到了核心的信息传播作用，推动舆情事件从萌芽、发酵到高潮各阶段的快速发展，以及舆情声量的不断上升；另一方面，网民个体账号对于舆情事件的大量转发、评价与共情的态度和表达，体现了普通网民的朴素正义观，使得民众由于事件所引发的负面情绪得到了部分宣泄。然而，一些舆论争议性子议题如责任年龄、判决解释的悬而未决，实际上拖延了舆论正面引导的契机，随着时间的推移，可能会迎来新一轮的讨论热度。不过，无论网民情绪是愤怒还是悲伤，无论判决结果是矫治还是惩戒，都应遵循儿童利益最大化的原则，旨在将未成年人拉回人生的正轨，达到法律效果与社会效果的统一，维护法律的公平正义。

附表

热门原创微博信息列表（按该事件中转发频次排序）

序号	微博账号	时间	标题与内容	转载数
1	新京报	2019-10-26 13:28:27	【#大连行凶男孩舅舅首次发声#：不愿看到这结果正想办法补救】@新京报记者今日独家联系到蔡某某的舅舅，他称，家里也不想看到这样的结果，正在想办法补救。蔡某某的舅舅称，他认为网友的评论有点过火，对其家人的评价不太理性。"网友对他的评价越传越邪乎，我不认为他不正常，谣传他看黄片是扯淡。"新京报此前报道，10月20日，大连市内一名10岁女孩小琪（化名）被害身亡。根据大连市公安局发布的警情通报，涉嫌杀害小琪的嫌疑人蔡某某未满14周岁，#13岁男孩杀害10岁女孩不追究刑责#。视频：#大连男孩行凶后曾搭讪受害者的父亲#据蔡某某与其同学的聊天记录显示，蔡某某在行凶后佯装无辜，分析称作案凶手是个"变态"。小琪的爸爸称，事发当天蔡某某两次曾向他询问小琪的下落，"我觉得他就是特意过来问的"。#大连行凶男孩舅舅首发声#	7191
2	央视新闻	2019-10-26 22:12:15	#主播说联播#【#央视主播谈未成年人犯罪#】大连发生10岁女孩被13岁男孩杀害的案件，这样的"小恶魔"在人间游荡，让人觉得悲痛之余，也很愤怒。面对这样的凶手，除了严惩凶手外，最关键的是如何避免类似悲剧重演。一部公平的法律，不仅仅是一剂预防药，更是一服镇痛药。国家在行动，社会有期待！	16306
3	央视新闻	2019-10-28 18:53:41	#央视热评#【#未成年人立法期待全民大讨论#】辽宁大连13岁男孩因性侵未成害10岁女孩，被收容教养3年。很多人难以接受，但这是法治的要求。不过，如果"一个生命"和"三年收容教养"画等号，从根本上背离了人们观念中的公平，任其存在是危险的。保护和惩治都不能少，这是社会共识，分歧在于如何平衡。	5941
4	澎湃新闻	2019-10-24 21:48:24	【@大连公安通报：杀害10岁女孩的13岁男孩被收容教养】#大连11岁女孩被害#10月24日，辽宁大连。警方通报10岁女孩被杀案：13岁男孩蔡某某如实供述杀害女孩的事实。因蔡某某未满14周岁，不予追究刑责，对其收容教养。	3367
5	澎湃新闻	2019-10-24 21:48:24	【@大连公安通报：杀害10岁女孩的13岁男孩被收容教养】10月24日，辽宁大连。警方通报10岁女孩被杀案：13岁男孩蔡某某如实供述杀害女孩的事实。因蔡某某未满14周岁，不予追究刑责，对其收容教养。#大连11岁女孩被害#澎湃新闻的秒拍视频	3367

序号	微博账号	时间	标题与内容	转载数
6	公路美学	2019-10-26 12:38:43	#大连11岁女孩被害##警方通报大连10岁女孩被杀案#大连13岁男孩杀死10岁女孩！原因：强奸未遂手段：杀前暴打，七刀致命，杀后藏尸，上面压着碎石乱砖，手段极其残忍，让人惨不忍睹。就是这样的一个杀人凶手竟因不满14岁逃脱法律的制裁，只能接受收容教养！像这样因不满14岁导致的惨案又何止这一起？前有杀母案，今有此案，后面呢？国人呀，警醒吧！法律只能保护正常的未成年人健康成长，而不能成为纵容"恶少"行凶的"保护伞"！所以，呼吁：1.特殊情况特殊对待，特殊处理，应对其严惩！（我知道按目前是行不通的，这一要求虽然不合法却合情合理！）2.更重要的是修改法律，适当降低应负刑事责任的年龄！这样才能起到震慑作用，降低悲剧事故的发生！如果不严惩该"恶少"，以后还会有多少悲剧发生？大家怎么看？附：美国各州承担刑事责任最低年龄，有35个州不设刑事责任最低年龄，有15个州刑事责任最低年龄不超过10岁。	12105
7	澎湃新闻	2019-10-25 21:26:03	#大连男孩曾两次尾随女邻居#【大连行凶男孩女邻居：曾两次被他尾随拍肩】辽宁大连13岁男孩蔡某某杀害同小区10岁女孩。10月25日，一女邻居确认蔡某某曾尾随她两次：男孩第一次拍她肩膀，第二次跟进门，"一米七多，看不出是未成年，我和老公还堵过他"。截至目前，男孩家长尚未现身回应居民说法。#大连男孩被爆多次尾随女性#	1659
8	宗柳伽	2019-10-25 17:38:15	因未成年而得到原谅的孩子，他们真的悔改了吗？近几年发生的未成年犯罪案例，让人毛骨悚然。最近的13岁男孩连捅7刀，杀害10岁女孩，让人感到恐怖、愤怒，但是还有更多犯罪的"孩子"，他们所犯下的罪行更加令人害怕。2018年，一名13岁女孩肢解同窗，只因为嫉妒她长得比自己好看。同年，一名14岁女孩遭轮奸致死。无一例外，凶手都因为未成年被释放。留给受害者家属的，似乎只有一句"他还是个孩子"。2004年，黑龙江13岁男孩强暴14岁女孩，因未成年被释放，判处赔偿医疗等各项费用。判决下达一周后，男孩夜闯女孩家，当着女孩的面杀害了她的母亲。那个14岁前掐死一名男孩的"孩子"，14岁时再次杀人未遂，19岁出狱后奸杀了一名11岁女童。2010年到2011年，再次被捕，被指犯下多起伤人、杀人案件。2016年，14岁少年捅死同学，大言不惭："反正我才14岁，杀人不必偿命。"2018年，12岁男孩弑母，他说了一句："我又没杀别人，我杀的是我妈。"看看我们在给什么样的"孩子"重新来过的机会？如果说，他们作为未成年人，应该保护他们的隐私，保护他们不受歧视，谁来保护那些被他们杀死的受害者？#大连10岁被害女孩舅舅回应##大连男孩作案后聊天记录曝光#	6438

序号	微博账号	时间	标题与内容	转载数
9	新浪新闻	2019-10-26 09:35:00	【#大连被害女孩曾写信给父母#要好好学习案件尚有疑团待解】大连10岁女孩被13岁男孩杀害后抛尸持续引发关注。女孩舅妈称警方先后两次告知的死亡时间不同，最后出现在监控中距离被抛尸仅10分钟↓↓真相究竟为何？尚有疑团待解↓↓女孩母亲称女孩曾给她写过一封信，信中内容让人泪目↓↓大连女孩被杀案追踪曾写信给父母要好好学习	1038
10	新京报	2019-10-26 22:30:03	【#大连行凶男孩被收容教养3年#3D梳理8小时案情】10月26日，据媒体报道，13岁行凶男孩蔡某某被辽宁省少管所收容教养3年。据大连公安消息，10月20日19时许，公安机关接到报警，沙河口区发生一起故意杀人案，一10岁女孩被害身亡。警方发现蔡某某有重大嫌疑，其到案后供述了杀人事实。24日，警方通报#13岁男孩杀害10岁女孩不追究刑责#，将被收容教养。@新京报动新闻	2026

专题七：2019 儿童舆情年度观点回顾

当下，面对纷繁复杂的舆论生态和儿童发展的多元需求，人物观点的"发出"具有不可替代的舆情引导作用。一方面，人物观点的提出在民众与政府关系间具有沟通、引导、建设的作用。政府可以通过社会代表人物的观点找准舆情"坐标系"，提高舆情处置能力；民众则跟随社会代表人物观点，逐渐聚焦舆情事件关注重点。另一方面，人物观点的表达往往是立足实践、基于案例的，因此相较宏观的政策解析，人物观点是围绕理论层面的宏观指导所提出的微观实践建议，具有很强的操作性和指导性。通过分析2019年儿童舆情年度人物观点排行及呈现趋势特征，有利于健全儿童舆情研判、反应和管控机制，利用社会人物引导舆情理性传播。

一、年度观点呈现趋势与特征

2019儿童舆情年度人物发声主要集中在以下方面：一是有关儿童健康，包括儿童身体健康和心理健康，例如儿童近视防控，学龄儿童超重，孤独症、心理健康教育等。二是关注弱势儿童群体，例如自闭症儿童、残疾儿童、留守儿童等。三是公众人物公益行为，例如李娜公益活动关注孩子享受体育，陈赫助力公益关注困境儿童等。四是外部监督儿童安全，例如控制校园食品中毒发生率，建立儿童托管机构黑名单制度等。

总体来说，2019年人物发声时间主要集中在3月，其余月份有不同波动。人物发声的领域主要集中在儿童健康方面，发声渠道主要通过新闻媒体。

（一）观点表达以权威新闻媒体网站为主要首发场域

新闻媒体网站凭借其基于的新闻媒体母体，具有社会化媒体不具备的信誉资本优势。人物观点以新闻媒体网站为主要首发媒体场域，新闻媒体网站首发占比近八成，主要由于新闻媒体所依托的传统采编机构的采编权和影响力，可以借势在读者间获得较高的权威性，更能体现人物观点对舆论的引导作用。另外，在互联网迅猛发展的当下，政府加强对重点新闻媒体网站的支持力度，无论是对互联网市场秩序的规范，还是舆论上的支持，政府都为新闻网站提供了良好的外部氛围，凭借"政策优势"，新闻媒体网站更容易为社会人物提供权威的社会话语表达权利，人物观点的表达也更容易发挥舆论引导的功能。

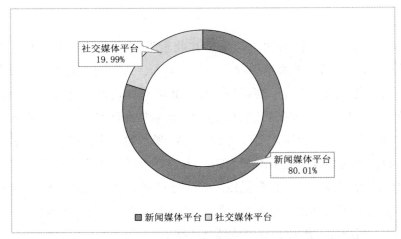

图3-7-1　2019年儿童舆情年度人物观点首发媒体来源情况

（二）观点月度分布以3月为最，集中在全国两会召开期间

根据人物观点月度分布趋势来看，3月是人物观点集中发出时期，这一时期也是全国两会召开期间。从历年数据来看，二孩问题、留守儿童及儿童遭

遇暴力侵袭（校园、家庭）等几大议题一直是全国两会代表委员最关注的几大话题，因此在两会期间各代表委员针对提案诉求积极表达人物观点，月度分布上自然呈现了集中的爆发趋势。儿童发展作为一项重要的民生工程，成为2019年全国两会的热点议题，足以看出当前政府对儿童议题的重视程度，这与人物观点的积极引导是分不开的。

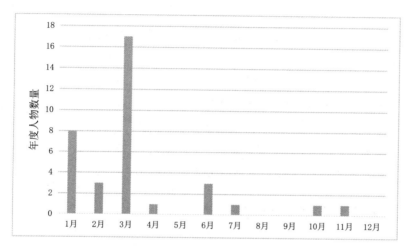

图 3-7-2　2019 年儿童舆情年度人物观点月度分布趋势

（三）观点关注儿童舆情的五大领域

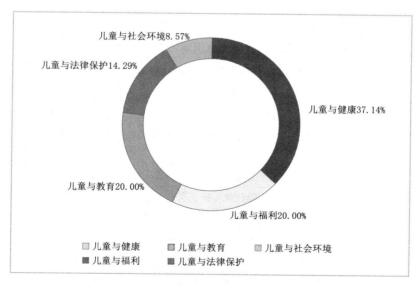

图 3-7-3　2019 年儿童舆情年度人物观点所属领域情况

由于目前社会处于深刻的转型期，社会利益格局复杂，在新形势下儿童的发展也在各个领域都遇到了前所未有的挑战，体现在人物观点舆情事件上表现为社会人物关注的领域和发声诉求复杂、多元，涉及留守儿童心理健康、儿童教育权利鸿沟、儿童用眼健康、弱势儿童权益保护等方方面面。互联网真正的价值在于使主流之外的观点得以获得关注。因此，可以看到在网络虚拟场域中，社会人物致力于不忽略儿童发展环节中的任意一环，敏于发声，敢于发声，让留守儿童、自闭症儿童等弱势群体问题走进大众关注视野，人物观点更为立体、全面，每一种观点背后都凸显一个社会群体的利益诉求。

另外，从众多人物观点中可以看到，儿童的用眼健康问题日益成为核心议题，这主要与我国儿童青少年近视率居高不下，近视低龄化、重度化日益严重等一系列问题有关。此外，人物观点在关注留守儿童、乡村儿童等弱势群体的用眼健康问题这一议题上表现出了高度的关注和一致的利益诉求，可以推测这一议题将成为未来儿童与健康领域舆情集聚的关注焦点。

二、年度观点事件排行榜

（一）年度观点排行榜

表 3-7-1　2019 年儿童舆情年度热点人物观点排行

序号	事件	总分
1	全国政协委员王宁利：近视眼防控要关注青少年也要关注学龄前儿童	100.00
2	王源联合国大会中文发言：呼吁人们保护儿童应享有的权利	82.89
3	全国政协委员何伟：建立眼健康发育档案，完善儿童青少年近视防控	69.17
4	全国政协委员翟美卿：加快推进农村儿童心理健康服务体系建设	42.02
5	俞敏洪：保障残障儿童教育权利 消除阅读差距	40.77
6	什么才是对被虐待儿童最好的保护？家事法专家张鸿巍：将儿童带离原生家庭需慎重	34.49
7	中国儿童缺乏冷静？孙彩平：避免未成年人走极端要重视心理教育	31.27
8	李娜谈再度携手儿童乐益会：盼让更多孩子享受体育	27.67
9	著名儿童文学作家伍美珍走进经开区瑞锦小学讲授阅读经验	27.06
10	联合国儿童基金会亲善大使大卫·贝克汉姆探访上海幼儿园的孩子们	22.58
11	陈赫打造"善举小屋"助力公益关注困境儿童成长空间	22.07
12	全国人大代表毕宏生：系统全面防控儿童青少年近视	20.81

序号	事件	总分
13	全国人大代表王欣会：让自闭症儿童融入社会生活	17.88
14	黄冈一小学生胡振园：写信谢脱贫政策	17.36
15	全国政协委员邰丽华：残疾儿童同样渴望接受高质量教育	17.34
16	雷后兴委员：开展留守儿童心理健康普查，村级建活动中心	16.63
17	江苏省政协委员孙子林：为Ⅰ型糖尿病儿童提供基本医保	14.64
18	市场监管总局局长张茅：校园食物中毒发生率要在万分之二内	14.55
19	全国人大代表胡春霞：建议建立儿童托管机构黑名单制度	14.54

（二）年度观点热点回顾

1. 全国政协委员王宁利：近视眼防控要关注青少年也要关注学龄前儿童

关键词：近视眼、防控体系、青少年、学龄前儿童

事件简介：2019年3月，全国政协委员、北京同仁医院眼科中心主任王宁利在全国政协十三届二次会议开幕式前举行的委员通道上，就青少年近视问题答记者问。王宁利提及，目前近视眼防控主战场是青少年，但这个主战场应该提前到学龄前。因为学龄前孩子有150度到175度的远视储备，若孩子在幼儿园把远视储备用完了，步入小学近视可能性大增。他表示，作为政协委员，今年的提案就是关注近视眼的防控，要关注学校，也要关注幼儿园；要关注青少年，也要关注学龄前的儿童。

2. 王源联合国大会中文发言：呼吁人们保护儿童应享有的权利

关键词：联合国、儿童、受教育权、权利保障

事件简介：2019年11月20日"世界儿童日"当天，TFboys组合成员王源以联合国儿童基金会大使身份出席了联合国大会高级别会议，就儿童受教育的权利，向全世界发声。大会上，王源列举了生活在贫困地区的男童和女童的境况——对女童而言，受教育能够让她们免受童婚暴力以及持续贫困带来的伤害；对男童而言，教育能帮助他们避免成为童工，以获取更好的技能，拥有更高的收入。王源强调，重视、实现和保障儿童受教育权利，刻不容缓。

3. 全国政协委员何伟：建立眼健康发育档案，完善儿童青少年近视防控

关键词：近视眼、防控体系、信息档案、儿童、青少年

事件简介：2019年3月，全国政协委员、眼外科医学博士何伟在两会期

间表示，我国儿童青少年近视率居高不下，近视低龄化、重度化日益严重，严重影响了儿童青少年健康。何伟呼吁，儿童青少年眼健康工作应与医疗工作和国家整体医疗卫生体制改革衔接起来，充分利用互联网及大数据，加快建立国家和省级儿童青少年视力防控网络信息平台，实现儿童青少年视力防控信息档案的互通、互联、互享，对儿童青少年眼健康问题重点人群进行跟踪监测。

4. 全国政协委员翟美卿：加快推进农村儿童心理健康服务体系建设

关键词：留守儿童、农村地区、心理健康、关爱服务

事件简介：作为妇联界别的全国政协委员，香江集团总裁翟美卿多年来持续关注留守儿童问题。2019年3月，翟美卿在政协会议上提出，重点关注农村儿童心理健康问题。她建议，政府应进一步加大农村儿童心理健康教育的投入，注重发动专业社会组织和公益机构参与儿童工作，发动社工、儿童心理专家、公益组织共同参与，推进农村儿童心理健康服务体系建设，为农村儿童从小培养健全的心理创造良好环境。

5. 俞敏洪：保障残障儿童教育权利 消除阅读差距

关键词：残障儿童、受教育权、贫困地区、图书馆（室）、图书阅读

事件简介：2019年3月，全国政协委员、新东方教育科技集团董事长俞敏洪在两会上提出保障适龄残障儿童平等享受义务教育，以及消除城乡阅读差距等方面的问题。俞敏洪建议，各地教育部门和卫生计生部门协同建立"特殊儿童信息系统"，通过入学评估确保每个残障儿童得到合理的、匹配其能力基础和教育需求的个别化教育支持计划。另外，他还呼吁，国家应设立专项经费支持，在贫困地区建设乡村学校图书馆（室），利用互联网技术，在乡村学校设立电子图书馆（室），为贫困地区的乡村儿童提供更加丰富的图书种类和更加便捷的阅读方式。

6. 什么才是对被虐待儿童最好的保护？家事法专家张鸿巍：将儿童带离原生家庭需慎重

关键词：被虐儿童、司法救济、抚养权、原生家庭

事件简介：2018年12月23日，一段疑似深圳父母殴打女儿的视频引发舆论关注，有观点根据《刑法修正案（九）》中的相关规定，认为应该剥夺施虐父母的抚养权。对此，家事法专家、暨南大学少年及家事法研究中心教授张鸿巍表示，在司法实务中，对被虐儿童的救济包括将其从原监护下转移出来，

但从长远角度看，这种看似暂时有效的处置方式，是否必然符合"儿童利益最佳"尚待商榷。张鸿巍认为，在声讨虐童父母的不法行径之余，更迫切的是向父母提供有针对性的适当教养方式培训。

7. 中国儿童缺乏冷静？孙彩平：避免未成年人走极端要重视心理教育

关键词： 未成年人、心理品质、心理健康、原生家庭

事件简介： 2019年1月，南京师范大学道德教育研究所副所长孙彩平及其团队完成了近8万儿童七项心理品质发展状况的报告，涵盖全国7个省、21个区（县）近200所学校。孙彩平及其团队在报告中指出，当下中国儿童自信、求新、同情品质发展较好，专注与坚韧品质发展尚好，包容与冷静品质是短板。此外，孙彩平认为家庭环境和外界压力是影响儿童心理品质发展的两大主要原因。她呼吁，现代社会应更重视未成年人的心理健康教育。

8. 李娜谈再度携手儿童乐益会：盼让更多孩子享受体育

关键词： 贫困儿童、体育运动、补助、关爱服务

事件简介： 2019年6月，公益组织儿童乐益会在位于云南大理漾濞县苍山西镇的白章小学附属幼儿园举办了合作发布仪式，宣布网球运动员李娜继续担任该机构的运动员大使，助力儿童早教与发展相关公益项目的开展与传播。李娜希望传递"运动和游戏应该属于每一个孩子"的理念，她借自己运动员的身份让更多的儿童体会运动带来的快乐，提升公众对儿童体育发展问题的关注度。

9. 著名儿童文学作家伍美珍走进经开区瑞锦小学讲授阅读经验

关键词： 儿童文学、阅读习惯、家长干预、教育

事件简介： 2019年3月24日，我国著名儿童文学作家"阳光姐姐"伍美珍在合肥一六八玫瑰园学校举行"亲近文学 感动童年"的读书讲座，并从阅读、写作、旅行三方面跟同学们和家长进行面对面的交流。伍美珍表示，少年儿童的阅读习惯应从小养成，父母应作为引导角色鼓励少年儿童爱上阅读和思考，但同时也应注意不要干涉孩子的阅读习惯和爱好，也不要强迫他们读名著和经典，家长干预式阅读有害无利。

10. 联合国儿童基金会亲善大使大卫·贝克汉姆探访上海幼儿园的孩子们

关键词： 务工子女、幼儿园、儿童、早期教育

事件简介： 2019年4月，联合国儿童基金会亲善大使大卫·贝克汉姆访问了上海的一所为进城务工家庭提供支持的幼儿园，与孩子交流互动。贝克

汉姆在这场公益交流中表示，每个儿童都需要高质量的公共服务，来助力他们茁壮成长，充分发挥潜能，从而为社会做出贡献。他认为中国应建设更多给进城务工家庭提供支持的幼儿园机构，为每个孩子提供有质量的儿童早期发展支持和服务。

11. 陈赫打造"善举小屋"助力公益关注困境儿童成长空间

关键词：贫困儿童、公益募捐、居住环境、补助

事件简介：2019年1月21日，演员陈赫在个人社交平台上公布与新华公益在线募捐平台合作发起的"陈赫善举小屋"公益项目，呼吁社会守护孩子们的成长空间，并号召网友加入"善举小屋"项目助力公益。陈赫作为项目发起人，率先捐赠15万元，定向帮扶山东省济宁市圣水峪镇的困境少年儿童改善居住环境。

12. 全国人大代表毕宏生：系统全面防控儿童青少年近视

关键词：近视眼、防控体系、儿童、青少年、中医技术

事件简介：2019年3月，全国人大代表、山东中医药大学附属眼科医院院长毕宏生在全国两会上指出，我国青少年近视率已高居世界第一，近视等眼科疾病问题已严重影响到中华民族下一代的身心健康，影响到我国的综合竞争力。对此，他认为应该系统全面地防控儿童青少年近视问题，采取政府主导、专家指导、各界参与模式，建立省市县三级防控网络和队伍，采用中西医综合防控方法和相关技术防控儿童青少年近视。

13. 全国人大代表王欣会：让自闭症儿童融入社会生活

关键词：自闭症、儿童、补助、教育、康复训练

事件简介：2019年3月，全国人大代表、内蒙古赤峰市星之路自闭症儿童康复中心校长王欣会提出了希望政府加强自闭症儿童康复、教育保障力度的议案。她指出，目前专业的自闭症康复训练机构少之又少，绝大多数患者不能及时接受有效的康复训练，其中只有0岁至6岁自闭症儿童可获得一部分康复补贴。王欣会建议分教育和康复两个方向对自闭症孩子分类分级治疗，即对具备教育能力的孩子给予职业技能的教育，对具备康复不具备教育能力的孩子，想办法给予基本生活保障。

14. 黄冈一小学生胡振园：写信谢脱贫政策

关键词：小学生、贫困儿童、脱贫政策、补助

事件简介：2019年1月，家住湖北黄冈的一名12岁小学生胡振园写信感

谢脱贫政策，他在信中说自己家条件不好政府也没放弃，扶贫领导帮忙捐资给爸爸买三轮车，治好了妈妈的病，还给自己买新书包。胡振园在信的末尾表示："我代表我全家人给这些扶贫领导说一声'谢谢你们，你们辛苦了'。我还要感谢习主席，谢谢习主席规定的这么好的政策；我还要谢谢党中央对我们家不离不弃。"

15. 全国政协委员邰丽华：残疾儿童同样渴望接受高质量教育

关键词：残障儿童、受教育权、政策保障、入学机制

事件简介：2019年3月，全国政协委员、中国残疾人艺术团团长邰丽华建议国家尽快落实残疾儿童入学评估机制，确保入学零拒绝。邰丽华表示，一些有特殊需要的孩子在没有经过专业客观评估的情况下，直接被学校拒绝，成为入学失败的主要原因之一。保障残障儿童接受融合教育的权利应该是全社会的责任，她提出应全面建立跨部门的残疾人教育专家委员会，落实残疾儿童入学评估机制，健全残疾儿童入学争议申诉机制，支持保障残疾儿童进入普通学校接受融合教育的权利。

16. 全国政协委员雷后兴：开展留守儿童心理健康普查，村级建活动中心

关键词：留守儿童、心理健康、普查、政府干预

事件简介：2019年3月，全国政协委员、浙江丽水市中医院院长雷后兴提交关于留守儿童心理健康的建议。雷后兴据自己的工作经验介绍，对于留守儿童，目前较多的是物质上的帮助、生活上的照料，对心理层面的关注相对薄弱，尤其是对那些已陷入严重心理危机的留守儿童缺乏强有力的干预措施。他建议由政府牵头，村集体提供场地，由政府、社会投资，丰富留守儿童的课余活动。同时选聘留守儿童"协管员"承担留守儿童走访、联系等职责。

17. 江苏省政协委员孙子林：为Ⅰ型糖尿病儿童提供基本医保

关键词：贫困儿童、Ⅰ型糖尿病、医疗保险、补助

事件简介：2019年1月，江苏省政协委员、东南大学医学院副院长孙子林建议为Ⅰ型糖尿病儿童提供基本医保。他介绍，尽管政府普及了医疗保险，但Ⅰ型糖尿病的报销比例却不容乐观。那些家庭经济状况差的儿童因为得不到胰岛素等基本的治疗，常常因并发症住院，反而花费更多，形成恶性循环。因此，医保基金前瞻性用于这些儿童，实际上从长远来说是节省了基金，建议给全省所有Ⅰ型糖尿病儿童提供包括胰岛素、必需口服药、血糖监测用试纸和注射针头的医疗费用报销。

18. 市场监管总局局长张茅：校园食物中毒发生率要在万分之二内

关键词：食品安全、食物中毒、市场监管、学校

事件简介：2019年3月16日，针对成都七中实验学校小学部食堂食品质量问题、3·15曝光的"辣条"问题，国家市场监督管理总局局长张茅在会上表示，保障食品安全必须作为重大的政治任务来抓。张茅针对学校食品安全提出三个要求：2019年校园食物中毒发生率要控制在万分之二内，要比去年有所下降；2019年年底学校"明厨亮灶"比例要达到70%；4月15日之前，各地食安办领导对学校食堂及周边排查隐患，解决多少，还有多少，签字上报。

19. 全国人大代表胡春霞：建议建立儿童托管机构黑名单制度

关键词：儿童、托管机构、黑名单制度、体罚、虐待

事件简介：2019年3月，全国人大代表、西安德发长饺子馆职工胡春霞提交了《对加强"小餐桌"小孩托管机构监管的建议》。她表示，目前绝大多数托管班既未在工商局注册登记，也未在教育部门备案，小孩托管机构长期处于监管真空。小孩的人身安全、食品安全和服务质量都不能得到有效保障，各类纠纷也时有发生。胡春霞建议，建立健全适合的准入制度和严格的退出机制，建立黑名单制度，对体罚、虐待学生的机构和从业人员，严肃查处，终身禁入。

三、年度观点其他事件

（一）年度观点其他事件排行

表3-7-2　2019年儿童舆情年度人物观点其他重要事件排行

序号	事件	总分
21	全国政协委员谢茹：通过政府购买为留守儿童提供家庭教育服务	13.33
22	东阳市政协委员陈宵：让特殊儿童享有学前教育	10.92
23	政协委员陈瑜：始终做妇女儿童权益的守护者	8.39
24	上海体育学院校长陈佩杰：中国学龄儿童超重率已升至两成，应加强学校中高强度体育锻炼	7.15
25	滨州市人大代表綦跃勤：加强儿童青少年近视防控共同呵护好孩子的眼睛	7.11
26	全国政协委员易露茜呼吁：扎实推进青少年儿童近视防控工作	6.77
27	赵明威：儿童近视防治核心是"不加重"	6.63
28	临沂人大代表张烨：让特殊儿童享受平等教育权利	6.63

序号	事件	总分
29	全国政协委员王璟建议将孤独症筛查列入儿童保健体系	5.71
30	王石川：尊重儿童权利，打开"六一"正确方式	4.18
31	郭乃硕代表：许多幼儿入学前近视，建议筛查学前儿童眼部健康	4.16
32	人大代表吴永红：加大儿童青少年近视防控力度	3.66
33	孔震英：关注儿童心理健康发展 倡导家园共育的新模式	3.61
34	金子兵委员：推进儿童青少年近视科学防控打好"眼睛保卫战"	3.32
35	政协委员黄勇：关注学前儿童心理健康教育 重点发挥社区功能	2.47

（二）年度观点其他重要舆情事件回顾

1. 上海体育学院校长陈佩杰：中国学龄儿童超重率已升至两成，应加强学校中高强度体育锻炼

关键词：学龄儿童超重、中高强度体育锻炼、有效体验活动

事件简介：2019年7月召开的健康中国行动推进委员会发布会上，上海体育学院校长陈佩杰提到，我国儿童青少年体育健身意识和体质健康达标水平近年稳步提高，但超重问题仍然严重。他建议，学校体育活动应从"有体育活动"向"有效体育活动"转变，提高学校体育活动中"中高强度"活动的时间比例。调查数据显示，青少年上学日的身体活动水平明显高于周末和节假日的水平。青少年离校后不太容易在社区周边找到适合健身的场所，也缺乏相应的组织带动，应加强社区体育建设。放假期间，家长减少孩子在家使用电子产品的久坐时间。

2. 全国政协委员王璟：建议将孤独症筛查列入儿童保健体系

关键词：孤独症儿童筛查、科普宣传、融合教育

事件简介：全国政协委员、天津市人民政府副秘书长王璟建议，在政府主导、社会参与下，集聚各方面力量对孤独症儿童进行筛查，制定诊断标准、治疗方案和干预措施。同时，还须进一步完善康复机构设置标准，学校融合教育也要跟进。广泛开展孤独症科普宣传，提高社会对孤独症谱系障碍性疾病的关注与认识，让家长了解越早干预效果越好，尽最大可能减轻父母因误解病情而耽误对患儿的治疗。将孤独症筛查列入儿童保健体系中，使孤独症的筛查成为儿童健康检查的常规项目，并组织相关医院、康复机构、高校、

科研院所开展合作，开展孤独症病因、发病规律及康复手段研究，提高康复质量和效果。

专题八：2019 儿童舆情年度政策法规回顾

2019年，从中央至地方出台多项政策、法规，依法保障儿童应有权利，致力于使儿童法律保护机制更加完善。根据对2019年儿童舆情年度政策法规舆情监测发现，其总体状况呈现以下几个特点和趋势：

一、年度政策法规呈现趋势与特征

2019年儿童舆情年度政策法规主要集中在以下方面：一是儿童健康，例如近视防控、青少年控烟、婴幼儿配方乳粉等。二是儿童保护，例如未成年人保护法、"护苗"专项行动、留守儿童合法权益保护、校园欺凌等。三是儿童教育，例如婴幼儿照护、义务教育、教育惩戒、办园质量评估等。四是儿童福利，例如事实无人抚养儿童保障、困境儿童、福利机构管理等。

总体来说，2019年儿童舆情年度政策法规发布主要集中在2月，其余月份发布数量均衡。微博在政策法规发布后作为主要的信息传播途径，促使舆情升温。

（一）政策法规以新闻、微博为主要信息源，各平台接力传播

为了说明儿童舆情年度政策法规的媒体来源情况，我们对所有事件发布媒体进行统计划分，结果呈现如图3-8-1所示。

图示可见，微博作为具备社会属性的媒体，时至今日依然是社会第一大信息源，舆情事件信息占比达到90%以上，相较其他媒体信息源处于绝对领先地位。另一方面，微信、电子报、博客、论坛、客户端、新闻等其他信息源总占比约8%，影响力相对较弱。可以说，儿童舆情年度政策法规，微博是绝对主流的媒体信息源，其余渠道均是次要的媒体信息源。

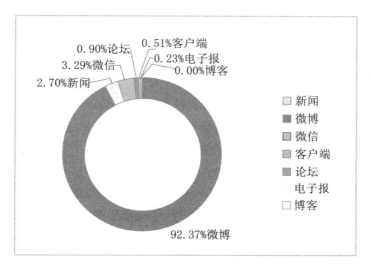

图 3-8-1　2019 年儿童舆情年度政策法规媒体来源分布

通过传播路径观察可以发现，微博作为舆情事件的第一大信息源，是因为微博兼具媒体与社交双重属性，在舆情事件中承担"实时议论"功能。例如，《中华人民共和国未成年人保护法》7 年来首次迎来"大修"这一事件，首先由新闻媒体官方发布，接着其修订草案中的内容诸如校园霸凌、儿童性侵害等在微博上引发网友热议，一度登上微博热搜，消息立即被成规模地转发，引爆舆情。这一案例说明两点：一是微博虽然不作为新闻媒体机构平台，但入驻微博中的新闻机构账户所发的消息同样具有与"新闻传播"相同的效果；二是微博与其他新闻机构平台、客户端在社会舆情生成过程中呈现接力传播的特点，信息先由其他新闻机构平台、客户端生产，一经搬运到微博后便可引发实时讨论，导致舆情迅速升温。

（二）政策法规月度分布以 2 月为最，年初政策相关信息最多

为了从时间线上发现儿童舆情年度政策法规的舆情趋势，对所有事件的发布月度进行统计，结果呈现如图 3-8-2 所示。

从图中可以看到，2019 年全年儿童舆情年度政策法规舆情信息相对呈现较稳定的发展态势，舆情信息月均 4 万条左右。细至月份可见，2019 年舆情发展趋势仍有一个先扬后抑的过程，即年初是舆情信息的高爆发期，舆情事件月度最高点在 2 月，其后 3—12 月平稳运行。

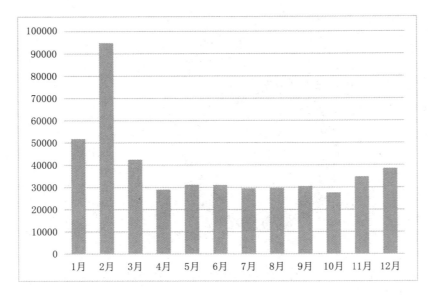

图 3-8-2　2019 年儿童舆情年度政策法规信息月度分布趋势

观察 2 月儿童舆情年度政策法规舆情信息可以发现，2 月期间舆情评分较高的事件包括：最高检《2018—2022 年检察改革工作规划》；全国性侵害未成年人犯罪信息库将建立；《北京市幼儿园办园质量督导评估办法（试行）》发布；《福建省综合防控儿童青少年近视行动方案》出台。这一时期与儿童相关的法律、政策颁布与年初工作计划安排有很大的关联效应，上至最高检察院，下至北京市、福建省等直辖市、省级单位，都纷纷出台相关法律、政策保护儿童发展，为新一年的工作制订计划、目标。因此，这一时期舆情事件的发生概率和数量相对其他月份来说较多，从全年来看呈现先扬后抑的趋势。

（三）新出台的政策法规是热点舆情主线

舆情热点事件以"新"为主，政策法规同样如此。本年度儿童舆情年度政策法规中，热度较高的事件均是关于新规发布和政策出台的消息，无论是国务院印发的《关于促进 3 岁以下婴幼儿照护服务发展的指导意见》，还是教育部颁布的《关于减轻中小学教师负担 进一步营造教育教学良好环境的若干意见》，都引发了不小的舆论。从另一方面来看，2019 年也是儿童政策法规体系不断完善的一年。其中最热的是《中华人民共和国未成年人保护法》的修订。同时，也正因为层出不穷的"新"政策出台，完善了与中小学教师减负、近视防控、未成年人网络成瘾保护等各种新时代问题相关的政策法规，增强了保护儿童相关政策法规的现实性和可操作性。

二、年度政策法规事件排行榜

（一）年度政策法规排行榜

表 3-8-1　2019 年儿童舆情年度政策法规排行

序号	事件	总分
1	国务院印发《关于促进 3 岁以下婴幼儿照护服务发展的指导意见》	100.00
2	教育部《关于减轻中小学教师负担 进一步营造教育教学良好环境的若干意见》	95.08
3	《中华人民共和国未成年人保护法》7 年来首次迎来"大修"引热议	93.23
4	国家卫健委发布《儿童青少年近视防控适宜技术指南》	81.09
5	教育部发布《幼儿园责任督学挂牌督导办法》	64.47
6	全国"扫黄打非"办公室 2019 年"护苗"专项行动	62.16
7	国家网信办《儿童个人信息网络保护规定》正式实施：提供全生命周期保护	61.07
8	国家卫建委等 12 部门：《健康中国行动——儿童青少年心理健康行动方案（2019—2022 年）》	59.51
9	《儿童权利公约》颁布 30 周年	55.24
10	教育部《禁止妨碍义务教育实施的若干规定》：坚决纠正妨碍适龄儿童少年接受义务教育行为	54.33
11	国家发改委等七部门发布《国产婴幼儿配方乳粉提升行动方案》	53.06
12	最高检《2018—2022 年检察改革工作规划》：全国性侵害未成年人犯罪信息库将建立	51.90
13	明确 3 类惩戒！教育部就《中小学教师实施教育惩戒规则》征求意见	51.39
14	国家卫健委等八部门《关于进一步加强青少年控烟工作的通知》：最大限度地降低影视明星吸烟镜头对青少年的影响	47.32
15	《北京市幼儿园办园质量督导评估办法（试行）》发布	44.54
16	教育部等八部门贯彻落实《综合防控儿童青少年近视实施方案》	40.43
17	让孩子告别"小眼镜"！北京出台儿童青少年近视防控十条措施	33.74
18	《福建省综合防控儿童青少年近视行动方案》出台	27.54
19	2020 年起我国首次将事实无人抚养儿童纳入国家保障范围《关于进一步加强事实无人抚养儿童保障工作的意见》	24.42
20	四川省教育厅《关于做好中小学生课后服务工作的实施意见》政策解读	22.40

（二）年度政策法规热点回顾

1. 国务院印发《关于促进3岁以下婴幼儿照护服务发展的指导意见》

关键词：婴幼儿、照护服务、政策

事件简介：2019年5月9日，国务院办公厅印发《关于促进3岁以下婴幼儿照护服务发展的指导意见》，指出要建立完善促进婴幼儿照护服务发展的政策法规体系、标准规范体系和服务供给体系，强调三方面举措：一是加强对家庭婴幼儿照护的支持和指导。二是加大对社区婴幼儿照护服务的支持力度，在就业人群密集的产业聚集区域和用人单位完善婴幼儿照护服务设施。三是规范发展多种形式的婴幼儿照护服务机构，支持用人单位在工作场所为职工提供福利性婴幼儿照护服务。

2. 教育部《关于减轻中小学教师负担 进一步营造教育教学良好环境的若干意见》

关键词：中小学、教师、减负、教学环境

事件简介：2019年12月15日，中共中央办公厅、国务院办公厅印发了《关于减轻中小学教师负担 进一步营造教育教学良好环境的若干意见》，从进一步提高认识、统筹规范督查检查评比考核事项、统筹规范社会事务进校园、统筹规范精简相关报表填写工作、统筹规范抽调借用中小学教师事宜、强化组织保障等6方面，要求营造全社会尊师重教的浓厚氛围，为教师安心、静心、舒心从教创造更加良好环境。

3. 《中华人民共和国未成年人保护法》7年来首次迎来"大修"引热议

关键词：《未成年人保护法》、修订、网络保护、政府保护

事件简介：2019年10月19日，全国人大常委会法制工作委员会召开记者会，介绍《中华人民共和国未成年人保护法》将迎来自2012年始至今7年来首次修订。这次修订也是基于当前校园霸凌、未成年人沉迷网络等新时代背景问题所做出的决策，是《未成年人保护法》与时俱进的体现。未成年人保护法修订草案在现行未成年人保护法的基础上增加了许多内容。例如在家庭保护、学校保护、社会保护和司法保护的基础上，增加了网络保护和政府保护两章。针对网络不良信息治理、个人信息保护、网络沉迷防治等各方面普遍关注的网络社会的新情况、新问题做出规定。针对校园欺凌的现象，未成年人保护法修订草案也增加了许多具体措施，诸如规定学校应当建立学生欺凌防控制度，依法对实施欺凌行为的未成年学生予以教育、矫治或者处罚等。

4. 国家卫健委发布《儿童青少年近视防控适宜技术指南》

关键词： 儿童、青少年、近视、"视力档案"

事件简介： 2019年10月，国家卫生健康委发布《儿童青少年近视防控适宜技术指南》（以下简称《指南》），指出对0至6岁儿童和中小学生进行定期视力检查，应参照《儿童青少年近视筛查结果记录表》，规范记录检查内容，建立儿童青少年视力健康档案。《指南》所指出的关键问题在于为学生建立"视力档案"，并随学籍转移。小学要接收医疗卫生机构转来的各年度《儿童青少年视力检查记录表》等视力健康档案，确保一人一档，随学籍变化实时转移，并与中小学生视力检查衔接。

5. 教育部发布《幼儿园责任督学挂牌督导办法》

关键词： 未成年人、网络成瘾、网络保护法律、社会主义核心价值观

事件简介： 2019年6月18日，教育部印发《幼儿园责任督学挂牌督导办法》，规定教育督导部门要根据行政区域内幼儿园布局和规模等情况，原则上按1人负责5所左右幼儿园的标准配备责任督学。责任督学负责监督指导幼儿园的安全管理情况、规范办园情况、师德师风建设情况等。此外，还指出将在2019年年底前实现行政区域内所有经审批注册的幼儿园（含民办）责任督学挂牌督导全覆盖。

6. 全国"扫黄打非"办公室2019年"护苗"专项行动

关键词： 未成年人、"扫黄扫非"、"护苗2019"行动

事件简介： 2019年2月，全国"扫黄打非"办公室做出专门部署，于2019年3月至11月间大力组织开展"护苗2019"专项行动，坚决查办涉未成年人的"黄""非"案件。2019年全国"扫黄打非"部门共查缴非法少儿类出版物95万余件、盗版教材教辅102万余件，清理查删网络淫秽色情等有害信息373万条，查处"护苗"类行政和刑事案件190余起。全国"扫黄打非"办公室联合公安部对其中7起传播涉儿童色情信息案件实施重点挂牌督办。"护苗2019"专项行动体现国家对未成年人网上、网下成长环境的关注，有助于净化未成年人外部成长社会环境。

7. 国家网信办《儿童个人信息网络保护规定》正式实施：提供全生命周期保护

关键词： 儿童、个人信息、网络保护、专门法

事件简介： 2019年10月1日，国家互联网信息办公室公布的第4号令《儿

童个人信息网络保护规定》（以下简称《规定》）正式实施。这是我国在儿童个人信息网络保护方面首次专门立法。《规定》对监护人同意、权利保护、企业义务、执法处罚等做出了明确的专门规定，要求企业在收集、存储、使用、转移、披露儿童个人信息时相较非儿童个人信息承担更多的义务。同时《规定》参考国内刑事责任年龄的划分和域外的经验做法，将儿童界定为不满14岁的未成年人。

8. 国家卫建委等12部门:《健康中国行动——儿童青少年心理健康行动方案（2019—2022年）》

关键词：儿童、青少年、心理健康、教育

事件简介：2019年12月18日，国家卫生健康委员会、全国妇联、教育部、民政部等12个部委印发《健康中国行动——儿童青少年心理健康行动方案（2019—2022年）》，提出到2022年年底，50%的家长学校或家庭教育指导服务站点应开展心理健康教育；60%的二级以上精神专科医院设立儿童青少年心理门诊；村（居）委会、妇联依托寻找"最美家庭"等活动，引导家长传承良好家风，关注自身和子女心理健康，依法履行监护责任，营造良好的家庭环境，培养子女健康人格和良好行为习惯。

9.《儿童权利公约》颁布30周年

关键词：《儿童权利公约》、儿童、联合国

事件简介：2019年11月20日是联合国《儿童权利公约》颁布30年纪念日。《儿童权利公约》于1989年11月20日在第44届联合国大会上通过，拥有超过190个缔约国，是有史以来获得最广泛批准的人权条约。联合国儿童基金会指出，30年间全世界儿童的福祉整体上得到了历史性改善——全球5岁以下儿童死亡率降低了约60%；小学适龄儿童的失学率从18%下降至8%；生命权、生存权和发展权以及受保护权等《儿童权利公约》的基本原则，已对全球众多法律实践产生影响。但另一方面，全球儿童仍面临长期存在及新出现的挑战，如贫困、歧视和边缘化持续，令多数最弱势的儿童处于风险之中。

10. 教育部《禁止妨碍义务教育实施的若干规定》：坚决纠正妨碍适龄儿童少年接受义务教育行为

关键词：适龄儿童、义务教育、权利保障

事件简介：2019年4月11日，教育部发布《禁止妨碍义务教育实施的若干规定》，要求各地教育部门进一步加强适龄儿童、少年接受义务教育工作，

于2019年上半年尽快部署开展一次全面排查，对机构或个人违法违规导致适龄儿童、少年未接受义务教育的行为坚决予以纠正，切实保障适龄儿童、少年接受义务教育。

11. 国家发改委等七部门发布《国产婴幼儿配方乳粉提升行动方案》

关键词： 婴幼儿、配方乳粉、行业建设、健康

事件简介： 2019年6月3日，国家发展和改革委员会、工信部、农业农村部、卫健委、市场监管总局、商务部、海关总署等七部门联合发布《国产婴幼儿配方乳粉提升行动方案》，提出大力实施国产婴幼儿配方乳粉"品质提升、产业升级、品牌培育"行动计划，力争婴幼儿配方乳粉自给水平稳定在60%以上。

12. 最高检《2018—2022年检察改革工作规划》：全国性侵害未成年人犯罪信息库将建立

关键词： 未成年人、性侵害、犯罪信息库、最高人民检察院

事件简介： 2019年2月12日，最高人民检察院向社会发布《2018—2022年检察改革工作规划》，其中提出将深化涉罪未成年人的教育感化挽救工作，探索建立罪错未成年人临界教育、家庭教育、分级处遇和保护处分制度；推行未成年被害人"一站式"询问、救助机制，建立健全性侵害未成年人违法犯罪信息库和入职查询制度。

13. 明确3类惩戒！教育部就《中小学教师实施教育惩戒规则》征求意见

关键词： 教师、中小学、教育惩戒

事件简介： 2019年11月22日，教育部发布《中小学教师实施教育惩戒规则（征求意见稿）》（以下简称《规则》），明确教育惩戒是教师履行教育教学职责的必要手段和法定职权，教师可根据学生违规违纪情况，对学生进行点名批评，限制外出集体活动，不超过一周的停学、停课等。根据学生违规违纪情况，《规则》将教育惩戒权分为一般惩戒、较重惩戒、严重惩戒三类。一般惩戒包括书面检查、面壁思过等；较重惩戒包括德育训导、家长陪读等；严重惩戒包括纪律处分、限期转学等。

14. 国家卫健委等八部门《关于进一步加强青少年控烟工作的通知》：最大限度地降低影视明星吸烟镜头对青少年的影响

关键词： 青少年、控烟、影视剧、吸烟镜头、审查

事件简介： 2019年11月7日，国家卫健委等八部门颁发了《关于进一步加强青少年控烟工作的通知》，强调电影电视剧主管部门，要加强对影视剧吸

烟镜头的审查，严格控制电影电视剧吸烟镜头。据统计，2009年热播的40部电影和30部电视剧中，40部电影中31部影片有烟草镜头，比例占77.5%；30部电视剧中28部有烟草镜头，占热播电视剧比例的93%。

15.《北京市幼儿园办园质量督导评估办法（试行）》发布

关键词：北京、幼儿园、评估等级、质量督导

事件简介：2019年2月15日，《北京市幼儿园办园质量督导评估办法（试行）》（以下简称《办法》）发布，总分设1000分，评估结果设A、B、C、D四个等级。督导评估结果不仅将向社会公示，还将作为幼儿园绩效管理、生均补贴、表彰奖励、干部考核等的重要依据。《办法》指出，幼儿园评估结果设A、B、C、D四个等级。其中，A和B级分别对应优秀和良好级别，评分至少需要达到700分以上；C级为合格，评定分值总分在600分及以上；D级为不合格。市教委明确，当幼儿园出现歧视、体罚、变相体罚、侮辱、虐待幼儿等行为的，重大安全事故的，严重儿童伤害事件的，其他造成社会重大负面影响事件的，将视情节给予降级处理，直至降为不合格。

16.教育部等八部门贯彻落实《综合防控儿童青少年近视实施方案》

关键词：儿童、青少年、近视防控、用眼健康、教育部

事件简介：2019年8月30日，教育部等八部门联合印发的《综合防控儿童青少年近视实施方案》（以下简称《实施方案》）实施已满一年，其间各部门贯彻落实工作，综合防控儿童青少年近视取得重要阶段性进展。

首先，已有28个省份印发了省级实施方案；其次，联合国家卫生健康委、财政部核定各省份2018年近视率，全国儿童青少年总体近视率为53.6%；另外，联合国家卫生健康委、市场监管总局等部门印发3个专门通知，整治近视矫正市场乱象。《实施方案》施行一年获得进展丰厚，可见国家对儿童青少年用眼健康及近视防控工作的稳步推进。

17.让孩子告别"小眼镜"！北京出台儿童青少年近视防控十条措施

关键词：北京、儿童、青少年、近视防控、用眼健康

事件简介：2019年11月8日，北京市教育委员会等10部门发布《北京市儿童青少年近视防控十条措施》（以下简称《措施》），明确规定以下内容：教师用电子屏教学时长不得超过30%；电子产品严禁带入课堂；严禁8岁以下低幼年龄儿童玩电子游戏；小学一、二年级严禁布置书面家庭作业等。《措施》目标指出，到2023年，力争实现北京市儿童青少年总体近视率在2018年的基

础上每年降低1个百分点以上；到2030年，实现全市儿童青少年新发近视率明显下降，儿童青少年视力健康整体水平显著提升。

18.《福建省综合防控儿童青少年近视行动方案》出台

关键词： 福建、儿童、青少年、近视防控、用眼健康

事件简介： 2019年2月2日，福建省教育厅等8部门联合出台《福建省综合防控儿童青少年近视行动方案》（以下简称《方案》），指出到2023年，力争实现全省儿童青少年总体近视率在2018年的基础上每年降低0.5个百分点以上，近视高发地区每年降低1个百分点以上；到2030年，实现全省儿童青少年新发近视率明显下降。《方案》具体措施指出，学校教学和布置作业不依赖教辅 APP 等教育信息化产品，严格控制通过教辅 APP 等教育信息化软件布置作业，使用电子产品开展教学时长原则上不超过教学总时长的30%。

19.2020年起我国首次将事实无人抚养儿童纳入国家保障范围《关于进一步加强事实无人抚养儿童保障工作的意见》

关键词： 事实无人抚养儿童、孤儿、国家保障、福利

事件简介： 2019年12月29日，全国民政工作会议中发布《关于进一步加强事实无人抚养儿童保障工作的意见》（以下简称《意见》），指出2020年起我国首次将事实无人抚养儿童纳入国家保障范围。这一举措填补了儿童福利政策的一项空白，惠及大约50万人，对孤儿、事实无人抚养儿童等群体的福利服务保障水平将大幅提升。民政部儿童福利司司长郭玉强提到，2020年参照孤儿的标准，给事实无人抚养儿童发放基本生活费；医疗康复方面，孤儿医疗康复"明天计划"项目受益孤儿范围从福利机构内孤儿扩大到社会散居孤儿和孤儿年满18周岁后仍在校就读的群体。

三、年度政策法规其他重要事件

（一）年度政策法规其他舆情事件排行榜

表 3-8-2　2019 年儿童舆情年度政策法规其他重要舆情事件

序号	事件	总分
21	《云南省综合防控儿童青少年近视实施方案》	
22	民政部等十部门出台《关于进一步健全农村留守儿童和困境儿童关爱服务体系的意见》	20.58
23	我国 2019 年开始实施《儿童福利机构管理办法》	19.41

续表

序号	事件	总分
24	浙江省教育厅等九部门《关于全面加强儿童青少年近视防控工作的意见（征求意见稿）》	16.04
25	《广州市实施综合防控儿童青少年近视实施方案》	14.99
26	国家卫建委《托育机构设置标准》和《管理规范》试行：有虐待儿童记录个人禁止从事托育机构工作	9.53
27	贵州高院《关于充分发挥审判职能作用 加强农村留守儿童合法权益保护的意见》	9.20
28	《广州市监护困境儿童安全保护工作指引》	8.94
29	《天津市综合防控儿童青少年近视工作方案》：实施"六大工程"打响儿童青少年近视防控攻坚战	8.78
30	浙江出台一揽子意见推进3岁以下婴幼儿照护服务：《浙江省人民政府办公厅关于加快推进3岁以下婴幼儿照护服务发展的实施意见》	6.20
31	《安徽省综合防控儿童青少年近视工作实施方案》	5.62
32	教育部、扶贫办联合印发《关于解决建档立卡贫困家庭适龄子女义务教育有保障突出问题的工作方案》	4.52
33	陕西新修订《义务教育阶段学生学籍管理办法》：学校不得空挂学籍虚设班级	4.04
34	国务院教育督导委员会办公室下发《关于开展防治中小学生欺凌和暴力专项整治工作的通知》	1.74
35	《天津市人民政府办公厅关于印发天津市城镇小区配套幼儿园治理工作方案的通知》	1.55
36	内蒙古呼和浩特市教育局、公安局印发《关于进一步加强预防和治理中小学校校园欺凌工作方案》	0.73
37	内蒙古呼和浩特市教育局、公安局印发《关于进一步加强预防和治理中小学校校园欺凌工作方案》	0.59

（二）年度政策法规其他重要舆情事件回顾

1. 民政部等十部门出台《关于进一步健全农村留守儿童和困境儿童关爱服务体系的意见》

关键词：留守儿童、困境儿童、补助、关爱服务

事件简介：2019年6月1日，民政部联合教育部、公安部、司法部、财政部、人力资源和社会保障部、国务院妇儿工委办公室、共青团中央、全国妇联、中国残联等十部门制定出台《关于进一步健全农村留守儿童和困境儿童关爱服务体系的意见》，要求各地结合实际需要，做好农村留守儿童和困境

儿童关爱服务经费保障，特别是要求各地统筹使用困难群众救助补助等资金，用于农村留守儿童和困境儿童关爱服务工作。

2. 国家卫建委《托育机构设置标准》和《管理规范》试行：有虐待儿童记录个人禁止从事托育机构工作

关键词：托育机构、婴幼儿、虐童、管理规范

事件简介：2019年10月14日，国家卫生健康委印发《托育机构设置标准（试行）》及《托育机构管理规范（试行）》，对托育机构的场地设施及人员配置做出具体要求，托育机构应当有自有场地或租赁期不少于3年的场地，监控报警系统确保24小时设防，全覆盖婴幼儿生活和活动区域，且监控录像资料保存期不少于90日。在人员配置及管理上，保育人员与婴幼儿的比例应当不低于以下标准：乳儿班1:3，托小班1:5，托大班1:7。对虐童等行为实行零容忍，一经发现，严格按照有关法律法规和规定，追究有关负责人和责任人的责任。

3. 教育部、扶贫办联合印发《关于解决建档立卡贫困家庭适龄子女义务教育有保障突出问题的工作方案》

关键词：适龄子女、建档立卡户、贫困家庭、义务教育

事件简介：2019年8月，教育部、国务院扶贫办近日联合印发了《关于解决建档立卡贫困家庭适龄子女义务教育有保障突出问题的工作方案》（以下简称《工作方案》）。《工作方案》明确，建档立卡贫困学生义务教育有保障，主要是指除身体原因不具备学习条件外，贫困家庭义务教育阶段适龄儿童、少年不失学辍学，保障有学上、上得起学。要完善教育学籍系统与国家人口信息库、建档立卡贫困人口库比对核查机制，加强"控辍保学工作台账管理平台"建设。

4. 国务院教育督导委员办公室下发《关于开展防治中小学生欺凌和暴力专项整治工作的通知》

关键词：中小学生、欺凌、暴力、专项整治

事件简介：2019年10月21日，国务院教育督导委员办公室下发了《关于开展防治中小学生欺凌和暴力专项整治工作的通知》（以下简称《通知》），决定开展防治中小学生欺凌和暴力专项整治工作。《通知》指出整治工作重点在于开展隐患排查，强化督导检查，建立长效机制，进一步严格学校日常管理，强化校园周边综合治理，不断完善学生欺凌和暴力预防与处置机制。

IV 月度报告

2019 年 1 月儿童舆情回顾

一、2019 年 1 月儿童舆情热点事件排行榜

表 4-1-1　2019 年 1 月儿童舆情热点事件排行榜

序号	事件	总分
1	国家流感中心：2019 年年初流感暴发多为幼儿及学龄儿童	100.00
2	教育部："私立幼儿园将退出历史舞台"是政策误读	65.48
3	教育部将出台中小学教师减负政策	58.03
4	台湾地区 7 天发生 3 起虐童案，台湾地区儿童福利联盟称岛内五年 293 名儿童被虐待致死	47.01
5	教育部：小区幼儿园应严格办成公办园或普惠性民办园	43.40
6	新疆小学学龄儿童入学率达到 99.91%	37.65
7	央视揭露多起网络性侵儿童案：10 岁小学生被胁迫拍裸体视频	37.00
8	中国红基会：59.6% 中小学校没有医疗卫生保障设施	35.84
9	设儿童车厢不如宽容引导"熊孩子"	24.53
10	留守儿童游戏之殇：城乡融合和以人为本的发展模式	15.90
11	山东聊城提高孤儿和重点困境儿童保障标准	15.29

二、2019 年 1 月儿童舆情概况与呈现特征

（一）2019 年 1 月儿童舆情事件各领域分布情况

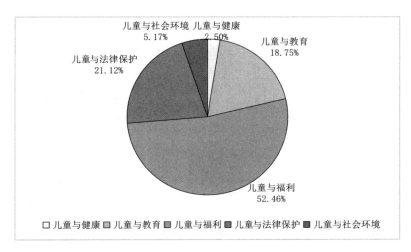

图 4-1-1　2019 年 1 月儿童舆情各领域分布情况

从图 4-1-1 可以看出，1 月超过一半的热点事件集中于儿童与福利领域，这一领域占总体的 52.46%；其次是儿童与法律保护领域，占总体的 21.12%；再次是儿童与教育领域，占总体的 18.75%；儿童与社会环境领域占总体的 5.17%；儿童与健康领域的占比最低，为 2.50%。

（二）2019 年 1 月儿童舆情特征分析

在 1 月热门事件中，儿童与健康领域的新闻事件占比不高，但所属这一领域的事件却能引起大众的热切关注，如排名第一的"国家流感中心：2019年年初流感暴发多为幼儿及学龄儿童"，反映出社会对于儿童健康的高度重视。

榜单中"教育部：'私立幼儿园将退出历史舞台'是政策误读""教育部将出台中小学教师减负政策"和"教育部：小区幼儿园应严格办成公办园或普惠性民办园"皆属于与政策法规相关的新闻事件，与儿童教育领域密不可分。同时，"设儿童车厢不如宽容引导'熊孩子'"作为评论走出校园，从社会的角度出发探讨儿童教育方式，最终落脚家庭教育。而"中国红基会：59.6%中小学校没有医疗卫生保障设施"着眼校园基础设施建设情况，指出校园潜在隐患。

总体来看，本月度的热点舆情事件多为中性内容，但正面内容和负面内容也获得了相当的关注。正面事件如"新疆小学学龄儿童入学率达到99.91%"

等，反映出各地区儿童生活各方面的条件优化和改善，儿童教育水平提高，儿童得到全方面发展。负面事件如"台湾地区7天发生3起虐童案，台湾地区儿童福利联盟称岛内5年293名儿童被虐待致死""央视揭露多起网络性侵儿童案：10岁小学生被胁迫拍裸体视频"等，均与儿童身心健康基本权益相关。儿童是社会与每个家庭的希望，儿童虐待、性侵等话题始终是社会舆论场的关注焦点，相关事件影响力范围之大不言而喻。

此外，"留守儿童游戏之殇：城乡融合和以人为本的发展模式"与"山东聊城提高孤儿和重点困境儿童保障标准"两则新闻的入榜，表现出公众对于特殊儿童群体的关怀。

（三）2019年1月儿童舆情热点事件梳理

1. 国家流感中心：2019年初流感暴发多为幼儿及学龄儿童

2019年1月4日，国家流感中心发布的检测报告显示，我国大多数省份进入了2018—2019冬春流感的流行季节，各地医院呼吸科门诊就诊人数较平时明显增加。患者多为婴幼儿及学龄阶段儿童，一般情况下，发热症状持续3到5天，伴有头痛、咽痛、关节肌肉疼痛等症状，严重者可能引发心肌炎、脑炎、肺炎等疾病。

流感暴发，"流感病毒转向攻击孩子脑部"的谣言在网上流传，引起家长忧虑。1月11日，《羊城晚报》采访广东省疾控中心对此进行辟谣，表示流感病毒所引起的脑炎为并发症，而非病毒攻击脑部的结果。新华社采访湖南省儿童医院等，提醒家长科学应对流感，避免滥用抗生素，避免到医院就诊时交叉感染。

1月13日，中新网报道国家流感中心消息称，截至2019年1月6日，我国内地南北方省份流感活动水平上升，目前已达到流感流行高峰水平，暴发疫情数量明显增多，但整体活动水平低于去年同期。同日，央视新闻对福建、广东和山东等地区多家医院报道，指出各医院已启动应急预案，应对流感高峰。14日，上述消息获得腾讯新闻、搜狐网等多家门户网站和闽南网等地方新闻网站转载。

1月15日，新华社报道武汉专家呼吁流感患儿不要带病上学。

1月23日，中新社采访中国疾控中心传染处呼吸道传染病室主任，指出"据以往规律和经验推测，伴随着学校的放假，流感高峰将在1月底很快开始回落"。

1月25日，中新网报道卫健委发布会，确认上述观点，认为"目前中国传染病疫情形势总体平稳"。

1月28日，中新网据教育部网站消息，报道教育部办公厅印发《关于加强流感等传染病反恐和学校食品安全工作的通知》，要求各级各类学校在临近期末、寒假、春季开学前后要高度重视流感等传染病防控工作。

2. 教育部："私立幼儿园将退出历史舞台"是政策误读

2019年1月22日，国务院办公厅印发《关于开展城镇校区配套幼儿园治理工作的通知》，指出要"规范小区配套幼儿园使用，小区配套幼儿园移交当地教育行政部门后，应当由教育行政部门办成公办园或委托办成普惠性民办园，不得办成营利性幼儿园"。

该通知发布后，1月23日、24日，许多自媒体在对政策了解不足的情况下，将其断章取义为"私立幼儿园将退出历史舞台"，引起热议。许多家长表示支持，称此举可以均衡教育资源，解决目前幼儿园收费过高的问题；但也有观点认为该政策执行起来有难度，执行前景不容乐观。

1月25日，《中国教育报》报道教育部声明，指出"私立园退出历史舞台"是对学前教育政策的误读。此后，观察者网、搜狐网等网站纷纷对此消息进行转载。27日《重庆晨报》报道，教育部新闻办公室官微"微言教育"转发熊丙奇文章，再次强调这一观点是对学前政策的误读。

1月31日，《新京报》发表社论《发展普惠园不是不要私立幼儿园》，指出未来相当长时间内，我国都将继续鼓励和扶持非营利性私立幼儿园的发展，提高普惠园比例。

"私立幼儿园将退出历史舞台"虽为政策误读，但从事件舆情发展来看，幼儿园的属性问题受到家长的广泛关注，背后反映出的是学前教育资源分配不均，目前的儿童入园政策还存在着种种问题，但也可以看出国家在学前儿童入园问题上所做出的努力。

2019 年 2 月儿童舆情回顾

一、2019 年 2 月儿童舆情热点事件排行榜

表 4-2-1　2019 年 2 月儿童舆情热点事件排行榜

序号	事件	总分
1	国家发改委：初步建立婴幼儿照护服务政策法规	100.00
2	北京发布幼儿园评估办法：歧视体罚虐待儿童直接降级	82.68
3	中国儿童收养政策不断完善	75.04
4	教育部发布儿童青少年近视防控试点名单	56.83
5	陕西将为义务教育阶段适龄重度残疾儿童少年送教上门	56.83
6	教育部启动修订《教师法》，将提高中小学教师入职门槛，切实保障教师待遇	52.29
7	我国首部心理健康蓝皮书《中国国民心理健康发展报告》：儿童暴力行为中"忽视"对心理健康影响最大	49.54
8	浙江禁止用 APP 布置作业，儿童近视率纳入政府考核	45.08
9	《云南省综合防控儿童青少年近视实施方案》	43.77
10	全国困境儿童有了超过 65 万名"护苗员"	36.05

二、2019 年 2 月儿童舆情概况与呈现特征

（一）2019 年 2 月儿童舆情事件各领域分布情况

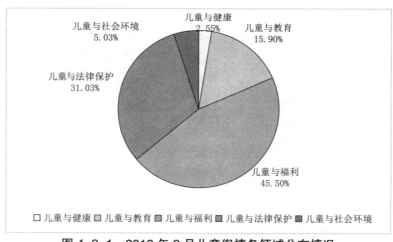

图 4-2-1　2019 年 2 月儿童舆情各领域分布情况

从图4-2-1中可以看出，2月儿童与福利领域的热门事件占比略有下降，但依然居首位，占总体的45.50%；儿童与法律保护领域，占比保持在第二位，为31.03%，较1月有所上升；再次为儿童与教育领域，占总体的15.90%。儿童与社会环境领域占比为5.03%。儿童与健康领域的占比为2.55%，相对变化幅度不大。

（二）2019年2月儿童舆情特征分析

"国家发改委：初步建立婴幼儿照护服务政策法规""中国儿童收养政策不断完善""陕西将为义务教育阶段适龄重度残疾儿童少年送教上门"等事件，关注对象从0至3岁的婴幼儿到学龄阶段儿童，体现出我国社会福利体系对儿童群体的新举措和关切。其中，对重度残疾少年儿童、困境儿童也有很高的关注度。尤其考虑到2019年2月是当年全国中小学的春季学期开学月，对于特殊儿童群体的教育福利政策热度较高。

新学期伊始，榜单中有关儿童教育的新闻增加，展现出新学期新气象的风貌。其中极为突出的，一方面是对教育、托管主体准入资格的规则规范，如"教育部启动修订《教师法》，将切实提高中小学教师入职门槛"，是继上月度为教师"减负"后的又一对教师主体的改革尝试。而另一方面，"教育部发布儿童青少年近视防控试点名单""浙江禁止用APP布置作业，儿童近视率纳入政府考核"和"《云南省综合防控儿童青少年近视实施方案》"的发布，则代表着政府与社会对于学龄儿童身体健康，尤其是视力健康的重视。随着电子设备被陆续应用到日常教学中，保护儿童视力自然成为当下的教育与健康的重要议题。

此外，"我国首部心理健康蓝皮书《中国国民心理健康发展报告》：儿童暴力行为中'忽视'对心理健康影响最大"新闻事件的上榜，则反映出目前公众对儿童健康的关注已经进一步扩展至心理范畴，儿童健康得到全方位的关注。

（三）2019年2月儿童舆情热点事件梳理

1. 国家发改委：初步建立婴幼儿照护服务政策法规

2019年2月19日，国家发改委发布《加大力度推动社会领域公共服务 补短板 强弱项 提质量 促进形成强大国内市场的行动方案》，明确制定婴幼儿行业的准入标准、管理规范和监管标准，明确婴幼儿照护服务对象、服务内容、从业要求、设施设备、技术流程等规范标准。

　　2月20日，《南方都市报》报道卫健委回应全国人大代表称，正研究3岁以下婴幼儿照护政策，已向国务院报送政策建议。3月1日，人民网转发刊载《广州日报》社评实现《"幼有所托"需公共服务托底》，解决全面二孩政策实施以来对3岁以下婴幼儿的照护托管需求。3月4日，南方网报道广州市越秀区首先试水开展婴幼儿照护服务。3月6日，中宏网报道，国家发改委在十三届全国人大二次会议称，将出台实施扶持婴幼儿照护服务的政策措施，释放满足育儿消费、家政服务消费等需要。

　　总体来看，"初步建立婴幼儿照护服务政策法规"事件以正面舆论为主，国家提升生育信心的举措，就是加快推进和扶持托育行业，减轻家庭养育压力。李克强总理在《2019年政府工作报告》中再次强调"加快发展多种形式的婴幼儿照护服务，支持社会力量兴办托育服务机构"。国务院出台《指导意见》清晰地指明一点：托育将重回公众视线，并在推动社会发展及满足民生需求方面发挥重要作用。

　　2. 北京发布幼儿园评估办法：歧视体罚虐待儿童直接降级

　　2019年2月15日，《北京日报》《北京晚报》和中国新闻网等媒体报道，北京市教委、北京市政府教育督导室印发《北京市幼儿园办园质量督导评估办法》（以下简称《办法》），明确了以总分1000分，按A、B、C、D四个等级评估北京市幼儿园。其中，出现歧视、体罚、虐待幼儿等行为的，以及出现重大安全事故的幼儿园将被降级直至不合格。该办法适用于北京市面向3岁至6岁儿童提供保教服务的幼儿园（点）。《质量督导评估标准（试行）》同时发布，标准对幼儿园的人员条件、空间设施、机构管理等方面均做出了明确规定，比如，要求实现幼儿园公共活动区域视频监控全覆盖，在机构重点部位安装紧急报警装置等。大部分网友对此表示欢迎。但也有评论认为，相关处罚规定不够严格。

　　2月17日，时刻新闻发表评论，认为该《办法》的出台，为幼儿教育行业"戴上了一个'箍'"，能够推进学前教育普及普惠、安全优质发展，促进幼儿教育健康，具有十分重要的意义。2月19日，中国之声《新闻纵横》栏目发表评论《北京连续发文规范幼儿园管理，新规"组合拳"》有何影响，指出北京市教委于2月14日、15日分别发布的两份文件明确了普惠性幼儿园的认定范围，对全市幼儿园给出了非常具体的办园质量督导评估标准，使幼儿园办园更规范，儿童在园期间的教育和健康状态得到保障。

总体来看，歧视、体罚、虐待儿童直接降级的新规迎来舆论的好评，过去一年幼儿园虐童事件频频爆发引发社会各界的担忧。《北京市幼儿园办园质量督导评估办法》《质量督导评估标准（试行）》等一系列新规的出台，对北京地区幼儿园虐童事件的防控来说是一项有力举措，保障了幼儿的正当权益，同时对于其他省市来讲，也具有重要的借鉴意义。

2019 年 3 月儿童舆情回顾

一、2019 年 3 月儿童舆情热点事件排行榜

表 4-3-1　2019 年 3 月儿童舆情热点事件排行榜

序号	事件	总分
1	浙江宁波市江北区检察院发出监督建议：6 岁儿童"超高"景点不免门票？侵权！	100.00
2	腾讯测试"儿童锁模式"：13 周岁以下想玩游戏须家长先"开锁"	85.34
3	全国政协委员王宁利：近视眼防控要关注青少年也要关注学龄前儿童	52.23
4	宇通＆壹基金儿童交通安全教育项目：交通安全教育进校园	36.93
5	中国宋庆龄基金会设立中超联赛"超越·爱"专项基金：体育精神助力儿童成长	36.33
6	全国政协委员翟美卿：加快推进农村儿童心理健康服务体系建设	30.60
7	俞敏洪提案：保障残障儿童教育权利 消除阅读差距	26.78
8	香港儿童发展基金协助超过 1.7 万基层儿童学习成长	14.73
9	江西省残疾儿童康复救助政策为何落实时各地标准不一	11.84
10	宜家芙莱莎儿童家具安全问题	11.48

二、2019 年 3 月儿童舆情概况与呈现特征

（一）2019 年 3 月儿童舆情事件各领域分布情况

从图 4-3-1 中可以看出，2019 年 3 月儿童舆情主要分布在儿童与福利领域（占比为 39.15%）和儿童与法律保护领域（占比为 37.58%）。在儿童与福利领

域，主要是主张和呼吁保障儿童的合法福利或对保障儿童福利政策的落地实施过程进行监督和纠偏，如儿童优惠乘车标准，其中儿童的活动场所和条件、残障儿童康复服务等成为儿童福利中较为重要的关注内容。在儿童与法律保护领域，主要涉及对儿童权利的法律保障和法律监督，其中关于侵犯儿童权利的事件引起了较为广泛的舆情讨论，反映出通过法律手段保障儿童合法权利已经成为普遍的社会共识。再次，是儿童与教育领域，占总体比例的16.84%，主要涉及儿童安全教育和接受义务教育。儿童与社会环境领域的舆情分布相对较少，仅占总体比例的4.38%，主要包括一些社会事件，涵盖面较广，通过对一些影响儿童的社会风险因素的预警和监督，倡导为儿童的身心安全与健康成长营造一个良好的社会环境，如"儿童交通安全教育项目：交通安全教育进校园"。最后，儿童与健康领域的舆情分布最少，占2.06%，该领域舆情事件除了关注儿童的身体机能健康，也关注了儿童在心理层面的健康状况。

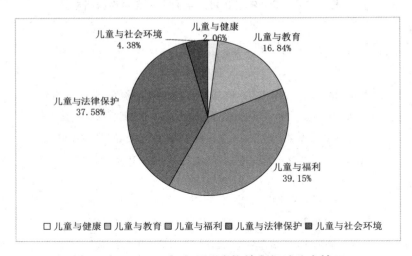

图4-3-1　2019年3月儿童舆情各领域分布情况

（二）2019年3月儿童舆情特征分析

本月度儿童舆情主要集中分布在3月1日—15日，儿童舆情排行榜前十的热点事件都发生在该时间段内；3月15日过后，本月儿童舆情逐渐趋于平缓状态，波动较少。本月度出现过两个舆情高峰：（1）第一个舆情高峰出现在3月1日，腾讯官方发布新闻"腾讯测试'儿童锁模式'：13周岁以下想玩游戏须家长先'开锁'"，引起了很高的舆论关注度和讨论度；当日中国江西网信息日报发布新闻"我省残疾儿童康复救助政策为何落实时各地标准不一？"

亦引起了一些关注度，这两个舆情事件直接导致了当日舆情的活跃增长。（2）第二个舆情高峰出现在3月8日，最高人民检察院发文《6岁儿童"超高"景点不免门票？侵权！》，此类侵犯儿童合法权益的现象在我国长时间普遍存在且迟迟得不到妥善解决，又经新浪网、浙江新闻等众多媒体发酵，一时引发了关于景区儿童票判定争议的激烈讨论，成为本月舆情最高峰。

整体而言，官方通告成为本月热点事件的主要源头，由新华社、中新网、江西网等官方媒体率先披露事件信息，官方媒体之间的互相引用报道成为主要的舆情现象，类别以时事政治为主。新媒体成为主要的舆情发布和讨论平台，传统纸媒依旧发挥着一定作用。

本月度儿童舆情与时事政治密切相关，尤其是两会召开和3·15消费者权益日。如"全国政协委员王宁利：近视眼防控要关注青少年也要关注学龄前儿童""全国政协委员翟美卿：加快推进农村儿童心理健康服务体系建设""俞敏洪提案：保障残障儿童教育权利 消除阅读差距"等儿童舆情热点事件都为两会提案。随着3·15消费者权益日的临近，自2019年1月28日被揭露的"宜家芙莱莎儿童家具安全问题"也再度引发了舆情讨论。

（三）2019年3月儿童舆情热点事件梳理

1. 浙江宁波市江北区检察院发出监督建议：6岁儿童"超高"景点不免门票属侵权行为

2018年5月下旬，江北区检察院在组织未成年人前往慈城古县城开展普法教育活动中，意外发现该景区在儿童门票减免标准设置上存在违规行为——仅以身高作为儿童享受门票价格优惠政策的唯一标准。

然而，在2012年国家发改委下发的《关于进一步落实青少年门票价格优惠政策的通知》中明确指出，各地实行政府定价、政府指导价管理的游览参观点时，应对6周岁（含6周岁）以下或身高1.2米（含1.2米）以下的儿童实行免票。由此可见，慈城古县城儿童门票仅以身高在1.2米以下为减免标准，与国家规定要求不符。

江北区检察院进一步调查发现，不仅是慈城古县城，江北区景区普遍存在忽略年龄标准，均以身高作为儿童享受门票价格优惠唯一标准的问题。2018年6月5日，江北区检察院联合江北区监察委、区法制办联共同向江北区物价局发出要求严格执行儿童门票优惠政策的书面建议——《关于完善部分景点儿童票政策的建议书》，之后多次组织"圆桌会议"与区物价局进行沟通。

2018年6月27日，江北区物价局做出书面回复表示，年龄标准是儿童免票的法定标准，身高标准是儿童免票的推定标准，两者均应得到执行。该局将进一步监督相关游览参观点做好儿童按照年龄标准免票的落实工作，保护儿童合法权益。

收到答复书后，江北区检察院又对整改情况进行实地跟踪，发现景区网络售票渠道的门票价格优惠政策并未同步调整，提出口头纠正意见。

2019年3月8日，最高人民检察院发文《6岁儿童"超高"景点不免门票？侵权！》，经新浪网、浙江新闻等媒体发酵，引发了关于景区儿童票判定争议的讨论。由于这一问题普遍广泛存在并且始终未能得到有效解决，人民群众对此反映强烈。在讨论舆情中，只看身高的"一刀切"标准广受质疑，江北区检察院受到表扬，群众强烈呼吁维护儿童合法权益，建设和完善相关法律规章，有的专家还提出了实行身高和年龄"双轨制"的观点。

2. 腾讯测试"儿童锁模式"：13周岁以下想玩游戏须家长先"开锁"

2019年3月1日，腾讯官方发布消息：腾讯游戏正在测试"儿童锁模式"，13周岁以下未成年新用户在首次登录游戏之前，将被强制要求进行"儿童锁"的登记认证。只有其监护人完成"解锁"后才能进入游戏，若未完成解锁则被禁止登录。腾讯方面称，将分批在12个城市，对《王者荣耀》《刺激战场》2款游戏的新用户展开抽样测试，首批测试已在北京、成都、长春3个城市启动。

"儿童锁模式"的目标，一是让家长对孩子的游戏行为充分知情并给予授权，二是协助家长了解孩子的游戏行为并做出合理的管控。家长开锁后，腾讯仍将遵循现行健康系统的强制防沉迷策略（12周岁及以下未成年人每日限玩1小时，21点—次日8点禁玩）对未成年人进行保护。

"儿童锁模式"事件的主要舆情讨论围绕未成年人的网络保护、网络游戏的负面影响、"儿童锁模式"的落地效果是否实际有效、游戏企业的责任感等方面展开。

2019 年 4 月儿童舆情回顾

一、2019 年 4 月儿童舆情热点事件排行榜

表 4-4-1　2019 年 4 月儿童舆情热点事件排行榜

序号	事件	总分
1	2019 年北京义务教育入学政策发布	100.00
2	国家卫健委：去年全国儿童青少年总体近视率为 53.6%	69.25
3	教育部：坚决纠正妨碍适龄儿童少年接受义务教育行为	57.83
4	抗癌药、儿童用药等优先入医保	55.11
5	山西太原一幼儿园儿童遭教师锁脖掐下巴	37.07
6	河南焦作 23 名儿童中毒事件处理结果：投毒教师被刑拘，幼儿园被查封	32.92
7	教育部、国家卫健委部署进一步加强儿童青少年近视综合防控	26.69
8	杭州女童模拍照被亲妈飞踹	13.86
9	著名儿童文学作家伍美珍走进经开区瑞锦小学讲授阅读经验	9.63
10	联合国儿童基金会亲善大使大卫·贝克汉姆探访上海幼儿园的孩子们	6.21

二、2019 年 4 月儿童舆情概况与呈现特征

（一）2019 年 4 月儿童舆情事件各领域分布情况

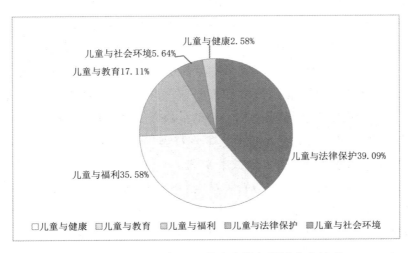

图 4-4-1　2019 年 4 月儿童舆情各领域分布情况

从图4-4-1中可以看出，2019年4月儿童舆情主要分布在儿童法律保护领域（占比为39.09%）和儿童与福利领域（占比为35.58%）。在儿童与法律保护领域，主要包括一些社会事件，涵盖面较为广泛。本月度发生多起虐待儿童的社会不良事件，引发了较多的非议和争论，如童模事件。在儿童与福利领域，儿童药进入医保问题再次进入人们的视线。再次是儿童与教育领域，占总体比例的17.11%，主要涉及儿童接受义务教育的方面。儿童与社会环境领域的舆情分布相对较少，占总体比例的5.64%。最后，儿童与健康领域的舆情分布最少，仅占2.58%，该领域舆情事件主要与儿童的近视防控相关。

（二）2019年4月儿童舆情特征分析

本月度儿童舆情主要集中在月初和月末，舆情信息总体数量较上月有所回落，出现过两次舆情高峰：（1）第一次舆情高峰出现在4月1日，北京市教育委员会发布《关于2019年义务教育阶段入学工作的意见》，引发了人们广泛的讨论和关注，成为本月舆情最高峰。（2）第二次舆情高峰出现在4月29日，国家卫生健康委员会发布新闻称，2018年全国儿童青少年总体近视率为53.6%，引发了关于青少年近视话题的舆论探讨。

整体而言，官方通告成为本月热点事件的主要源头，由新华社、中新网、人民日报等官方媒体率先披露事件信息，类别以时事政治为主。此外，个人爆料也成为本月热点事件的重要源头，尤其是个人通过网络发布虐待儿童的视频等负面消息，类别以社会事件为主。民间揭露第一手舆情信息、官方后期参与报道成为重要的舆情现象。新媒体依旧是主要的舆情发布和讨论平台，其中社交媒体成为民间舆论的重要场域，传统纸媒仍然发挥着一定作用。

在情感倾向方面，社会负面情绪有所上升。"山西太原一幼儿园儿童遭教师锁脖揢下巴""河南焦作23名儿童中毒事件处理结果：投毒教师被刑拘幼儿园被查封""杭州女童模拍照被亲妈飞踹"等虐待伤害儿童的舆情热点事件被广泛讨论，遭到人们的批评和攻击，带动了社会负面情绪的升高。

（三）2019年4月儿童舆情热点事件梳理

1.2019年北京义务教育入学政策发布

2019年4月1日，北京市教育委员会召开2019年义务教育入学工作新闻发布会，发布了《关于2019年义务教育阶段入学工作的意见》。政策要点：（1）取消各类特长生招生。（2）进一步规范公办学校寄宿招生。（3）严格加强民办学校招生管理。（4）严管校外培训机构与中小学招生入学挂钩行为。

（5）继续稳妥推进单校划片和多校划片相结合入学方式。（6）继续稳妥实施本市户籍无房家庭在租住地入学办法。（7）同等条件优先保障残疾儿童少年就近就便入学。（8）非本市户籍适龄儿童少年入学政策保持稳定。

其中，取消各类特长生招生、推进单校划片和多校划片相结合的入学方式、本市户籍无房家庭在租住地入学等举措引起较多关注和讨论。尤其是取消各类特长生招生的政策，群众对此褒贬不一，有人认为这项举措有利于教育公平，降低了特长生培养的功利性，并进一步建议一并取消民族加分；也有人认为不应该搞"一刀切"，对于某方面有特长和天赋的学生应该重点扩招、偏招，注重人才的差异化培养。

2. 国家卫健委：去年全国儿童青少年总体近视率为53.6%

2019年4月29日，国家卫生健康委员会举办新闻发布会，介绍2018年儿童青少年近视调查结果和近视防控工作措施。据国家卫生健康委疾控局副局长张勇陈述，2018年全国儿童青少年总体近视率为53.6%。其中，6岁儿童为14.5%，小学生为36.0%，初中生为71.6%，高中生为81.0%，近视防控任务艰巨。

据张勇介绍，2018年下半年，国家卫生健康委会同教育部、民政部组织开展了2018年全国儿童青少年近视调查工作。本次调查共覆盖了全国1033所幼儿园、3810所中小学校，总筛查111.74万人，包括幼儿园儿童6.92万，各年龄段中小学生104.82万。

调查还发现，低年龄段近视问题比较突出，小学和初中阶段应是我国近视防控的重点年龄阶段。此外，高度近视问题也不容忽视，高三年级学生高度近视，也就是近视度数高于600度，在近视总数中占比达到21.9%。国家卫健委下一步将继续实施2019年学生近视和健康影响因素专项监测。以高发地区和低年龄段学生为重点，以增加日间户外活动、科学使用电子产品、合理安排学业任务等为主要措施，指导学校和家长对学生实施有针对性的近视综合干预。

在舆情讨论中，群众纷纷诉说自己的近视经历，大多发端于学生时期。人们将近视主要归因为电子产品的使用、学生作业负担过重以及遗传等因素，并寄希望于近视矫正手术等现代医学手段。官方媒体则积极倡导爱护眼睛、科学用眼。专业医学人士也在科普一些护眼常识和近视矫正手术的相关内容。

2019 年 5 月儿童舆情回顾

一、2019 年 5 月儿童舆情热点事件排行榜

表 4-5-1　2019 年 5 月儿童舆情热点事件排行榜

序号	事件	总分
1	国办：2025 年婴幼儿照护服务的政策法规体系和标准规范体系基本健全	100.00
2	南京法院严厉打击侵害儿童犯罪：QQ"隔空"猥亵儿童判刑 11 年	93.24
3	福建漳州一舞台坍塌，致 1 儿童死亡	79.68
4	民政部等十部门出台《关于进一步健全农村留守儿童和困境儿童关爱服务体系的意见》	75.83
5	广西三江男子当街拐卖儿童？警方：涉猥亵儿童被控制	75.64
6	网售儿童学习桌椅过半不符合国标	69.77
7	国家卫健委：尽量避免学龄前儿童用手机电脑	60.42
8	上海"6·28"浦北路杀害小学生案宣判：判处黄一川死刑	44.04
9	全球儿童安全组织（中国）启动西安首个"儿童安全教育基地"	40.56
10	最高法发布保护未成年人权益十大优秀案例	38.30

二、2019 年 5 月儿童舆情概况与呈现特征

（一）2019 年 5 月儿童舆情事件各领域分布情况

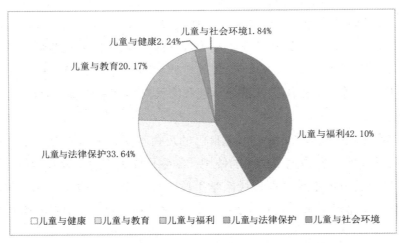

图 4-5-1　2019 年 5 月儿童舆情各领域分布情况

从 2019 年 5 月儿童舆情事件各领域分布情况图中可看出，本月儿童舆情事件主要集中在儿童与福利领域，占 42.10%；其次是儿童与法律保护领域，占 33.64%；之后是儿童与教育领域，占 20.17%；儿童与健康领域以及儿童与社会环境领域的舆情事件占比较少，分别是 2.24% 和 1.84%。

（二）2019 年 5 月儿童舆情特征分析

在 5 月儿童舆情热点事件排行榜中，儿童与法律保护领域内的事件较多，同时人们对于儿童健康问题也具有较高的关注度。

排在第二位的"南京法院严厉打击侵害儿童犯罪：QQ'隔空'猥亵儿童判刑 11 年"、排在第五位的"广西三江男子当街拐卖儿童？警方：涉猥亵儿童被控制"与排在第八位的"上海'6·28'浦北路杀害小学生案宣判：判处黄一川死刑"均属于儿童受侵害事件相关舆情信息。该类事件往往会极大地激起人们对受害儿童的同情、爱护之心和对伤害儿童之人的愤怒之情，人们希望能为无辜的孩子讨回公道，因此对这类事件的关注度较高。

排行第一的"国办：2025 年婴幼儿照护服务的政策法规体系和标准规范体系基本健全"、排在第四位的"民政部等十部门出台《关于进一步健全农村留守儿童和困境儿童关爱服务体系的意见》"与排在第十位的"最高法发布保护未成年人权益十大优秀案例"都体现了国家对儿童权益的重视和关注，这些法律法规和行政指导意见的出台落实有利于促进社会保障儿童权利。

排在第六位的"网售儿童学习桌椅过半不符合国标"、排在第七位的"国家卫健委：尽量避免学龄前儿童用手机电脑"与排在第九位的"全球儿童安全组织（中国）启动西安首个'儿童安全教育基地'"均涉及儿童安全健康与教育。对于孩子父母来说，这些是与儿童日常生活更为密切的话题，比起突发性事件更容易受到持续性关注。

（三）2019 年 5 月儿童舆情热点事件梳理

1. 国办：2025 年婴幼儿照护服务的政策法规体系和标准规范体系基本健全

5 月 9 日，国务院办公厅印发《关于促进 3 岁以下婴幼儿照护服务发展的指导意见》（以下简称《意见》），指出要以习近平新时代中国特色社会主义思想为指导，坚持以人民为中心的发展思想，建立完善促进婴幼儿照护服务发展的政策法规体系、标准规范体系和服务供给体系，逐步满足人民群众对婴幼儿照护服务的需求。

　　《意见》强调发展婴幼儿照护服务的重点是为家庭提供科学养育指导，并对确有照护困难的家庭或婴幼儿提供必要的服务。到2020年，婴幼儿照护服务的政策法规体系和标准规范体系初步建立，建成一批具有示范效应的婴幼儿照护服务机构；到2025年，多元化、多样化、覆盖城乡的婴幼儿照护服务体系基本形成，人民群众的婴幼儿照护服务需求得到进一步满足。

　　同时，《意见》提出了三方面的任务举措：一是加强对家庭婴幼儿照护的支持和指导。全面落实产假政策，支持脱产照护婴幼儿的父母重返工作岗位，为家长及婴幼儿照护者提供婴幼儿早期发展指导服务；二是加大对社区婴幼儿照护服务的支持力度；三是规范发展多种形式的婴幼儿照护服务机构。

　　综合网民的观点来看，网民们普遍存在两个建议：一是应该给孩子的父亲也安排育儿假，而不仅仅让母亲承担育儿的责任，否则可能增加女性就业压力；二是担心《意见》中的提议落实不到位，尤其是在企业。

　　2. 南京法院严厉打击侵害儿童犯罪：QQ"隔空"猥亵儿童判刑11年

　　2019年5月，南京市中级人民法院发布维护未成年人合法权益十大典型案件，其中包括QQ"隔空"猥亵儿童案。

　　2015年5月至2016年11月，被告人蒋某飞虚构身份，谎称自己代表"星晔童星发展工作室""长城影视""艺然童星工作室"等单位招聘童星，在QQ聊天软件上结识女童，以检查身材比例、发育情况及需要面试等为由，要求被害人在线拍摄和发送裸照、通过QQ视频聊天并裸体做出淫秽动作。此外，其还以公开裸照相威胁，逼迫部分女童裸聊。至案发时查明被猥亵儿童多达31人。

　　南京市玄武区人民法院经审理认为，被告人蒋某飞为满足淫秽欲求，利用网络平台对多名明知不满14周岁的儿童实施猥亵，构成猥亵儿童罪并应从重处罚，遂依法判处其有期徒刑11年。

　　随着互联网的普及，利用网络社交平台猥亵儿童的新型性侵害案件频发，严重侵害未成年人的人格尊严和身心健康。本案利用"童星招募"实施性侵害犯罪，一方面暴露出被害儿童涉世未深，缺乏辨识能力和自我保护意识；另一方面也凸显了未成年人使用网络社交平台带来的安全隐患，应依法严厉打击该类犯罪行为，净化网络空间。

2019 年 6 月儿童舆情回顾

一、2019 年 6 月儿童舆情热点事件排行榜

表 4-6-1   2019 年 6 月儿童舆情热点事件排行榜

序号	事件	总分
1	《国产婴幼儿配方乳粉提升行动方案》发布	100.00
2	教育部牵头建立全国综合防控儿童青少年近视工作联席会议机制	84.80
3	贵州公安机关：毕节、凯里未成年儿童被性侵系伪造	81.45
4	全国综合防控儿童青少年近视和教育部"师生健康中国健康"主题健康教育平面公益广告亮相	65.46
5	全球首套三维码融媒书《中华诗词歌汇·学龄前儿童诗词歌汇》发布	54.11
6	江苏扬州 2 岁半宝宝近视 900 度	44.35
7	南昌一私立幼儿园老师虐待儿童，要求他们喝精油？后调查发现不实	38.91
8	李娜谈再度携手儿童乐益会，盼让更多孩子享受体育	35.83
9	孤独症儿童专题纪录片《我叫豆豆》儿童节首映	33.67

二、2019 年 6 月儿童舆情概况与呈现特征

（一）2019 年 6 月儿童舆情事件各领域分布情况

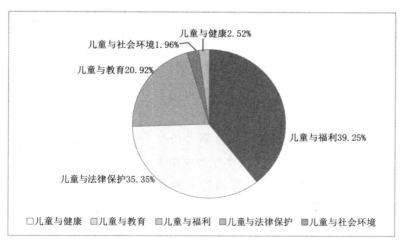

图 4-6-1   2019 年 6 月儿童舆情各领域分布情况

根据2019年6月儿童舆情事件各领域分布情况图，本月儿童舆情事件主要集中在儿童与福利领域，占39.25%，儿童与法律保护领域次之，占35.35%；之后是儿童与教育领域，占20.92%；儿童与健康领域和儿童与社会环境领域的舆情事件占比较少，分别是2.52%和1.96%。

（二）2019年6月儿童舆情特征分析

总体来看，本月人们关心的话题中有不少是涉及社会民生问题的，包括婴幼儿配方乳粉生产供应与质量问题与儿童青少年视力健康问题。此外，本月1日为备受孩子们期待的国际儿童节，"孤独症儿童专题纪录片《我叫豆豆》儿童节首映"发生在这一天。

根据6月儿童舆情热点事件排行榜，排在第一位的"《国产婴幼儿配方乳粉提升行动方案》发布"涉及经济与婴幼儿生长发育问题，是促进国产婴幼儿配方乳粉质量提升的一项重要行动。

排在第二位的"教育部牵头建立全国综合防控儿童青少年近视工作联席会议机制"、排在第四位的"全国综合防控儿童青少年近视和教育部'师生健康中国健康'主题健康教育平面公益广告亮相"与排在第六位的"江苏扬州2岁半宝宝近视900度"都体现了社会对儿童青少年视力健康问题的关注。国家卫生健康委员会表示，睡眠时间不达标、课后作业时间和持续近距离用眼时间过长、不科学使用电子产品等不良用眼行为在青少年中普遍存在。此外，排在第八位的"李娜谈再度携手儿童乐益会，盼让更多孩子享受体育"也是人们关注儿童健康问题的体现。

排行榜中出现了两起侵害儿童身心健康的相关事件，分别是排在第三位的"贵州公安机关：毕节、凯里未成年儿童被性侵系伪造"和排在第七位的"南昌一私立幼儿园老师虐待儿童，要求他们喝精油？后调查发现不实"。但两起事件均系伪造，一方面说明人们对此类事件极为重视，另一方面也提醒人们应当注意网络信息的真实性。

（三）2019年6月儿童舆情热点事件梳理

1.《国产婴幼儿配方乳粉提升行动方案》发布

据国家发展和改革委6月3日消息，为贯彻落实党中央、国务院的决策部署，进一步提升国产婴幼儿配方乳粉的品质、竞争力和美誉度，做强做优国产乳业，国家发展和改革委、工业和信息化部、农业农村部、卫生健康委、市场监管总局、商务部、海关总署联合制订并印发了《国产婴幼儿配方乳粉提升行动方案》（以下简称《方案》）。

对于《方案》的制定目标，专家表示婴幼儿配方乳粉是没有母乳的婴幼儿赖以生长发育的主食品，它的生产供应与质量安全不仅是一个经济问题，也是重大的社会民生问题，受到党中央、国务院领导的重视和社会各界的高度关注。目前，我国婴幼儿配方乳粉行业的法规标准逐步完善，加工技术装备达到国际水平，产品质量安全保障水平稳步提高，消费信心逐渐增强。然而，我们也清醒地看到，目前国产婴幼儿配方乳粉在生产体系管理和核心技术创新水平等方面与世界乳业发达国家相比还存在着一定差距。

《方案》指出，要大力实施国产婴幼儿配方乳粉"品质提升、产业升级、品牌培育"行动计划，促进国产婴幼儿配方乳粉产量稳步增加，更好地满足国内日益增长的消费需求，力争婴幼儿配方乳粉自给水平稳定在60%以上。逐步建立全国统一的婴幼儿配方乳粉质量安全追溯平台，实现全过程、电子化信息查询追溯，力争三年内实现质量安全追溯体系建设覆盖60%以上婴幼儿配方乳粉企业，并与国家重要产品质量追溯平台对接。

综合网友观点看，《方案》的实施是对国产婴幼儿乳粉质量的严格把控，有利于我国婴幼儿乳粉行业的良性发展，也是对婴幼儿健康保护的重要举措。但也有负面观点认为，《方案》的实施不是一蹴而就的，国产婴幼儿市场的规范仍然任重道远。

2. 教育部牵头建立全国综合防控儿童青少年近视工作联席会议机制

根据《教育部等八部门关于印发〈综合防控儿童青少年近视实施方案〉的通知》部署，为加强对全国综合防控儿童青少年近视工作的领导、规划与管理，2019年6月，教育部印发《关于建立全国综合防控儿童青少年近视工作联席会议机制的函》，会同中央宣传部、卫生健康委、体育总局、财政部、人力资源社会保障部、市场监管总局、广电总局、中医药局8个部门，建立全国综合防控儿童青少年近视工作联席会议机制。

根据国家卫健委调查，我国儿童青少年总体近视发病形势严峻，2018年全国儿童青少年总体近视率为53.6%。其中，6岁儿童近视率为14.5%，小学生为36%，初中生为71.6%，高中生为81%，近视防控任务艰巨。低年龄段近视问题突出，在小学和初中阶段近视率随着年级升高快速增长。由于高度近视是致盲性眼病之一，容易导致一系列严重并发症，应该引起高度的警惕和重视。因此该项举措是对我国儿童青少年近视综合防控工作的进一步推进。

联席会议主要职责是贯彻落实国家有关学校卫生与健康教育和综合防控儿童青少年近视的法律法规、方针政策和重要文件精神，审议全国综合防控儿童青少年近视工作的规章制度和管理办法，研究决定重大政策和发展事项，部署工作计划，负责规划和指导，检查督促工作开展情况，负责全国综合防控儿童青少年近视改革试验区和试点县（市、区）工作的指导、检查、督促，负责全国综合防控儿童青少年近视专家宣讲团工作的指导、检查、督促等。

2019 年 7 月儿童舆情回顾

一、2019 年 7 月儿童舆情热点事件排行榜

表 4-7-1　2019 年 7 月儿童舆情热点事件排行榜

序号	事件	总分
1	新城控股原董事长猥亵女童案	100.00
2	儿童优惠乘车将不再看身高，6 岁以下儿童可免费乘车	96.10
3	教育部：通过"一增一减一保障"推进中小学健康促进行动	51.31
4	山东聊城提高孤儿和重点困境儿童保障标准	42.61
5	我国进一步完善儿童福利保障：事实无人抚养儿童将获生活补贴	35.64
6	内蒙古包头一男幼师疑似猥亵男童	31.22
7	教育部：力争儿童青少年近视率每年下降 0.5 到 1 个百分点	23.89
8	浙江淳安女童章子欣被租客带走遇害	23.73
9	西安一小学拟用"商铺"改教室，家长质疑安全如何保障	14.40
10	山东 0～17 周岁残疾儿童和孤独症儿童纳入康复救治医保范围	13.38

二、2019 年 7 月儿童舆情概况与呈现特征

（一）2019 年 7 月儿童舆情事件各领域分布情况

如图 4-7-1 所示，2019 年 7 月儿童舆情事件主要集中在儿童与法律保护领域，占比为 57.32%，占比最大。其余按比例排序依次为儿童与福利领域以及儿童与教育领域，占比分别为 25.58% 和 14.37%。7 月儿童舆情热点事件分布

最少的为儿童与社会环境领域，占比1.28%。除此之外，儿童与健康领域的儿童舆情分布占比为1.45%。

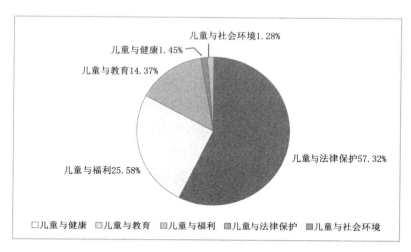

图4-7-1 2019年7月儿童舆情各领域分布情况

（二）2019年7月儿童舆情特征分析

从2019年全年各月儿童舆情整体热度趋势来看，7月是全年儿童舆情的爆发期，各类媒体报道的数量较前几个月有较大程度的增长。同时，从各月媒体报道的总数来看，7月的相关报道数量达到全年的最高水平，仅次于11月。这可能是因为，暑假是学生阶段极为重要的时期，受到社会各界的广泛关注。

由上表可以看出，2019年7月儿童舆情事件中排名前两位的事件热度与其余事件热度差距悬殊，说明该月热点分布集中度较高。具体而言，2019年7月儿童舆情整体情况主要呈现以下特点：

一是儿童福利成为热点话题。7月是全社会儿童开始放暑假的时间，一方面，儿童与社会环境的接触频率急剧增加，对公共场所儿童福利保障的关注度在短时间内得到较大的提升；另一方面，低收入家庭子女、留守儿童、残障儿童等大量处于特殊情况的儿童，在生活保障、家庭教育、精神关怀等层面缺乏必要的保障，这一问题的严峻性和紧迫性在暑假期间大幅提升。排行榜中近一半的事件均与此相关。

二是儿童受侵害事件舆情占比较大。暑假是侵害儿童案件的井喷期，由于家长看管不当、儿童活动范围扩大及自我保护意识不强等原因，侵害儿童的违法犯罪行为数量增长较快。其中，有关猥亵儿童的舆情事件数量较多、热度较高。排在第一位的"新城控股原董事长猥亵女童案"、第六位的"内蒙古包头一男幼师疑似猥亵男童"、第八位的"浙江淳安女童章子欣被租客带走遇害"均为此类事件。

三是教育话题依然保持较高的热度水平。学习是儿童阶段的重要任务，儿童承载着人民对国家发展的共同期望，即使在暑期，儿童与教育领域的话题依然是全社会的关注重点。如排在第三位的"教育部：通过'一增一减一保障'推进中小学健康促进行动"和第七位的"教育部：力争儿童青少年近视率每年下降0.5到1个百分点"。

（三）2019年7月儿童舆情热点事件梳理

1. 新城控股原董事长猥亵女童案

2019年6月29日下午，一名周姓女子将两名女童（分别为9岁和12岁）带入上海市万航渡路的一家五星级酒店。随后，王振华在房间内对其中的9岁女童实施猥亵，导致女童下体撕裂伤，构成轻伤。

6月30日22时许，该9岁女童的母亲王女士向警方报警。

7月1日下午，犯罪嫌疑人王振华到公安机关接受调查。

7月2日晚，犯罪嫌疑人周某到公安机关自首。

7月3日15时，上海《新民晚报》的微信公众号"新民眼"发布《上市公司新城控股董事长王某因猥亵9岁女童被采取强制措施》一稿，舆情迅速发酵。几小时后，上海媒体关于此事的报道被大量撤下，微博大V"@熊小默"发帖引发公众对"压制舆论"的大量质疑。

7月3日21时，上海市公安局普陀分局官微"@警民直通车_普陀"发布通报，确认王振华猥亵女童的事实。消息迅速传播，网民声讨热情高涨，多家中央重点媒体发声批评。当晚，新城控股公司发布董事长变更的公告，公告中将该事件描述为"恶意舆情"，遭到舆论嘲讽。

随后几日，各媒体及广大网民持续关注该事件，纷纷起底王振华。有关猥亵、性侵儿童等类似案件的报道也大量增加。

7月8日，《新民晚报》报道称，上海市政协决定撤销王振华第十三届上海市政协委员的资格。

7月10日，上海市普陀区人民检察院以涉嫌猥亵儿童罪依法对犯罪嫌疑人王振华、周某批准逮捕。

总体来看，新城控股原董事长猥亵女童案从案件被披露到中期调查及最后的案件处理，整个舆论态势以负面倾向为主。猥亵案的发生也倒逼相关立法工作的完善。

2.儿童优惠乘车将不再看身高，6岁以下儿童可免费乘车

2019年7月12日上午，交通运输部、国家发展改革委联合发布《关于深化道路运输价格改革的意见（征求意见稿）》明确规定，城市公交、长途客运的儿童优惠乘车政策将以年龄为判定标准，儿童携带有效身份证件的，6岁以下可免费乘车，6岁到14岁执行客票半价优待。需要注意的是，根据规定，儿童免票乘车规定不适用于9座以下的客车。

消息一出，传统媒体、新闻网站、社交媒体等纷纷展开报道，各类舆论场域舆情迅速升温发酵。随之而来的，是相关部门、行业对儿童免票标准的调整，儿童权益得到最大限度的保障。

2019 年 8 月儿童舆情回顾

一、2019 年 8 月儿童舆情热点事件排行榜

表 4-8-1　2019 年 8 月儿童舆情热点事件排行榜

序号	事件	总分
1	山东青岛红黄蓝幼儿园某外籍教师猥亵幼童案宣判	100.00
2	教育部等八部门贯彻落实《综合防控儿童青少年近视实施方案》	68.37
3	《中国未成年人网络保护法律政策研究报告》发布：应限制14岁以下儿童"玩直播""刷视频"	58.54
4	最高检：全国性侵害未成年人犯罪信息库将建立	54.91
5	国家卫健委等五部门发力齐促儿童血液病、恶性肿瘤救治救助	50.75
6	北京一中院发布《未成年人权益保护创新发展白皮书》：校外培训机构人员侵害未成年人权益犯罪明显增加	49.76
7	广东中山一男子混进儿童乐园意图猥亵女童	20.78

序号	事件	总分
8	江苏无锡一校外培训机构辅导老师猥亵儿童案件宣判：对猥亵儿童机构教师首发"从业禁止令"	16.60
9	江苏 283 家景区儿童免票兼顾身高年龄	16.37
10	中国儿童中心《儿童蓝皮书》发布：六成儿童参与课外班，每年花费近万元	12.72

二、2019 年 8 月儿童舆情概况与呈现特征

（一）2019 年 8 月儿童舆情事件各领域分布情况

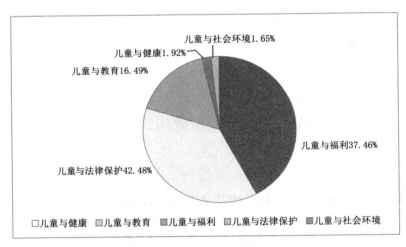

图 4-8-1 2019 年 8 月儿童舆情各领域分布情况

如图 4-8-1 所示，2019 年 8 月儿童舆情事件主要集中在儿童与法律保护领域，占比 42.48%，占比最大；儿童与福利领域和儿童与教育领域次之，占比分别为 37.46% 和 16.49%；占比最小的为儿童与社会环境领域，占比为 1.65%；除此之外，同样占比较少的是儿童与健康领域，占比为 1.92%。

（二）2019 年 8 月儿童舆情特征分析

从 2019 年全年各月儿童舆情整体热度趋势来看，8 月的儿童舆情热度处于全年的中等水平。在经过 7 月的热度突增之后，8 月的儿童舆情热度迅速降温，恢复到平均水平。这可能是因为，暑期带来的冲击已经在 7 月得到消化，进入 8 月各类舆情事件回到常态。

由上表可以看出，2019年8月儿童舆情事件中排名第一的事件热度与其余事件热度差距悬殊，且其余事件热度之间差异较小，说明该月舆情事件热点分布不均衡。

在2019年8月儿童舆情热度排名前十的事件中，有关猥亵儿童的案例占比最大。其中，除了在持续报道的红黄蓝幼儿园外教猥亵幼童事件外，新近发生的案例中，主要集中在儿童娱乐公共场所及校外培训机构，这与暑假期间儿童的活动内容密切相关。

基于同样的理由，该月儿童舆情热点更多聚焦在了校外教育与网络保护方面。可见，尽管8月儿童舆情整体热度维持在与全年大多数月份相同的水平，然而从具体事例来看，仍与暑期这一特殊阶段紧密联系。

另外，适逢《综合防控儿童青少年近视实施方案》（以下简称《实施方案》）发布一周年这一特殊时间节点，该月舆情事件中，《实施方案》以及《实施方案》所涉及的儿童近视问题的热度较高，然而，尽管该事件在热度排行前十的事件中排名较前，热度较高，但该事件所涉及的儿童与健康领域的整体分布数量则是最少。

（三）2019年8月儿童舆情热点事件梳理

1. 山东青岛红黄蓝幼儿园某外籍教师猥亵幼童案宣判

2019年1月25日14时许，青岛市北区红黄蓝幼儿园一外籍教师在学生午休期间，趁配班老师上卫生间之机，将手伸进一名女童的被子里，实施猥亵长达一分钟。女童父母得知此事后向公安机关报案。

1月29日，公安机关经过侦查取证及检察院的审查，依法逮捕涉事外教。经医院全面身体检查，受害女童并未受伤。

7月23日，青岛市市北区检察院针对以上情况发布通报。

7月24日，《齐鲁晚报》报道了此事，引起社会的广泛关注。这是继虐童案之后红黄蓝旗下幼儿园的再次事故，公众对该幼儿园安全管控能力的信心大为下降。

7月26日，红黄蓝教育机构官微就该事件做出回应并致歉，并迅速在新浪微博热搜榜登顶。

8月2日，青岛市崂山区人民法院一审公开宣判青岛市市北区红黄蓝万科城幼儿园外教猥亵儿童案，以猥亵儿童罪，判处被告人马约格·何瑞迪·丹尼尔·奥斯瓦尔多（英文名：Mayorga Heredia Daniel Oswaldo）有期徒刑五年，驱逐出境。

山东青岛红黄蓝幼儿园某外籍教师猥亵幼童案的宣判再次将儿童保护推到了公众的视野中，虽然案件已宣判，但社会对于儿童安全问题的担忧并未消解，对于儿童防护措施的呼唤也愈加强烈。

2. 教育部等八部门贯彻落实《综合防控儿童青少年近视实施方案》

2018年8月30日，为贯彻落实习近平总书记关于我国学生近视问题的重要指示精神，经国务院同意，教育部会同国家卫生健康委员会等八部门联合印发《综合防控儿童青少年近视实施方案》。

2019年8月30日，教育部官方网站发表文章《坚决贯彻落实习近平总书记重要指示精神 牵头推进全国综合防控儿童青少年近视工作——教育部贯彻落实〈综合防控儿童青少年近视实施方案〉综述》，向全社会汇报了该年综合防控儿童青少年近视所取得的重要阶段性进展，受到各官方媒体的大量转发报道。

2019 年 9 月儿童舆情回顾

一、2019 年 9 月儿童舆情热点事件排行榜

表 4-9-1　2019 年 9 月儿童舆情热点事件排行榜

序号	事件	总分
1	多省份签订责任书：力争儿童青少年近视率每年降 0.5%	100.00
2	儿童个人信息网络保护规定发布	94.40
3	网售儿童学习桌椅超半数不符合国家标准	89.25
4	国家卫生健康委全力推进儿童青少年近视防控工作不懈怠	76.33
5	山东枣庄两名女孩模仿网红视频自制爆米花被烧伤，其中一人因感染过世	74.65
6	广西南宁一幼儿园多名儿童呕吐：疑似感染诺如病毒	38.57
7	广东发文防控儿童近视：教学和布置作业不应依赖电子产品	33.92
8	各地开展中秋节慰问贫困留守儿童活动	26.07

序号	事件	总分
9	教育部：教师职称、编制、工资待遇将迎来新变化	24.26
10	国内首部儿童体育题材电影《跳水吧少年》开机	20.37

二、2019 年 9 月儿童舆情概况与呈现特征

（一）2019 年 9 月儿童舆情事件各领域分布情况

从儿童舆情热点事件领域分布来看，2019 年 9 月最受网络舆论关注的儿童舆情领域是儿童与福利领域，占比为 39.07%；占比为 35.66% 的儿童与法律保护领域次之；排名第三的是儿童与教育领域，占比为 20.73%。相比之下，对儿童与社会环境领域，以及儿童与健康领域的关注度最弱，占比分别为 2.14% 和 2.40%。与上个月份相比，各领域的舆论关注度均有所下降。

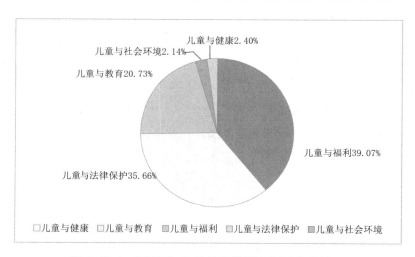

图 4-9-1　2019 年 9 月儿童舆情各领域分布情况

（二）2019 年 9 月儿童舆情特征分析

综合 2019 年全年的舆情事件个数来看，9 月处于本年度舆情热点事件的低潮期，与年初相比，舆情事件数量大幅减少，与 8 月相比下降了 27 个百分点。这与 9 月进入秋季有很大关联性，秋季人的生理指标从活跃期进入平稳期，情绪和行动趋于和缓。此外，9 月是全国各院校新学期的开学时期，学生在学校得到集中管理后，可能某种程度上讲有助减少舆情事件的发生。

通过观察9月儿童舆情热点事件排行榜得知，排名前五的舆情事件指数较高，说明相关事件的舆情压力大，具备引爆网络空间的"基因"。

本月全国性舆情事件与地方性舆情事件数量基本持平。地方性舆情事件多集中在华南和西南地区。超半数舆情事件通过新媒体首发，舆论集中于微博、门户网站、短视频APP等新媒体平台。由于移动终端的普及和网络技术的进步，微博、微信等应用被广泛使用，新媒体成为儿童舆情的重要载体。

从情感倾向性来看，9月热点儿童舆情事件中，中性情感倾向的事件最多，这与9月政府出台法规、相关部门通过决策等有关；其次就是负面为主的事件，如"山东枣庄两名女孩模仿网红视频自制爆米花被烧伤，其中一人因感染过世"事件和"广西南宁一幼儿园多名儿童呕吐：疑似感染诺如病毒"都在一定范围内引起了社会舆论的波动。

此外，本月与儿童近视防控有关的事件备受关注。从本月热点舆情事件排行榜来看，有三个事件与儿童近视问题相关，分别是："多省份签订责任书：力争儿童青少年近视率每年降0.5%""国家卫生健康委全力推进儿童青少年近视防控工作不懈怠"和"广东发文防控儿童近视：教学和布置作业不应依赖电子产品"。从全国性政策到地方性规定，近视问题相关舆情不断发酵。近年来，我国儿童近视率居高不下、不断攀升，低龄化、重度化日益严重，针对这一问题，目前从家庭、学校、学生、卫生机构到社会组织、全国，需要共同采取措施，力促近视率下降，提升儿童视力健康水平。

（三）2019年9月儿童舆情热点事件梳理

1. 多省份签订责任书：力争儿童青少年近视率每年降0.5%

2019年5月，教育部、国家卫生健康委与首批22个省级人民政府签订《全面加强儿童青少年近视防控工作责任书》。

教育部体育卫生与艺术教育司司长王登峰7月在国家卫健委"健康中国行动之中小学健康促进行动"的新闻发布会上曾表示，近视防控已经上升为一个国家的战略，"由两个政府机关部门和省级人民政府就一项专项工作签订责任书，这还是头一次"。

2019年9月4日，据教育部网站消息，截至9月3日，《全面加强儿童青少年近视防控工作责任书》已全部完成。责任书指出，省级人民政府从2019年起到2023年，在本省份2018年儿童青少年总体近视率的基础上，力争儿童青少年总体近视率每年下降0.5%以上。

对于此事件，网民观点不一，主要观点有三：一是认为这是一项利好政策，有助于青少年的近视防控；二是认为该政策治标不治本，未解决儿童近视产生的根本原因；三是认为该政策出发点是好的，但有可能产生学校瞒报等负面问题。

2. 儿童个人信息网络保护规定发布

2019年5月，国家互联网信息办公室发布《儿童个人信息网络保护规定》征求意见稿。

8月23日，国家互联网信息办公室发布《儿童个人信息网络保护规定》，自2019年10月1日起施行，并明确任何组织和个人不得制作、发布、传播侵害儿童个人信息安全的信息。

这是我国第一部专门针对儿童网络保护的立法。此消息一出，引发网民广泛讨论，大部分网民对规定的出台持赞成态度，但也有一部分专业人士指出了此项规定的不足。

总的来看，该规定的出台都非常必要和及时，对加强未成年人网络保护具有重大意义。但也要看到，本规定保护的只是不满14周岁儿童的个人信息，对那些满14周岁但不满18周岁的未成年人个人信息如何保护？如何避免孩子滥用监护人的同意权？父母提出撤回同意或请求删除孩子个人信息是否方便？父母或其他监护人怎样了解网络运营者超出目的范围或必要期限收集、存储、使用、转移、披露儿童个人信息？很多具体制度还都有待在执行中不断完善。

2019 年 10 月儿童舆情回顾

一、2019 年 10 月儿童舆情热点事件排行榜

表 4-10-1　2019 年 10 月儿童舆情热点事件排行榜

序号	事件	总分
1	国家卫健委发布《儿童青少年近视防控适宜技术指南》	100.00
2	电影《少年的你》上映，聚焦校园欺凌	47.87

续表

序号	事件	总分
3	辽宁大连 10 岁女孩被 13 岁男孩杀害	43.23
4	山东被埋获救男婴父母找到，爷爷主动到派出所投案	42.33
5	内蒙古包头一男幼师疑似猥亵男童	34.65
6	《广州市实施综合防控儿童青少年近视实施方案》	13.46
7	联合国儿基会报告：全球 7 亿名 5 岁以下儿童，1/3 属营养不良或超重	12.19
8	甘肃省儿童青少年健康指导中心成立	9.94
9	第 6 届北京国际少年儿童校外教育展举办	8.92
10	去年北京市儿童青少年总体近视率为 57.3%，高于全国水平	7.95

二、2019 年 10 月儿童舆情概况与呈现特征

（一）2019 年 10 月儿童舆情事件各领域分布情况

由图 4-10-1 可以看出，2019 年 10 月最受网络舆论关注的儿童舆情领域是儿童与福利，占比 38.41%；紧随其后的是占比 33.01% 的儿童与法律保护领域，以及占比 23.43% 的儿童与教育领域。网友对儿童福利和法律保护的持续性高关注度，说明网民日益重视满足保护儿童福利、身心安全和健康发展的政策与社会行为，也从侧面说明这两方面仍有待完善，值得警醒。延续上月的舆情关注情况，网友对儿童与健康领域和社会环境关注较少，占比分别为 3.19% 和 2.06%。

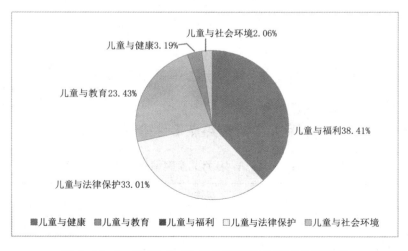

图 4-10-1　2019 年 10 月儿童舆情各领域分布情况

（二）2019年10月儿童舆情特征分析

10月儿童舆情事件数量继续减少，较之9月下降了15个百分点。全国性舆情事件与地方性舆情事件数量基本持平。地方性舆情事件多集中在华北和东北地区。网民作为重要的社会信息源，在新媒体平台上发挥其自身影响力，与传统媒体不同，新媒体传播者在社会告知层面的影响力推动了儿童舆情事件的进一步扩散。

通过观察10月儿童舆情热点事件排行榜得知，仅排名第一的舆情事件指数高，其余事件的舆情指数较低，与上个月份相比，舆情压力得到一定程度的放缓。

从情感倾向来看，在10月的热点事件排行榜中，负面情绪为主的事件有"内蒙古包头一男幼师疑似猥亵男童"和"联合国儿基会报告：全球7亿名5岁以下儿童，1/3属营养不良或超重"；对于国家层面政策的出台或方案的发布，例如《儿童青少年近视防控适宜技术指南》，网民持中立态度。

需要指出的是，本月儿童受伤害类舆情凸显，儿童生命安全受到侵害，如"辽宁大连10岁女孩被13岁男孩杀害"，该事件具有特殊性，不仅受害者是儿童，加害者身份也是儿童。同时，猥亵、性侵类伤害儿童的事件频频发生，如"山西太原一'小饭桌'老板多次猥亵儿童被刑拘""浙江舟山某托管班经营者强奸女童获刑七年"。此类事件社会影响恶劣，是儿童舆情发生的一大"重灾区"，需引发社会各阶层重视，防患于未然，保护儿童权益免受侵害。

（三）2019年10月儿童舆情热点事件梳理

1. 国家卫健委发布《儿童青少年近视防控适宜技术指南》

2019年10月15日，国家卫生健康委在其网站上发布《儿童青少年近视防控适宜技术指南》（以下简称《指南》）。《指南》由国家卫生健康委疾控局牵头，组织中国疾控中心学校卫生中心、安徽医科大学卫生管理学院和北京同仁医院眼科中心等单位参与编写。

《指南》指出，对0至6岁儿童和中小学生进行定期视力检查，应参照《儿童青少年近视筛查结果记录表》，规范记录检查内容，建立儿童青少年视力健康档案。

10月23日，中国疾控中心学校卫生中心主任马军在接受《中国教育报》采访时分析说，筛查视力不良与近视、建立视力健康档案、建设视觉友好环境、规范视力健康监测与评估、开展科学诊疗矫治是近视防控的关键因素。

因此，制定有针对性的适宜技术，能够有效开展近视防控。

对于《指南》的发布，舆情态势主要以正面为主，网友认为，《指南》是儿童近视防控领域的具体性措施，对儿童近视防控有重要意义。但也有网友指出，政策的出发点是好的，但要真正落地实施还任重道远。

2. 电影《少年的你》上映，聚焦校园欺凌

2019年10月25日，由导演曾国祥执导，周冬雨与易烊千玺主演的现实主义青春电影《少年的你》在全国公映。电影中多方位呈现了校园霸凌施暴者、被害者和旁观者的视角，网友及各家媒体开启了对校园霸凌的讨论。话题＃一起对校园欺凌说不＃冲上热搜，阅读量为3235.7万，讨论量为4.6万。据清博舆情系统显示，有关电影《少年的你》中性舆情信息占比为52.20%；正面舆情信息占比为45.00%；负面舆情信息占比为2.45%，可见该电影引起的关于现实的讨论高于争议。

不少网友在网上纷纷回忆自己曾经历过的校园霸凌故事，呼吁大家不要成为沉默的一分子。各大主流媒体也借此呼吁大家关心校园霸凌，@CCTV今日说法发长文告诉大家面对校园霸凌时该如何处理；@人民日报点评："相比剧情，现实更残酷。校园角落里的暴力，可谓不少人的童年噩梦，甚至是一生难走出的牢笼。"

10月26日，十三届全国人大常委会第十四次会议举行分组会议，审议未成年人保护法修订草案、预防未成年人犯罪法修订草案等。

10月27日，人民网评："正在热映的电影《少年的你》聚焦校园欺凌话题，引发舆论广泛关注。尤其是在未成年保护法大修、增设校园欺凌防控措施的背景下，电影画面把校园欺凌给孩子造成的伤害直观展现，直击人心。在揪心痛心之余，也让公众对这一问题有了更深入的思考。"

2019 年 11 月儿童舆情回顾

一、2019 年 11 月儿童舆情热点事件排行榜

表 4-11-1　2019 年 11 月儿童舆情热点事件排行榜

序号	事件	总分
1	让孩子告别"小眼镜"！北京出台儿童青少年近视防控十条措施	100.00
2	江苏女足青年队主教练涉嫌猥亵儿童	99.53
3	中国儿童中心举办《儿童权利公约》颁布 30 年纪念活动	76.94
4	广东警方回应拐卖儿童"梅姨身份"：暂未查实	73.83
5	全国妇联权益部就湖南祁东多人性侵未成年女孩恶劣案件表示：恶行必须依法严惩	73.34
6	河南禹州 7 岁女孩眼睛被强塞几十张纸片	72.06
7	广东 12 岁智障少女被两度性侵	53.83
8	云南一男子闯幼儿园喷氢氧化钠，51 名孩子 3 名老师被紧急送医	51．74
9	四川省明年起对近 6 万事实无人抚养儿童精准保障	52.52
10	王源联合国大会中文发言：呼吁人们保护儿童应享有的权利	38.86

二、2019 年 11 月儿童舆情概况与呈现特征

（一）2019 年 11 月儿童舆情事件各领域分布情况

2019 年 11 月，互联网热点话题丰富，各类议题热度保持高位运行。在社会环境与技术环境的双重推动下，舆论生态积极向好，全国儿童舆情事件数量为全年最高。其中，儿童与健康领域事件占该月舆情的 1.70%；儿童与教育领域占该月舆情总量的 13.88%；儿童与福利领域占该月舆情的 27.80%；儿童与法律保护领域占该月舆情的 55.00%；儿童与社会环境领域占该月舆情的 1.62%。

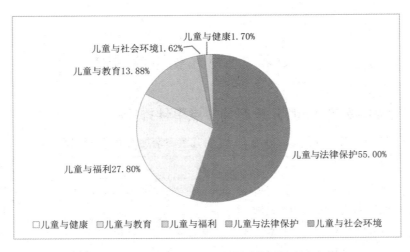

图 4-11-1 2019 年 11 月儿童舆情各领域分布情况

（二）2019 年 11 月儿童舆情特征分析

2019 年 11 月，各类舆情事件与其他月份相比数目均更多。其中儿童受侵害事件占比最大。具体事件有如"江苏女足青年队主教练涉嫌猥亵儿童""广东警方回应拐卖儿童'梅姨身份'：暂未查实""河南禹州 7 岁女孩眼睛被强塞几十张纸片"以及类似负面事件的衍生话题引起。儿童受侵害类事件原本在每个月的舆情分类中的占比都相当大，这也从侧面反映出了我国儿童权益保护工作依然任重而道远。

"让孩子告别'小眼镜'！北京出台儿童青少年近视防控十条措施"这一公共卫生事件是该月的焦点，可见国家及公众对于儿童健康问题抱以极大的支持和关注。由于涉及层面广、牵涉人群多、讨论的议题重大，故受到媒体和社会舆论的极大关注，两方共同助推了近视防控相关话题热度的攀升。

另外，亦有正面的舆论事件，如"中国儿童中心举办《儿童权利公约》颁布 30 年纪念活动"体现出我国作为法治国家的法治精神受到国民的尊重和支持；以及"王源联合国大会中文发言：呼吁人们保护儿童应享有的权利"。王源作为青少年熟知的偶像，其影响力也起到了积极的作用；同时，政府对于弱势群体的支持也体现在如"四川省明年起对近 6 万事实无人抚养儿童精准保障"的事件中。

本月的舆情体现出了多元的舆情环境，既有公众对于负面事件的义愤填膺，亦有对于政府工作的正面支持，媒体舆论场与民间舆论场交叠并行、相互影响，交织形成了议题丰富的、健康的网络公共舆论空间。

（三）2019年11月儿童舆情热点事件梳理

1. 让孩子告别"小眼镜"！北京出台儿童青少年近视防控十条措施

11月7日，《北京市儿童青少年近视防控十条措施》和细化的实施保障方案同步出台，规定教师使用电子屏幕开展教学时长累计不得超过教学总时长的30%；家长要以身作则地引导孩子特别是学龄前儿童合理有度地使用电子产品，严禁8岁以下低幼年龄儿童玩电子游戏。

2018年，北京市儿童青少年总体近视率为57.3%，高于全国水平（53.6%）。按照相关规划，到2023年，力争实现北京市儿童青少年总体近视率在2018年的基础上每年降低1个百分点以上。到2030年，实现北京市儿童青少年新发近视率明显下降，儿童青少年视力健康整体水平显著提升。为此，北京市将建立并严格落实各区、学校、班级每年开展儿童青少年近视防控工作评议考核制度，每年开展各区儿童青少年近视防控工作评议考核，并将结果向社会公布。

十条措施中，不少硬指标列给了学校和教师。比如，学生个人手机、平板电脑等电子产品严禁带入课堂，教师使用电子屏幕开展教学时长累计不得超过教学总时长的30%，小学一、二年级严禁布置书面家庭作业，中小学生在校时体育活动时间每天不低于一小时，严格落实全体中小学生每天上下午各一次眼保健操。一些日常行为规范得到进一步明确。严禁中小学拖堂，学校每学期至少开展一次近视防控专题教育，学校每学期对全体学生进行视力日常监测不得少于两次，学校教室照明卫生条件必须100%达标，至少每学期集中调整一次学生课桌椅高度等。

2. 江苏女足青年队主教练涉嫌猥亵儿童

2019年9月，江苏U14、U13青年队的五名家长实名对陈广红进行举报，其中涉及猥亵队员、无故对球员进行高额罚款，等等。家长在举报信中称，陈广红在任职主教练时，经常酒后深更半夜以找队员按摩和谈心为由，单独在私人宿舍，以让队员打上球队主力为诱饵，诱骗、威胁、恐吓队员脱光全身衣服，如果队员不从，就施以各种报复性的辱骂以及劝退或开除队员。举报信附上了5名家长签名，发布时配有转账记录等其他证据。

据江苏省丹阳市人民检察院通报，2019年11月2日，江苏省女子足球青年队主教练陈广红涉嫌强制猥亵罪、猥亵儿童罪一案，由江苏省丹阳市公安局侦查后移送检察机关审查批准逮捕。12月25日，江苏省丹阳市人民检察院依法向丹阳市人民法院提起公诉。

2019 年 12 月儿童舆情回顾

一、2019 年 12 月儿童舆情热点事件排行榜

表 4-12-1　2019 年 12 月儿童舆情热点事件排行榜

序号	事件	总分
1	关于印发健康中国行动——儿童青少年心理健康行动方案（2019—2022 年）	100.00
2	我国儿童青少年总体近视率超五成，专家呼吁提早预防	76.17
3	全国"扫黄打非"办公室通报 2019 年"护苗"专项行动成果	56.17
4	宇通 & 壹基金儿童交通安全公益行	54.93
5	广东省明年起将事实无人抚养儿童全部纳入保障	40.09
6	浙江出台一揽子意见推进 3 岁以下婴幼儿照护服务	29.85
7	中国儿童人工智能教育研究院成立	25.48
8	《中国 18 城市儿童生长发育和营养补充消费者认知白皮书》发布：生长迟缓儿童比例达 14.6%	22.18
9	中央编办：关于进一步挖潜创新加强中小学教职工管理有关政策情况的介绍	15.48
10	大连出台意见加强事实无人抚养儿童保障工作	13.06

二、2019 年 12 月儿童舆情概况与呈现特征

（一）2019 年 12 月儿童舆情事件各领域分布情况

2019 年 12 月，作为本年度的最后一个月，各类舆情事件热度持续高位运行，儿童舆情事件为全年第三高，前两位为 11 月和 7 月。其中，儿童与健康领域占该月舆情的 1.90%，为全年最低占比；儿童与教育领域占该月舆情总量的 14.99%；儿童与福利领域占该月舆情的 35.00%；儿童与社会环境领域占该月舆情的 5.79%；儿童与法律保护领域占该月舆情的 42.32%。

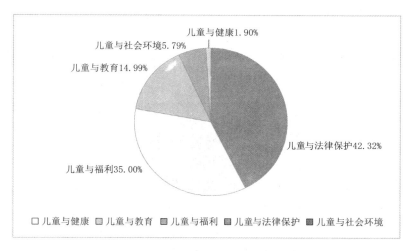

图 4-12-1　2019 年 12 月儿童舆情各领域分布情况

（二）2019年12月儿童舆情特征分析

12月是一年的末尾，本月舆情事件依然处于高位运行，数量为全年第三位。本月很多官方机构发布了自己年度的报告，而其中展现出来的很多问题引起了人们的注意，排名前十的舆情均与政府或官方机构发布有关，具体分析如下：

关于儿童与健康方面，12月中该部分舆情事件占比亦为全年最高水平，12月"关于印发健康中国行动——儿童青少年心理健康行动方案（2019—2022年）"一事位居该月舆情事件热度榜首，这体现了如今民众不再只关注孩子的学习，同时也很关注他们的健康，尤其是常被人忽略的心理健康，这是值得欣喜的地方。此外，"我国儿童青少年总体近视率超五成，专家呼吁提早预防"一事，承接了上个月的"儿童近视防控十条措施"，从侧面表明了我国国民和政府对于儿童健康，尤其是儿童视力健康的日渐重视。

关于儿童法律保护领域，这块依然是占比最大的内容，但相比过去几个月，由于其他各类正面或中性新闻的出现，所以其占比有所下降。排名前十的舆情事件并没有如前几个月中影响较大的儿童受侵害类负面事件新闻。

关于儿童与福利方面，12月的舆情事件如"宇通＆壹基金儿童交通安全公益行"及"浙江出台一揽子意见推进3岁以下婴幼儿照护服务""大连出台意见加强事实无人抚养儿童保障工作"等年度热点舆情大多围绕弱势群体以及平时受忽视较多的群体进行讨论和儿童福利的政府支持，该类事件一则体现了政府对于弱势群体的关注日渐增强，二则也显示在新时代背景下，民众对于弱势群体的关注也有提高。政府与民众共同的关注形成这类热点话题。

（三）2019年12月儿童舆情热点事件梳理

1. 关于印发《健康中国行动——儿童青少年心理健康行动方案（2019—2022年）》

为贯彻落实《国务院关于实施健康中国行动的意见》，推进《健康中国行动（2019—2030年）》心理健康促进行动、中小学健康促进行动实施，为进一步加强儿童青少年心理健康工作，促进儿童青少年心理健康和全面素质发展，国家12部委联合印发《健康中国行动——儿童青少年心理健康行动方案（2019—2022年）》。该方案包括行动目标、具体行动、保障措施三部分。

关于行动目标，根据全国各地心理健康服务机构、人员现状及目标可行性，结合《健康中国行动（2019—2030年）》提出的儿童青少年心理健康相关指标的阶段目标，文件提出了到2022年年底的行动目标。一方面，从建成心理健康社会环境、形成多方联动服务模式、落实预防干预措施、加强重点人群服务四方面提出总体目标。另一方面，对学校、社区、医疗卫生机构如何建立服务网络提出具体目标。

关于具体行动，围绕目标实现，《行动方案》提出了6方面具体行动：一是心理健康宣教行动。媒体、学校、医疗卫生机构对儿童青少年及家长、教师等开展健康教育和科普宣传。二是心理健康环境营造行动。实施"心理滋养1000天"行动，营造心理健康从娃娃抓起的社会环境。学校、村（居）委会、妇联、新闻出版、网信等部门营造促进心理健康的校园环境、社区环境、网络环境，倡导家长营造良好的家庭环境。三是心理健康促进行动。学校实施倾听一刻钟、运动一小时"两个一"行动，建立学生心理健康档案，每年评估学生心理健康状况。四是心理健康关爱行动。学校对面临升学压力的学生及家长开展心理辅导，对贫困、留守等学生重点关爱。五是心理健康服务能力提升行动。教育、卫生健康等部门对教师、家长、精神科医师、心理热线工作人员等开展培训，提升服务能力。六是心理健康服务体系完善行动。教育、卫生健康等部门搭建心理健康服务网络，拓展服务内容，完善服务体系。

关于保障措施，为确保上述六项具体行动有效落实，文件从加强组织领导与部门协调、保障经费投入、加大科学研究、完善监测评估干预机制四方面提出了相关保障措施。

2. 我国儿童青少年总体近视率超五成，专家呼吁提早预防

目前我国儿童青少年近视呈高发和低龄化趋势，国家卫健委公布的2018年全国儿童青少年近视调查结果显示，我国儿童青少年总体近视率为53.6%。这引发了不少家长及业内专家的热议。

中山大学附属眼科医院副院长陈伟蓉、复旦大学附属眼耳鼻喉科医院副院长周行涛等眼科专家表示，正在推进预防近视科普工作开展，让更多人了解近视预防知识。此外，中山眼科中心还借助大数据、人工智能等现代技术指导近视防控工作，提高近视防控工作的科学性和有效性。

国家卫健委副主任王贺胜表示，希望广大从事眼科和眼视光专业的医务工作者，宣传科普正确的近视防控知识。希望学校和广大教育工作者从教会学生正确掌握执笔姿势、指导学生科学规范使用电子产品、防止学生持续疲劳用眼做起，帮助孩子上好预防近视第一课。

总体来看，社会舆论以负面为主，主要集中在三方面：一是课业压力过重、电子产品过度使用等儿童近视问题的产生原因；二是儿童课外活动时间不足，身体素质日益下降；三是对儿童近视提出具体的防控举措。

附　录：构建儿童舆情事件的社会热度评价体系说明

本研究报告使用的热度评价体系说明如下：

（一）初步假设变量与操作化指标

初步假设舆情事件的热度评价体系，包括四项变量指标：（1）舆情事件报道热度：以新闻报道量为操作化指标；（2）网民关注热度：以新闻搜索量为操作化指标；（3）网络发帖热度：以微信、微博、论坛发帖量为操作化指标；（4）时间热度：以事件在网络场域持续天数为操作化指标；以及两项调节变量指标：（1）舆情事件透明度，初步拟定以网络搜索量与新闻报道量叠加拟合；（2）舆情事件倾向性，以舆情软件分析生成的正向/负向值为操作化指标。如下表5-1-1所示。

表 5-1-1　儿童舆情事件的热度评价指标假设

概念	指标		操作化
网络事件舆情热度	变量	报道热度	新闻报道量
		关注热度	网络搜索量
		发帖热度	微信发帖量
			微博发帖量
			论坛发帖量
		时间热度	持续天数
	调节变量	舆情事件透明度	网络搜索量
			新闻报道量
		舆情事件倾向性	正向/负向

（二）舆情事件库选择

由于该类舆情事件涉及专业度较高，且存在相关新闻机构的研究基础，因此研究选取2019年"月度舆情报告"的封面事件（当月热度最高的事件）暂不区分事件类型。在舆情采集系统中收集相关操作化指标数据，并对整体数据进行标准化处理，对于"发帖热度""舆情事件透明度"两项变量进行拟合。

（三）指标赋权方法

目前对于评价指标的赋权方法主要有两种：一种为基于专家经验的主观赋权法，包括德尔菲法、层次分析法等；另一种为基于计算的评价指标赋权法，包括因子分析、灰关联、熵值法等。常用的方法是将主观赋权法语计算赋权法相结合，既能够避免主观判断的误差性，又能够避免过度依赖指标数据而忽略其实际意义的做法。本研究的做法是：第一步，依据相关研究成果的文献综述选择并初步确定指标与操作化变量（如表5-1-1）；第二步，在基于常用方法"相关分析—主成分分析"相结合的基础上，初步筛选有效指标；第三步，结合专家判断法确定指标赋值，建立分层结构的指标体系。

（四）舆情社会热度评价指标体系的筛选验证

表5-1-2　舆情事件的社会热度评价指标筛选结果

概念	指标		操作化	筛选结果	系数	赋权
网络事件舆情热度	变量	报道热度	新闻报道量	保留	0.37	30
		关注热度	网络搜索量	保留	0.27	30
		发帖热度	微信发帖量	保留	0.34	10
			微博发帖量			10
			论坛发帖量			10
		时间热度	持续天数	保留	0.12	10
	调节变量	事件透明度	网络搜索量	主成分分析删除且观测不明晰	/	0
			新闻报道量			
		事件倾向性	正向/负向	相关分析删除	/	0

首先，基于SPSS软件的相关分析，发现报道热度、关注热度、时间热度、微博发帖量、微信发帖量、论坛发帖量、事件透明度7个指标的Pearson相关性较高，基本上都符合在0.01水平（双侧）上显著相关；"发帖热度"指

标中的微博发帖量、微信发帖量、论坛发帖量三个二级指标相关性都不明显，因此全部保留这三个指标；但是"事件倾向性"指标与其他平行指标相关性较小，因此删除这个一级指标，如表5-1-2"筛选结果"列所示。

其次，基于主成分分析，筛选出主成分中因子负载大的指标，发现在95%的置信区间内，除"事件透明度"之外，报道热度、关注热度、时间热度、发帖热度四个一级指标对评价结果有显著影响，因此保留这四个指标，并选择主成分负载系数，如表5-1-2"系数"列所示。

最后，根据专家评分法，综合相关研究文献综述，将系数简化为常用整数值的赋权百分比，如表5-1-2"赋权"列所示。

因此，研究得出舆情热度计算方式为：

报道热度：新闻报道量/（max新闻报道量）×30，取值范围为[0，30]；

关注热度：[网络搜索峰值/（max网络搜索峰值）]×30，取值范围为[0，30]；

发帖热度：（微信发帖量+论坛发帖量+微博发帖量)/(max发帖量总和），取值范围为[0，30]；

时间热度：事件持续天数/（max持续最多的天数）×10，取值范围为[0，10]；

至此得出网络舆情事件热度的分析维度，也用于儿童舆情事件的热度评价，如图5-1-3所示。

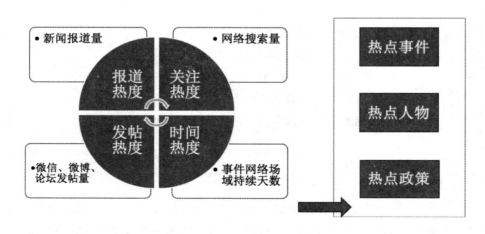

图5-1-3 2019年儿童舆情事件的热度评价体系的确定

后　记

　　《中国儿童舆情报告（2020）》由中国儿童中心联手北京师范大学新闻传播学院喻国明教授团队共同编撰，是国内首次就儿童发展领域舆情进行的一项系统研究。中国儿童中心是国家级综合性儿童教育和研究机构，在儿童发展和教育领域积累了丰富的科研成果；北京师范大学喻国明教授团队在舆情研究方面属国内领先，尤其在社交媒体分析、大数据舆情等诸多前沿领域具有领先优势。两个机构强强联合，对儿童舆情研究进行的初步探索，期望能对儿童舆情的监测、研判和回应有所裨益。

　　本报告的总体规划、框架设计由苑立新、喻国明、寇虎平、王秀江负责指导，共分为总报告、分报告、专题报告、月度报告和附录五个部分。其中，总报告由马学阳、杨雅、王润洁、邱天敏撰写；分报告由杨雅、林瑾、冯菀如、马学阳、王润洁、邱天敏撰写；专题一、二由肖安琪撰写；专题三、四由林苗、王润洁、邱天敏撰写；专题五、六由杨雅撰写；专题七、八由刘彧晗撰写；月度报告由王者、姜桐桐、张辉昀、蔡华丽、马银鸿、屈佳颖、赵文宇撰写。霍亮、谢娟、崔岳、王萍、肖凤秋负责报告的校对工作，马学阳、杨雅、王润洁、邱天敏负责报告的统稿工作。

　　需要说明的是，报告的数据来源主要是拓尔思网察大数据分析平台。由于机器采集数据的原因，报告中同一机构会存在不同的名称表述，如"国家卫生健康委""卫健委""卫生健康委"等均指同一机构，这都是舆情监测系统自动抓取的媒体报道内容，分析时如实反映，未做加工；报告中涉及的一些机构名称、地域名称等也来自系统自动抓取，部分表述不规范的情况，编者也未做修正；舆情事件分析中涉及的人员姓名和职务，均为事件发生时媒体报道所用的姓名和当时的职务。

本报告的编撰和出版得到了相关部门、科研院所的领导、专家学者的大力支持，在此致以诚挚的谢意。对于儿童舆情的研究，本报告还只是一次较为粗浅的尝试，加上时间仓促，疏漏和不足之处在所难免，敬请广大读者批评指正。

编者

2020年7月